SCHWEIZERISCHES PRIVATRECHT

Schweizerisches Privatrecht

Herausgegeben von

JACQUES MICHEL GROSSEN – ARTHUR MEIER-HAYOZ
PAUL PIOTET – PIERRE TERCIER – FRANK VISCHER – ROLAND VON BÜREN
WOLFGANG WIEGAND

Das "Schweizerische Privatrecht" wurde begründet von

MAX GUTZWILLER – HANS HINDERLING – ARTHUR MEIER-HAYOZ
HANS MERZ

Frühere Herausgeber

ROGER SECRÉTAN – CHRISTOPH VON GREYERZ – WERNER VON STEIGER

HELBING & LICHTENHAHN
BASEL UND FRANKFURT AM MAIN

"Schweizerisches Privatrecht"
erscheint in französischer Sprache
im Universitätsverlag Freiburg i. Ue.
unter dem Titel:

"Traité de droit privé suisse"

ZWEITER BAND

DRITTER HALBBAND

Einleitung und Personenrecht

HERAUSGEGEBEN VON

PIERRE TERCIER

Professor an der Universität Freiburg

HELBING & LICHTENHAHN
BASEL UND FRANKFURT AM MAIN

Der Personenstand
Erfassung und Beurkundung des Zivilstandes

von

HENRI-ROBERT SCHÜPBACH

Professor an der Universität Neuenburg

Die Deutsche Bibliothek – CIP-Einheitsaufnahme

Schweizerisches Privatrecht / hrsg. von Jacques Michel Grossen ...
Begr. von Max Gutzwiller ... – Basel ; Frankfurt am Main : Helbing und Lichtenhahn.
Teilw. hrsg. von Christoph von Greyerz ...
NE : Grossen, Jacques Michel [Hrsg.]; Greyerz, Christoph von [Hrsg.];
Gutzwiller, Max [Begr.]

Bd. 2. Einleitung und Personenrecht / hrsg. von Pierre Tercier
Halbbd. 3
Der Personenstand
Erfassung und Beurkundung des Zivilstandes
von Henri-Robert Schüpbach. – 1996
ISBN 3-7190-1458-4
NE: Tercier, Pierre [Hrsg.]; Schüpbach, Henri-Robert

ISBN 3-7190-1458-4
Bestellnummer 21 01458
© 1996 by Helbing & Lichtenhahn Verlag AG, Basel
Printed in Germany by Stückle, Ettenheim

VORWORT

Das Vorhaben, nicht den "Zivilstand und seine Erfassung", sondern vielmehr die *"Erfassung des Zivilstandes"* darzustellen, ist kein leichtes Unterfangen und lässt sich nicht als selbständiges Werk, sondern nur als Teil eines umfassenderen Werkes vertreten. Zudem versuchen wir uns hierbei an die Tatsache zu halten, dass das Zivilgesetzbuch die "Beurkundung des Personenstandes" im Titel über die natürlichen Personen abhandelt. Dessen erster Abschnitt über das Recht der Persönlichkeit stellt den Zivilstand nur unvollständig dar. Dementsprechend mussten wir mit Verweisen auf den Zivilstand zurückhaltend umgehen und darauf vertrauen, dass der Leser unsere "Kochkunst" mit verständnisvollem Wohlwollen zu würdigen weiss.

Eine vertiefte Abhandlung des Zivilstandes wäre durchaus sinnvoll, würde aber Hunderte von Seiten füllen und damit den uns gesetzten Rahmen sprengen. Mit der Beschränkung auf das umschriebene Thema verringert sich auch der Umfang der Arbeit. Man kann sich allerdings fragen, ob die Erfassung des Zivilstandes auf diese Weise überhaupt darstellbar ist. Wir haben uns in der Meinung darauf eingelassen, dass es möglich sein sollte, das System und die Grundsätze nicht nur im Überblick, sondern verhältnismäßig ausführlich darzulegen, ohne aber dabei den Anspruch auf Vollständigkeit zu erheben. In der Überzeugung, dass eine Bearbeitung des Werkes "L'enregistrement de l'état civil" von ERNST GÖTZ die Mitarbeit des Verfassers erfordert hätte, haben wir es vorgezogen, das Thema neu zu bearbeiten.[1]

Wir danken unserem Lehrer, Kollegen und Freund Professor Jacques-Michel Grossen, dem Präsidenten der CIEC und Chef des Eidgenössischen Amtes für das Zivilstandswesen Dr. Martin Jäger, den Zivilstandsbeamten der Städte Genf, La-Chaux-de-Fonds, Le Locle und Neuenburg für ihr freundliches Interesse an unserer Arbeit und für ihre wertvollen und grosszügig erteilten Ratschläge. Für die Unterstützung bei der Erarbeitung des Apparates und der Vervollständigung des Manuskriptes gilt unser Dank Elsa Gaudio Stahl, Marie-Françoise Schaad, Olivia Robert, Vincent Schneider und Christoph Schwarb, Assistenten an der Rechtswissenschaftlichen Fakultät der Universität Neuenburg. Olivia Robert hat das Sachregister und das Verzeichnis der wichtigsten zitierten Gesetze und Abkommen erstellt.

Bevaix, Herbst 1993   HENRI-ROBERT SCHÜPBACH

---

[1]   ANDREAS NABHOLZ, In memoriam Ernst Götz, ZZW 1986, S. 169 ff.; PIERRE LALIVE, Hommage à Ernst Götz, ZZW 1986, S. 267.

INHALT

ABKÜRZUNGSVERZEICHNIS

AB	Aufsichtsbehörde
AGVE	Aargauische Gerichts- und Verwaltungsentscheide
AppG	Appellationsgericht
BezG	Bezirksgericht
BezR	Bezirksrat
BlZR	Blätter für Zürcherische Rechtsprechung
BJM	Basler Juristische Mitteilungen
CIEC	Commission Internationale de l'Etat civil
Der Zivilstandsbeamte	Monatliche Beilage zum Schweizerischen Zentralblatt für Staats-und Gemeindeverwaltung (1912–1932, später ZZW)
DI	Departement des Innern
EAZW	Eidgenössisches Amt für das Zivilstandswesen
EDA	Eidgenössisches Departement für auswärtige Angelegenheiten
EGV (SZ)	Entscheide der Gerichts- und Verwaltungsbehörden Schwyz
EJPD	Eidgenössisches Justiz- und Polizeidepartement
GR	Gemeinderat
GRER (SO)	Grundsätzliche Entscheide des Regierungsrates des Kantons Solothurn
GVP (SG)	Gerichts- und Verwaltungspraxis (SG)
GVP (ZG)	Gerichts- und Verwaltungspraxis (ZG)
Handbuch Zivilstandswesen	Handbuch für das Zivilstandswesen (herausgegeben vom EJPD)
I	Inspektion
JD	Justizdepartement
JPD	Justiz- und Polizeidepartement
JT	Journal des tribunaux
KG	Kantonsgericht
LGVE	Luzerner Gerichts- und Verwaltungsentscheide
NR	Nationalrat
RB (UR)	Rechenschaftsbericht über die Rechtspflege (UR)
RBOG (TG)	Rechenschaftsbericht des Obergerichts des Kantons Thurgau
Rep	Repertorio di giurisprudenza patria
RJN	Revue de jurisprudence neuchâteloise
RJTC	Revue des jugements du Tribunal cantonal de la République et du Canton de Neuchâtel
RPR	Rekurspraxis der Regierung des Kantons Graubünden
RR	Regierungsrat
SPR	Schweizerisches Privatrecht

StR	Ständerat
VE	Vorentwurf
VERW(AR)	Praxis des Regierungsrates in verwaltungsrechtlichen Entscheidungsangelegenheiten (AR)
ZBI	Schweizerisches Zentralblatt für Staats- und Verwaltungsrecht
ZWR	Zeitschrift für Walliser Rechtspflege
ZZW	Zeitschrift für Zivilstandswesen (seit 1933)

Die übrigen Abkürzungen richten sich nach der Amtlichen Sammlung der Bundesgerichtsentscheide.

Verweise auf die Zeitschrift für Zivilstandswesen (ZZW) beziehen sich in der Regel auf die deutsche Fassung; wo keine deutsche Fassung vorliegt, wird mit den vorangestellten Buchstaben "F" auf die französische, "I" auf die italienische Fassung verwiesen.

Lehre und Rechtsprechung werden in umgekehrt chronologischer Reihenfolge genannt. Die Rechtsprechung der Kantone wird in der Reihenfolge ihrer Aufzählung in Art. 1 der Bundesverfassung zitiert.

* Bei Erscheinen der ursprünglichen französischen Fassung dieses Werkes änderte der Bundesrat mit einem am 1. Juli 1994 in Kraft getretenen Beschluss vom 25. Mai (AS 1994 1383 ff.) die Zivilstandsverordnung vom 1. Juni 1953. Die von dieser Änderung betroffenen Artikel werden im vorliegenden Text, in den Anmerkungen und Registern mit einem * bezeichnet. Der Beschluss vom 25. Mai 1994 betrifft hauptsächlich die Wahl des oder der Vornamen des Kindes (Abschaffung der Forderung, dass der Name das Geschlecht des Kindes erkennen lassen muss), die Eröffnung eines individuellen Blattes für die Mutter eines Kindes ohne Kindesverhältnis zum Vater (anstelle einer Blatteröffnung für das Kind), die Mitteilungen in den Bereichen Staatsangehörigkeit, Bürgerrecht und Namensänderung, die Zuständigkeit für die Eheverkündigungen sowie die Möglichkeit nicht nur für die Braut, sondern auch für den Bräutigam, den bisherigen Namen weiterzuführen.

Einführung

I. Administrative Erfassung des Zivilstandes

A. Begriff, Inhalt und Aufgabe[1]

Die verschiedenen Elemente des Zivilstandes – sie sind beständig aber veränderlich – verknüpfen die Person mit ihrer Existenz, mit Raum, Herkunftsort und den Familien, aus welchen sie stammt und welche sie weiterführt. Im Sinne des Satzes des Widerspruchs muss die Person A, welche die Eigenschaften der einmaligen Person A aufweist, die Person A bleiben und ihre rechtliche Identität unverändert behalten. Die Beziehung zu Existenz und Zeit umfasst Geburt, Geburtszeit, Geschlecht, Tod, Todeszeit und Verschollenheit. Die zivilrechtliche Beziehung zur öffentlich-rechtlichen Körperschaft, d. h. die Heimat[2], deckt sich mit dem oder den Bürgerrecht(en)[3] und wird hauptsächlich durch Übertragung (Kindschaft), Ableitung (Ehe, Erwerb[4]) und ausnahmsweise durch das ius soli[5] (Aussetzung) erworben. Die Beziehung oder die Beziehungen zur Familie ergeben sich aus der tatsächlichen, vermuteten oder fiktiven Abstammung, aus Namen und Vornamen, Ehe und tatsächlicher, vermuteter oder fiktiver Nachkommenschaft.

Nicht alle Elemente des Personenstandes werden erfasst[6]. Das schweizerische Recht fordert beispielsweise keine Beurkundung von Mündigkeit, Decknamen, Beinamen, Trennung der Ehegatten, Wohnsitz, Fingerabdrücken oder anderen

---

1   GÉRARD CORNU, Vocabulaire juridique, Paris 1990, unter "Etat civil"; JEAN-PAUL BOURDIN, Définitions sommaires des termes d'état civil, Association des officiers de l'état civil du canton de Neuchâtel, 1988; ERNST GÖTZ, Rôle et signification des registres de l'état civil, ZZW 1972, S. 80 ff., I/451 ff.

2   Die Heimat (origine, attinenza) ist ein Ort – aber welcher Ort? Für die Franzosen ist es der Geburtsort. Für die Schweizer ist es der im allgemeinen nach Zeit und Raum entferntere Ort, "von welchem die Vorfahren stammen"; er bedeutet Herkommen und steht, wenn der Ort nicht willkürlich geändert wurde, für eine Art Feudaltreue.

3   Droit de cité, cittadinanza, Art. 22 ZGB.

4   Mehrere Bürgerrechte führen zu mehreren Heimatorten und zu Eintragungen in mehreren Familienregistern (Art. 114, 121 ZStV). Art. 22 Abs. 3 ZGB, dessen Wortlaut verwirren könnte, regelt Gesetzes- und Kompetenzkonflikte. Er sieht den Vorrang einer Rechtsordnung oder der Zuständigkeit einer Behörde vor (Art. 137a ZStV). Er verringert aber weder die Bedeutung der auf früher erworbenen Bürgerrechten beruhenden Heimatorte noch desjenigen Heimatortes, welcher nicht mit dem Wohnsitz zusammenfällt.

5   Art. 6 BüG, SR 141.0.

6   RAYMOND GAUDRIAULT, La publicité de l'état des personnes, Eléments d'une organisation rationnelle, Lyon 1943, S. 159: "Der Begriff des Personenstandes ist nicht in festen Formen erstarrt; er könnte eines Tages auf Eigenschaften der Persönlichkeit ausgedehnt werden, welche heute nicht dazu gehören" (d.v.d.Ü.).

genetischen Merkmalen, der Abbildung, von anderen körperlichen Merkmalen als den Geschlechtsmerkmalen, von Haut-, Haar- und Augenfarbe, allfälligen Behinderungen usw. Die Person kann solche Merkmale aufweisen; sie werden jedoch nicht durch die hier besprochene Beurkundung, sondern allenfalls auf andere Art und Weise erfasst.

Hingegen können Elemente erfasst werden, welche nicht zum Zivilstand gehören, wie beispielsweise Konfession, Beruf, Güterstand, Todesursache. Die Konfession ist ein Element des religiösen Standes. Dies ist eine Folge der Säkularisierung und der Tatsache, dass Konfession und Glaubensansichten in den Schutzbereich der Glaubens- und Gewissensfreiheit und der Persönlichkeitsrechte fallen. Die Erfassung der Konfession wäre ebenso unangebracht wie eine Beurkundung der Parteizugehörigkeit. Allerdings kann aus dem Zivilstandsregister oder den Unterlagen allenfalls auf solche Elemente geschlossen werden[7], nicht als erfasste Merkmale, deren Nachweis durch die Beurkundung gewährleistet ist, sondern als Mittel zur Identifizierung des Trägers des Zivilstandes. In diesem Sinne begründet beispielsweise die allfällige Eintragung eines Zunamens im Todesregister kein Recht für Lebende auf Beurkundung ihres Spitznamens in den sie betreffenden Zivilstandseintragungen.

Die Elemente des Zivilstandes gehören zu den Persönlichkeitsrechten[8]; das Umgekehrte gilt jedoch nicht und die Persönlichkeitsrechte beschränken sich nicht auf diese Elemente. Das Recht auf Unversehrtheit und auf Selbstbestimmung und das Recht auf Schutz vor übermässigen Bindungen decken sich nicht mit dem Recht der natürlichen Person, in ihrem Zivilstand erkannt und anerkannt zu werden. Somit bedeutet die Verletzung eines Elementes des Zivilstandes auch eine Verletzung der Persönlichkeit, nicht aber die Verletzung der Persönlichkeit auch eine Verletzung des Zivilstandes.

Die Elemente des Zivilstandes entstehen aus Tatsachen, Verfügungen und begründenden, ändernden oder aufhebenden Handlungen.

Das Privatrecht ordnet die Elemente des Zivilstandes und ihre Änderungen. Es benützt sie aber auch zur Festlegung des Personenstandes. Es bestimmt die Voraussetzungen des Erwerbs und des Erlöschens der Persönlichkeit, die religiöse, geschlechtliche, bürgerliche Mündigkeit, die Ehemündigkeit, die Rechte beider Geschlechter (im allgemeinen und bis heute kann ein Mann nur eine Frau und eine Frau nur einen Mann heiraten), die Grundsätze der Monogamie und der Exoga-

---

7   Art. 72 Abs. 3 und 4, 82, 83 Ziff. 3 ZStV.
8   WILLY KUHN, La protection de l'enfant dans l'OEC, ZZW 1957, S. 216 ff.- ZZW 1968, S. 256 (BG): Der Name ist ein Persönlichkeitsrecht, aber kein Eigentumsrecht, und kann deshalb nicht durch Testament übertragen werden.

mie[9], die grundsätzliche Unabänderlichkeit des Namens und dessen ausnahmsweise Abänderlichkeit usw.

Das öffentliche Recht verwendet den Zivilstand ebenfalls dort, wo es bürgerliche, steuerliche, soziale und gerichtliche Rechte und Pflichten mit Alter, Geschlecht, Herkunft und Verwandtschaft verbindet. In solchen Bereichen sind Herkunft, Alter, Geschlecht und Name einer Person, ihre Verwandtschaft mit bestimmten Personen, die Tatsache, ob sie verheiratet, verwitwet oder geschieden ist, von Bedeutung.

Die Begriffe "Gestelltsein" und "Sein" haben eine gemeinsame etymologische Wurzel und sind sinnverwandt, verkörpern aber verschiedene Konzepte, die sich in der Unterscheidung von "stehen" und "gestellt sein" spiegeln.

Der ontologische "Zivilstand" gehört zum Zustand des Menschen, und zwar seinem rechtlichen Zustand. Er ist nur scheinbar a priori statisch, einmalig und beständig. Zwar ist jedermann rechtsfähig (Art. 11 Abs. 1 ZGB); diese Regel bestand aber nicht schon immer und überall; ihre Geltung und ihre scheinbare Universalität beruhen auf der jeweiligen Ideologie.

Die besondere "Stellung" gehört zur sozialen Bedingung des Menschen, aber nicht im umfassenden Sinn, sondern nur bezüglich der verschiedenen sozialen Stellungen. Sie ergibt sich aus Regeln oder deckt sich mit Regeln und ist dynamisch, zuerkannt und vielfältig. Ihre Kennzeichen als solche können nicht gegen die Rechtsordnung verstossen. Man spricht von der Stellung der Frau, des Beamten, der Arbeitgeber, der Arbeitnehmer, der Ausländer, der Flüchtlinge usw. Vom Zivilstand spricht man in diesem Sinne nicht. Er existiert, ist aber nicht unterscheidend.

B. Nachweis des Zivilstandes

Mit einer Gesetzgebung über den Zivilstand ist noch nicht alles getan. Es bedarf zudem einer Technik zur Erfassung und Bewahrung seiner Spuren. Schon Plato pries die Zweckmässigkeit einer Sicherung dieses Nachweises:

"Der Anfang des neuen Lebens ist für jeden das erste Jahr; dieses muss im Heiligtum des Hauses aufgezeichnet werden als Lebensanfang für Knaben und Mädchen. In jedem Stammvereine muss auf einer weiss übertünchten Wand daneben die Zahl der Obrigkeiten angegeben

---

9   Eine gute Beurkundungstechnik kann selbstverständlich nicht den Inzest, aber inzestuöse Ehen verhindern. Es gab auch Zeiten ohne diese Vorsichtsmassregel. SAMUEL OSTERVALD, Les loix, us et coutumes de la Souveraineté de Neuchâtel et Valangin, Neuenburg 1785, S. VIII, am Schluss, zitiert Justinian (§ 12 J. de nupt.) und schreibt: "...eine inzestuöse Ehe wird nicht nur nichtig erklärt, sondern anschliessend müssen diejenigen, welche eine solche Ehe geschlossen haben, die vom Gesetz für den Inzest vorgesehenen Strafen erleiden..." (d.v.d.Ü.).

sein, welche für die Jahre durchgezählt werden. Die in einem Stammverein jeweils am Leben Befindlichen werden zusammen aufgezeichnet, die aus dem Leben geschiedenen aber ausgelöscht"[10].

Das von Plato empfohlene "Auslöschen" ist allerdings merkwürdig. Unsere zeitgenössische Erfassung "löscht" nicht. Gelöschte Angaben und der Nachweis der Löschung bleiben festgehalten. Dennoch kennt auch die moderne Erfassung ein "Auslöschen": Auszüge enthalten Auslassungen oder Kürzungen. Zudem könnte das computerisierte Erfassen – leichter als die konventionelle Beurkundung – zu gefährlichen Löschungen führen. Das computerisierte Registrieren erlaubt aber nicht nur die endgültige Löschung, sondern ermöglicht auch das Erfassen des Löschungsvorganges und der gelöschten Elemente. Somit gewährleisten sowohl die computerisierte als auch die konservative Erfassung des Zivilstandes eine zwar nicht vollständige, aber doch optimale und wirksame Sicherheit. Dies beweisen auch die in diesem Bereich seltenen Prozesse.

Verlust und Veränderung von Elementen der Zivilstandsbeurkundung können verschiedene Ursachen haben: Zufall, Geisteskrankheit, betrügerische Absicht, Katastrophen usw. Vor einigen Jahren schickte mir ein ratloser Arzt eine junge Frau, welche beim (schweizerischen) Zivilstandsamt des Kreises ihres Geburtsortes einen von einem französischen Notar verlangten Geburtsschein angefordert hatte; sie erhielt die Auskunft, sie sei unehelich gezeugt und von ihrer französischen Mutter anerkannt worden, ihr vermeintlicher Vater sei nicht ihr richtiger Vater und sie sei nicht Schweizerin. Diese "Enthüllungen" trafen nur teilweise zu. Die Frau war wahrscheinlich in unseren heimischen Gefilden gezeugt und von ihrer französischen und zum Zeitpunkt der Geburt ledigen Mutter anerkannt worden; die später in einem benachbarten Zivilstandskreis gefeierte Hochzeit der Erzeuger war dem Kreis des Geburtsortes des Kindes nicht mitgeteilt worden! Mitteilung und Eintragung erfolgten mit einer Verspätung von mehr als zwanzig Jahren[11]. Dieses Abenteuer hätte wohl auch robusteren Naturen als der leider nicht besonders widerstandsfähigen Betroffenen zugesetzt. Die Angelegenheit war zwar kein Fall für den Arzt; dies kann aber dort anders sein, wo eine Krankheit das Wahrnehmungsvermögen eines Menschen bezüglich seiner eigenen Persönlichkeit trübt.

Der Zivilstand kann auch Anlass zu Phantasien[12] und Betrug sein. Mitunter kann jemand der Versuchung erliegen, sich jünger oder älter zu machen, um Pflichten zu entgehen oder Rechte zu erlangen. Dies erwähne ich nicht als Theoretiker, sondern als ehemaliger Staatsanwalt, der Gelegenheit hatte zu beobachten, wie mit dem

---

10   Die Gesetze (Nomoi), Platon, Sämtliche Werke, Bd. 6, Hamburg 1959, S. 157.
11   Weitere Beispiele: Toni Siegenthaler, Südsee und Ehezauber, ZZW 1985, S. 146 ff., F/295 ff.;
      derselbe, Validité des mariages célébrés à l'étranger, ZZW 1984, S. 17.
12   Toni Siegenthaler, Vorsicht bei Weltbürgern, ZZW 1985, S. 99 f.

Zivilstand umgegangen werden kann, nachdem das Register zerstört und die Anfertigung eines Auszuges verunmöglicht worden ist.

Die Unkenntnis des Zivilstandes kann auch auf objektiven Gründen beruhen. Häufigste Ursache ist der Krieg[13]. Man denke an das Wiederauftauchen – aus einem romantischen Unterschlupf[14] – des totgeglaubten Fernandel in den Strassen von Marseille! Die Phantasie wird von der Wirklichkeit übertroffen, welche weitere Beispiele liefert[15].

C. Erbringung des Nachweises im voraus

Der Nachweis des Zivilstandes wird durch den Nachweis der Tatsachen, Akte und Verfügungen erbracht, welche ihn begründen, verändern oder aufheben. Dieses Vorgehen wird jedoch im Laufe der Zeit schwieriger und bald unmöglich. Ein Mensch aber, ohne Verbindung zu einem Ort, zu einer Familie oder sogar ohne eigentliche Identität, befindet sich aber in einer entsetzlichen Lage. Dies geht schon aus dem Plädoyer des Demosthenes in der Sache Euxitheos gegen Eubulides hervor:

"Nunmehr wisst ihr und seid durch die Aussage der Zeugen überzeugt, dass ich zu beiden Seiten ein echter athenischer Bürger bin... Nun ist noch übrig, dass ich euch von meinem echten und rechten Bürgerstande auch an dem überführe, was an und mit mir selber vorgegangen ist... Denn das spricht von selbsten, dass ein Sohn Bürger sei, dessen Eltern zu beiden Seiten Bürger gewesen sind. Denn wie die Kinder der Eltern Vermögen erben, so erben sie auch Geschlecht und Abkunft."[16]

Der Nachweis kann ohne weiteres erfolgen, wenn er schriftlich festgehalten und die Schriften aufbewahrt, eingetragen und nachgeführt wurden. Diesen Dienst könnte eine private Beurkundung zwar erfüllen; nur die amtliche, öffentliche und systematische Beurkundung wird aber diesem Bedürfnis umfassend gerecht. Sie war schon in alten Zeiten gebräuchlich:

"Es begab sich aber zu jener Zeit, dass ein Gebot von dem Kaiser Augustus ausging, dass alle Welt geschätzt würde...Und jedermann ging, dass er sich schätzen liesse, ein jeglicher in seiner Stadt. Da machte sich auf auch Joseph aus Galiläa, aus der Stadt Nazareth, in das jüdische Land...darum, dass er von dem Hause und Geschlecht Davids war, auf dass er sich schätzen liesse mit Maria, seinem vertrauten Weibe, die war schwanger"[17].

---

13 AMBROISE COLIN/HENRI CAPITANT, Cours élémentaire de droit civil français, Paris 1923, I, S. 386"... die Kirchgemeinderegister können noch heute den Nachweis von aus der Zeit vor dem Dekret von 1792 stammenden Akten erbringen. Zudem dienten sie dazu, die während der Commune zerstörten Zivilstandsregister von Paris wieder herzustellen. Sie könnten auch heute noch verwendet werden..."(d.v.d.Ü.).

14 "La Cuisine au Beurre".

15 PAUL MARTIGNONI, Petite cause – Grands effets, ZZW 1975, S. 274 ff.

16 Demosthenis Reden, Lemgo 1776, Bd.IV, S. 109, "wider Eubulidem".

17 Evangelium nach Lukas, 2, 1 ff. (Übersetzung nach Martin Luther). Laut der Anm. 2 einer französischen Fassung, Pléiade, Paris 1971, wurde die Schätzung aus steuerlichen Gründen durchgeführt.

Früher fanden Geburt, Hochzeit und Tod unter den Augen der Gesellschaft statt.
Darin lag eine Aufgabe der Feierlichkeiten, welche die grossen Lebensereignisse
begleiteten und ohne welche diese den Anschein einer verdächtigen Heimlichkeit
erhalten hätten. Heutzutage haben solche Feierlichkeiten diese Bedeutung verloren. Die Geburt erfolgt unter aseptischen Bedingungen, die Heirat ist zur Verwal-
tungshandlung geworden und der Tod wird bisweilen erst nach der Abdankung
bekannt gegeben. Die amtliche Beurkundung gewährleistet nicht nur die Sicherheit des Einzelnen, sondern dient auch der öffentlichen Hand. Statistik[18], Schule,
Dienstpflichten, Polizei und Steuerwesen sind unbedingt darauf angewiesen.

Zivilstand und Beurkundung sind derart eng miteinander verbunden, dass häufig
das Eine für das Ganze genommen wird. Im französischen Sprachgebrauch werden
sowohl die wesentlichen Kennzeichen einer Person als auch die ihrer Beurkundung dienenden Register als auch der mit dieser Aufgabe betraute Verwaltungs-
zweig als "Zivilstand" (état civil) bezeichnet[19]. Diese drei Erscheinungen müssen
aber auseinandergehalten werden[20], was aus Art. 39 Abs. 1 ZGB teilweise zu erse-
hen ist: "Zur Beurkundung des Personenstandes werden durch die Zivilstandsbehörden Register geführt". Dennoch sind Zivilstand und Beurkundung so eng miteinander verbunden, dass die letztere ohne weiteres als Teil der Definition des ersteren verwendet werden kann.

Die Zivilstandsakten können auch nicht-juristischen Zwecken dienen. Die meisten "Geburtsscheine", d. h. Auszüge aus dem Geburtenregister, werden in der
Schweiz im Zusammenhang mit Beratungen bei Astrologen ausgestellt, welche
die genaue Geburtszeit kennen wollen. Man kann nur hoffen, dass die Angaben der
Ärzte stets genau waren, und darüber hinwegsehen, dass die Angabe der Geburts-
und Todeszeit nicht nur auf Tag und Stunde, sondern auch auf die Minute genau
eine neue und keine allgemeine Forderung ist! Unter Umständen genügen die
Unterlagen auch für das Rechtsleben nicht, welches bisweilen der sekundenge-

---

18   JEAN-EMILE NEURY, Der Nutzen der Zivilstandsstatistik, ZZW 1983, S. 35 ff., F/83 ff., I/60 ff.
19   G. CORNU, Vocabulaire juridique, Paris 1990, unter Etat civil, Ziff. 2; E.LITTRÉ/A. BEAUJEAN,
      Dictionnaire, Paris 1886: "La condition d'une personne dérivant des actes qui constatent les rap-
      ports de parenté, de mariage, et les autres faits de la vie privée"; P. ROBERT, Dictionnaire alphabéti-
      que et analogique de la langue française: "Mode de constatation des principaux faits relatifs à l'état
      des personnes; Service public chargé de dresser les actes constatant ces faits". (Im französischen
      Sprachgebrauch geht man zum "état civil" wie man "un verre" trinkt. . .In Wirklichkeit handelt es
      sich um die Büroräumlichkeiten, in welchen der entsprechende Verwaltungsdienst untergebracht
      ist, und um den Inhalt des Glases!). Zum deutschen Sprachgebrauch siehe Brockhaus Enzyklopä-
      die, Wiesbaden 1974, unter "Zivilstand":.. der Inbegriff der persönlichen Verhältnisse.., welche
      . . . durch Eintragung in Verzeichnisse (Register) beurkundet werden sollen."
20   BGE 115 II 306 ff. Hier geht es nicht um die Beurkundung, sondern um den Zivilstand. Einer Frau,
      welche ihren Konkubinatspartner durch einen Unglücksfall verloren hatte, wurde, für sie und ihr
      Kind, nicht erlaubt, den Namen des Verstorbenen zu tragen. Merkwürdigerweise verbieten die heu-
      tigen Bestimmungen über die Namensänderung etwas, das unter dem alten Art. 260 ZGB betref-
      fend die "Anerkennung durch Erklärung des Richters" möglich gewesen wäre.

nauen Angaben oder anderer Einzelheiten bedarf. Auch in anderen Bereichen genügen sie mitunter nicht – man denke beispielsweise an die Diskussionen über das Geschlecht von Spitzensportlern. Die für die Zulassung zu den Wettspielen verantwortlichen Organe sind nicht an die juristischen Unterlagen gebunden und können andere Bedingungen vorschreiben.

II. Zur Gesetzesgeschichte

A. Kirchlicher Ursprung der Beurkundung[21]

Heutzutage käme niemand auf den Gedanken, Zivilstandsbücher und Rechnungsbücher miteinander in Verbindung zu bringen. Eine solche Vorstellung erscheint blasphemisch oder zumindest albern. Dennoch haben unsere Register offenbar keine wissenschaftlichen Wurzeln, sondern gehen auf den bis in das 13. Jahrhundert zurückzuverfolgenden Brauch der Führung von Kirchenregistern zurück. Dieser Brauch beruhte aber weder auf Gewohnheitsrecht noch auf gesetzlichen Vorschriften noch auf dem Bedürfnis der Gläubigen, ihre Taufe nachweisen zu können. Er ist – prosaischer – vielmehr darauf zurückzuführen, dass die Priester ihre Schäflein, d. h. ihr Einkommen kennen und berechnen mussten; wie RAOUL NAZ[22] bemerkte, ging es also ums Geld:

---

21 FRITZ STURM, Die Rezeption des französischen Personenstandrechtes in Deutschland, Österreich und der Schweiz: ein Markstein auf dem Weg zu Gleichheit, Glaubens- und Gewissensfreiheit, ZZW 1991, S. 209 ff., F/1990/227 ff., und als Vortrag im Europa-Institut der Universität des Saarlandes, am 30. Mai 1988. Eidgenössisches Amt für das Zivilstandswesen, Introduction du mariage civil en Grèce, ZZW 1983, S. 15 f.; HULDREICH HEIDEN, Ma conception du mariage civil, ZZW 1981, S. 60 f.; ALFRED DUFOUR, Conditions particulières, principes inspirateurs et étapes de la laïcisation de l'état civil en Suisse au XIXe siècle, ZZW 1976, S. 328 ff., insbes. die Literatur in Anm.1; E.RIEDENER, Hochzeit vor der Heirat, kirchliche Trauung vor der zivilen Eheschliessung, ZZW 1970, S. 51 ff. Die Revue internationale des archives, ARCHIVUM, herausgegeben unter der Schirmherrschaft der UNESCO und des Conseil international des archives, Bde. VIII und IX, Jahrgang 1958 und 1959, enthält eine Artikelreihe über die Kirchgemeinde- und Zivilstandsregister in Österreich, Ungarn, Rumänien, Polen, Dänemark, Norwegen, Finnland, der Schweizerischen Eidgenossenschaft, England und Wales, Portugal, Lateinamerika, Jugoslawien, Belgien, Spanien, Frankreich, den Europäischen Israelitischen Kultusgemeinden und in Israel, sowie einen Bericht über die Mikrofilmarchivierung genealogischer Dokumente und die von der Genealogischen Gesellschaft der Kirche Jesu Christi der Heiligen der letzten Tage (Mormonen) hergestellten weltweiten Kirchgemeinde- und Zivilstandsregister; der Beitrag über Kirchgemeinde- und Zivilstandsregister in der Schweizerischen Eidgenossenschaft, Bd. VIII, 1957, S. 61 ff., stammt von GUSTAVE VAUCHER, Archivar des Staates Genf; RAOUL NAZ, Dictionnaire de droit canonique, Paris 1957, Bd. VI, unter "Livres publics et officiels"; RAYMOND GAUDRIAULT, La publicité de l'état des personnes, Eléments d'une organisation rationnelle, Lyon 1943; PAUL HOFER, Die schweizerischen Zivilstandsregister, Ihre Entstehung und Entwicklung und ihr Verhältnis zur Statistik, Bern 1907; BERRIAT-SAINT-PRIX, Recherches sur la législation et la tenue des actes de l'état civil, Paris 1842.

22 Desgleichen RAYMOND GAUDRIAULT, La publicité de l'état des personnes, Eléments d'une organisation rationnelle, S. 11 ff.

"Solche Dokumente wurden von den Priestern nicht für die Kirchen, sondern für ihren persönlichen Gebrauch angelegt. Sie dienten dazu, die Kasualien festzuhalten, welche ihnen noch geschuldet wurden. Sie waren selbstverständlich unvollständig, da sie die schon bezahlten Heiraten und Beerdigungen nicht erwähnten. Es sind nur wenige solche Unterlagen erhalten geblieben, da sie nicht in den Archiven der Kirchen, sondern unter den persönlichen Papieren der Priester aufbewahrt wurden.

Dies erklärt auch, warum Taufbücher so selten sind. ...denn die Taufgebühr wurde unverzüglich bezahlt und damit gewährleistet, dass sogleich die Glocken geläutet wurden...

Desgleichen erklärt dies das Missverhältnis, welches in solchen Büchern zwischen eingetragenen Hochzeiten und Beerdigungen besteht. Die Hochzeitskosten waren leichter einzuziehen als die Begräbniskosten, so dass die Priester weniger Forderungen bezüglich der ersteren einzutragen hatten" (d.v.d.Ü.).

Erst im 16. Jahrhundert wurde dieser Brauch durch die Kirche im Konzil von Trient (1536) und durch die königlichen Ordonnanzen von Villiers-Cotterêts (1539), Blois (1579) und insbesondere durch die Ordonnanz von 1667 über das Zivilverfahren legalisiert. Offenbar wurden diese Anweisungen der Fürsten von der Priesterschaft schlecht aufgenommen und führten zu Überlagerungen von zivilen und religiösen Aufgaben. Die Führung von Registern durch die Priester wurde als zivile Aufgabe betrachtet oder konnte zumindest als solche angesehen werden.

Die Beurkundung beschränkte sich vorerst auf die Gläubigen, d. h. auf die Katholiken, und wurde dann auf Protestanten, Einwohner und sogar Ausländer ausgedehnt. Die Beurkundung des Zivilstandes der Nicht-Katholiken wurde den Gemeinden übertragen, welche weltliche Register führten. Die beiden Register galten im Geschäftsleben eine Zeitlang nebeneinander, später jedoch traten die weltlichen Register an ihre Stelle; die Kirchenregister wurden zwar nicht abgeschafft; durch die Säkularisierung des Zivilstandes wurde aber ihre Geltung auf den religiösen Bereich beschränkt.

B. Kantonal geregelte Beurkundung[23]

Die ersten bekannten Kirchenregister gehen auf das Ende des XV. Jahrhunderts zurück. In der ersten Häfte des XVI. Jahrhunderts wurden, unter dem Einfluss der Reformation zuerst in den protestantischen Kantonen, einige Jahrzehnte später

---

23   BÉATRICE SORGESA, Notes sur l'état civil neuchâtelois à l'usage de la démographie historique, Musée neuchâtelois 1985, S. 69 ff.; S. MARGADANT/U. BRUNOLD, Geschichte der Personenregisterführung in Graubünden von den Anfängen bis 1876, ZZW 1984, S. 369 ff.; FRANÇOIS NOIRJEAN, L'état civil dans la République et Canton du Jura, ZZW 1984, S. 354 ff.; HANSJAKOB ACHERMANN, Zur Entwicklung des Zivilstandswesens im Kanton Nidwalden, ZZW 1983, S. 341 ff.; JEAN COURVOISIER, Notes sur l'histoire de l'état civil dans le pays de Neuchâtel, Musée neuchâtelois 1983, S. 49 ff.; DERSELBE, Notes sur l'état civil dans le pays de Neuchâtel, ZZW 1982, S. 328 ff.; MARIO VON MOOS, Aus der Geschichte der appenzellischen pfarramtlichen Register und des Zivilstandswesens vor 1875, ZZW 1981, S. 352 ff.; HANS LAUPPER, Betrachtungen über die

nach dem Konzil von Trient (1563) auch in den katholischen Kantonen, überall
Register geführt. Diese Register waren aber nicht genau gehalten. Trotz der Er-
mahnungen der Behörden wurde nach Belieben verfahren. Einzelne Register
waren mangelhaft geführt, andere gingen verloren oder wurden vernichtet. Wieder
andere geben Ereignisse wieder, welche nichts mit dem Zivilstand zu tun haben.
GUSTAVE VAUCHER zitiert Anmerkungen über die lokale Geschichte, klimatische
und folkloristische Ereignisse oder sogar Streitigkeiten zwischen Gemeindeglie-
dern[24]. Die Regelungen waren sehr unterschiedlich, und in den Kantonen Glarus
und Appenzell bestand vor dem Erlass der Bundesgesetzgebung diesbezüglich
keine gesetzliche Regelung. In Nidwalden wurde 1616, in Obwalden 1794 und in
Schaffhausen 1848 ein Familienregister geschaffen, welches von den Gemeinden
auf Grund der Kirchenregister geführt wurde.

Die Helvetik säkularisierte das Zivilstandswesen, hatte aber keine Zeit zum Vollzug dieser Neuerung. Die Register, welche eigentlich von weltlichen Beamten hätten geführt werden sollen, wurden in Tat und Wahrheit von den mit bürgerlichen
Aufgaben betrauten und als Beamte wirkenden Priestern und Pfarrern geführt. Der
Anfang war gemacht. Kurz vor der Vereinheitlichung gingen aber die schweizerischen Kantone nach vier verschiedenen Systemen vor. Die Mehrzahl, nämlich
Zürich, Bern, Schwyz, Solothurn, Zug, Aargau, Waadt und Wallis, säkularisierten
ihre Register, überliessen aber deren Führung den Geistlichen. Luzern, Obwalden,
Glarus, Appenzell, Graubünden und Tessin hielten ausschliesslich Kirchenregister. Nidwalden, Freiburg, Basel-Stadt und Basel-Land führten parallel zur kirchlichen auch die bürgerliche Beurkundung ein. Schaffhausen, St. Gallen, Neuenburg und Genf säkularisierten die Beurkundung.

Entwicklung des Zivilstandswesens im Kanton Glarus, ZZW 1980, S. 363 ff.; WALTER ZURBU-
CHEN, Histoire de l'état civil genevois, ZZW 1979, S. 354 ff., F/342 ff.; HANS STALDER, Aus der
Geschichte der urnerischen Personenregisterführung, ZZW 1977, S. 339 ff.; OTTO UEHLINGER,
Die Geschichte des Zivilstandswesens im Kanton Schaffhausen, ZZW 1975, S. 417 ff.; OLIVIER
DESSEMONTET, Aperçu sur l'état civil vaudois des origines au 31 décembre 1875, ZZW 1974,
S. 340 ff.; ROLAND DUBOUX, Aperçu sur l'état civil vaudois de 1874 à nos jours, ZZW 1974,
S. 344 ff.; HANS ADOLF VOEGELIN/ERNST GÖTZ, 100 Jahre Ziviltrauung in Basel (19. September
1972); Das Basler Zivilstandsamt von 1872 bis 1936, von H.A.V.; Das Zivilstandsamt Basel-Stadt
1937–1972, von E.G., ZZW 1974, S. 66 ff., 102 ff., 142 ff.; ADY INGLIN, Aus der Geschichte des
schwyzerischen Zivilstandswesens, ZZW 1973, S. 300 ff.; ULRICH HELFENSTEIN, Aus der
Geschichte des zürcherischen Zivilstandswesens, ZZW 1972, S. 386 ff.; HERMANN IMBODEN,
Geschichtliche und gegenwärtige Probleme im Zivilstandswesen des Kantons Wallis, ZZW 1971,
S. 304 ff.,347 ff., F/356 ff., I/363 ff.; FRANZ SPICHER, Aus der Geschichte des Zivilstandswesens
im Kanton Freiburg, ZZW 1968, S. 28 ff.; JOHANN ARNOLD WIRTH, Aus der Geschichte des solo-
thurnischen Zivilstandswesens, ZZW 1965, S. 382 ff., 423 ff.; GUSTAVE VAUCHER, Registres
paroissiaux et d'état civil dans la Confédération suisse, ARCHIVUM, Revue internationale des archives, 1958, Bd. VIII, S. 61 ff.; HENRI et PAUL JACOTTET, Le droit civil neuchâtelois, Neuenburg
1877, 1879, S. 25–38; HENRI-FLORIAN CALAME, Droit privé d'après la coutume neuchâteloise, in
Neuenburg von 1828–1830 erteilter Kurs, Neuenburg 1858, S. 16 f.

24   Das gleiche gilt für Frankreich: RAYMOND GAUDRIAULT, La publicité de l'état des personnes, Elé-
      ments d'une organisation rationnelle, S. 12, 48, 52.

Die Bundesverfassung vom 12. September 1848[25] gewährleistete allen Schweizern, "welche einer der christlichen Konfessionen angehören", das Recht der freien Niederlassung im ganzen Umfang der Eidgenossenschaft, wenn sie u. a. insbesondere einen Heimatschein besassen (Art. 41). Sie verbot den Kantonen, einen ihrer Bürger "des Bürgerrechts" verlustig zu erklären (Art. 43 Abs. 1).

Der Entwurf zur Revision der Bundesverfassung von 1848, Gegenstand des Bundesgesetzes vom 5. März 1872[26], stellte das Recht zur Ehe unter den Schutz des Bundes (Art. 50) und erklärte die Gesetzgebung über das Zivilrecht zur Bundessache (Art. 55). Die zahlreichen im Parlament vorgebrachten Anträge, welche zum Entwurf der Art. 50 und 55 der "Revidierten Verfassung" führten, decken sich mit den späteren diesbezüglichen Bestimmungen der Verfassung vom 29. Mai 1874[27]. In diesem Sinne schreibt ALFRED DUFOUR, dass "der Bundesrat, trotz des Scheiterns des ersten Entwurfes..., welcher in der Volksabstimmung vom 12. Mai 1872 verworfen wurde, in den Artikeln 54 und 60 seines Entwurfes vom 4. Juli 1873 die gleichen Vorschriften bezüglich Zivilstand und Ehe fast wörtlich übernahm"[28]. In der Botschaft des Bundesrates, vom gleichen Tag, zum Entwurf zur Revision der Bundesverfassung heisst es[29]:

"Der Bund ...schützt.. den Bürger einerseits dagegen, dass eine Kirche seine individuelle Freiheit antaste, auf der andern Seite gegen die Übergriffe, welche die Gesetzgebung oder die politische Gewalt eines Kantons sich auf dem Gebiete seines Gewissens herausnehmen möchte.
    Der Bund betrachtet sich weder als Vorfechter des Individuums gegen die Kirche, noch als Vorfechter der kantonalen Gewalten gegen die geistliche Behörde. Er wahrt und sichert jedem sein Gebiet.
    Hieraus ergibt sich, dass die Handlungen des bürgerlichen Lebens und die Ausübung der bürgerlichen und politischen Rechte von einem religiösen Glaubensbekenntnis oder irgend einem religiösen Akte vollständig unabhängig gestellt werden müssen, und es beantragt dem-

---

25   AS I 3 ff.
26   AS X 730 ff.
27   Bulletin der Beratungen der Bundesversammlung betreffend die Revision der Bundesverfassung
      1871, NR I und StR; 1872, StR II, NR III; I, S. 425, Anderwert: "on ne voit pas... si la Confédéra-
      tion sera appelée à décréter une loi sur le mariage, car il n'est question que de le placer sous sa pro-
      tection. L'orateur veut combler cette lacune..."; S. 428, Ruchonnet: "si l'orateur est d'accord avec
      M. Anderwert pour placer le droit au mariage sous la protection de la Confédération, il repous-
      se.... le projet de soumettre le mariage à la législation fédérale." M. Ruchonnet estime que l'on
      doit laisser dans la compétence des cantons la législation matrimoniale; S. 431, Wuilleret,"... la
      proposition de M. Anderwert va plus loin. Au premier alinéa, il place le mariage non seulement
      sous la protection, mais encore sous la législation de la Confédération...c'est quand viendra l'art.
      54 qu'on sera appelé à examiner...s'il convient d'en attribuer l'application à la législation cantona-
      le ou à la législation fédérale." Siehe auch I, S. 437 ff., 445, 448 f., 541, II, S. 257 ff., 266, 306,
      512 ff., III, S. 395, 399.
28   ALFRED DUFOUR, Conditions particulières, principes inspirateurs et étapes de la laïcisation de
      l'état civil en Suisse au XIXe siècle, ZZW 1976, S. 329 (zit.d.v.d.Ü.).
29   BBl 1873 II, S. 963 ff. insbes. S. 965/966.

nach der Bundesrat, zu erklären, einerseits. . .: Die bürgerlichen und politischen Rechte dürfen von keinen Vorschriften oder Bedingungen kirchlicher oder religiöser Natur abhängig gemacht werden – und anderseits..: Die Beurkundung des bürgerlichen Standes und die Verwaltung der damit zusammenhängenden Einrichtungen steht den weltlichen Behörden zu."

C. Vereinheitlichung

1. Vereinheitlichung der Beurkundung[30]

Gemäss dem ersten Satz des Art. 53 Abs. 1 der *Bundesverfassung vom 29. Mai 1874*[31] ist "die Feststellung und Beurkundung des Zivilstandes Sache der bürgerlichen Behörden." Der zweite Satz erklärt, dass "die Bundesgesetzgebung hierüber die näheren Bestimmungen treffen" wird.

Die letzte Aussage ist zweideutig und kann entweder einzig die Befugnis zur Gesetzgebung über die Säkularisierung oder aber die Befugnis zur Gesetzgebung über den gesamten Bereich des Zivilstandes und über dessen Beurkundung durch bürgerliche Behörden beinhalten.

Dieser zweite Satz hätte im ersten Sinn verstanden werden müssen, da Art. 64 BV ursprünglich die Gesetzgebungskompetenz des Bundes auf bestimmte Bereiche des Zivilrechts beschränkte, welche weder den Zivilstand noch die Ehe einschlossen. Dennoch wurde er im zweiten Sinn verstanden[32].

Auch Art. 54 BV ist zweideutig. Er erklärt: "Das Recht zur Ehe steht unter dem Schutz des Bundes", ohne aber dem Bund formell eine Gesetzgebungskompetenz zu erteilen, mittels welcher er einen Schutz verwirklichen könnte, der über das hinausführt, was die in den anderen Absätzen enthaltenen Grundsätze erklären.

---

30 Schweizerischer Verband der Zivilstandsbeamten und Konferenz der kantonalen Aufsichtsbehörden, Hundert Jahre verweltlichtes Zivilstandswesen 1876–1976, Jubiläumsfeier zum Gedenken an die Einführung der Zivilehe und der weltlichen Führung der Zivilstandsregister, in Locarno, Ansprachen von KURT FURGLER, FLAVIO COTTI und PAUL DAYER; ALFRED DUFOUR, Besondere Voraussetzungen, grundlegende Einflüsse und Entwicklungsstufen der Verweltlichung des Zivilstandswesens in der Schweiz im 19. Jahrhundert; HANS KUPFER, Entwicklung und heutige Situation im schweizerischen Zivilstandswesen, ZZW 1976, S. 281 ff., F/320 ff., I/341 ff.; PAUL MARTIGNONI, Le registre des familles a 50 ans, ZZW 1980, S. 21 ff.; J. DEMUTH, Les 70 ans de l'état civil fédéral, ZZW 1945, S. 234 ff.; D. SCHEURER, Le cinquantenaire de l'introduction du mariage civil et des registres de l'état civil, Der Zivilstandsbeamte, 1925, S. 127 f., 1926, S. 142 ff.
31 AS 1 1 ff.
32 Botschaft des Bundesrates vom 2. Oktober 1874 betreffend die Erlassung eines Gesetzes über Feststellung und Beurkundung des Zivilstandes und die Ehe, BBl 1874 III, S. 1 ff., insbes. S. 5–7: "Die durch die neue Verfassung geschaffene Situation ist also folgende: Es ist ein Gesetz über die Feststellung und Beurkundung des Zivilstandes zu erlassen; ... obschon die Bundesversammlung nicht allein die unzweifelhafte Kompetenz, sondern auch den Auftrag hat, die fragliche Materie gesetzlich zu regeln. . .".

Die Parlamentarier nahmen diese Zweideutigkeit wahr[33]. Ohne sich mit dem
Zivilstand als solchem zu befassen, vereinheitlichte der Gesetzgeber aufgrund dieser Verfassungsbestimmungen die Beurkundung des Zivilstandes sowie der Eheschliessung und der Auflösung der Ehe[34]. Diese dritte Auslegung kann als Alterna-
tive zum zweiten möglichen Sinn von Art. 53 Abs. 1 BV verstanden werden.

Es erstaunt deshalb nicht, dass das *Bundesgesetz vom 24. Dezember 1874 betreffend Feststellung und Beurkundung des Zivilstandes und die Ehe*[35] zum ersten aufgrund von Art. 89 BV ergriffenen Referendum führte. Anlass war nicht die Vereinheitlichung der Beurkundung des Zivilstandes, sondern die Vereinheitlichung des
Rechtes zur Ehe; das Referendum wurde von 106 000 Bürgern verlangt, und das
Gesetz wurde mit 213 000 gegen 205 000 Stimmen angenommen. Die Mehrheit
von nur 8 000 Stimmen genügte trotz einer Minderheit der zustimmenden Kantone. Das Gesetz vom 24. Dezember 1874 trat am 1. Januar 1876 in Kraft.

Es umfasste 65 Artikel und war in 8 Abschnitte gegliedert: A. Allgemeine
Bestimmungen, B. Besondere Bestimmungen über die Führung der Geburtsregister, C. Besondere Bestimmungen über die Führung der Totenregister, D. Besondere Bestimmungen über die Eheschliessung und die Führung der Eheregister, E.
Besondere Bestimmungen über die Scheidung und die Nichtigkeiterklärung der
Ehe, und die daherigen Eintragungen, F. Strafbestimmungen, G. Schlussbestim-
mungen, H. Übergangsbestimmungen.

Das Gesetz führte drei Register ein, nämlich das Geburtsregister, das Totenregister und das Eheregister. Dies waren zahlenmässig weniger Register als heute; sie
mussten aber einen breiten Anwendungsbereich abdecken und waren nicht Einzelregister im heutigen Sinne. Sie ersetzten teilweise eigentliche Familienregister,
wie man sie damals als solche nicht kannte. Die Zivilstandstatsachen betreffend
Geburt, Ehe und Tod wurden in den Registern desjenigen Zivilstandskreises eingetragen, in welchem sie stattfanden, und sie wurden zu Handen der Register der Kreise des Heimatortes oder der Heimatorte und des ordentlichen Wohnsitzes der Person weitergegeben und dort eingetragen. Die Register hielten nicht nur das eigentliche Ereignis der Geburt, der Heirat und des Todes fest, sondern "verfolgten" die

---

33 Protokoll der Beratungen der Eidgenössischen Räte über die Revision der Bundesverfassung,
    1873–1874, Bern 1877, S. 134, 161, 164 ff., 174, 190 ff., 342 ff., Anhänge, S. 10, 16, 58, 66 ff.,
    122 ff., 129, 132, 188 ff., 194 ff., 244 ff., 276.
34 CORNELIA SEEGER, Etapes de l'unification du droit matrimonial suisse: de la République helvéti-
    que à la loi de 1874, in: L'unification du droit privé suisse au XIXe siècle, Enseignement de 3e cy-
    cle droit 1985, Freiburg i. Ue. 1986, S. 57–74.
35 AS 1 506 ff. Botschaft des Bundesrates vom 2. Oktober 1874, BBl 1874 III, S. 1 ff. Der Bericht
    einer Minderheit der ständerätlichen Kommission vom 24. Oktober 1874, BBl 1874 III, S. 858 ff.,
    wollte den Entwurf auf den Zivilstand und seine Beurkundung, unter Ausschluss des Rechtes zur
    Ehe, beschränken. Das von den Räten erlassene Gesetz war referendumspflichtig, BBl 1875 I, S.
    105 ff., wurde Gegenstand eines Referendumsbegehrens, AS 1 485 ff., und in der Volksabstim-
    mung vom 23. Mai 1875 angenommen, BBl 1875 III, S. 304 ff., AS 1 588 ff.

Veränderungen des Zivilstandes. Eine Scheidung beispielsweise wurde "am Rande des entsprechenden Traueintrages" vermerkt (Art. 5 lit.c, Art. 57 BG) und Veränderungen in den Standesrechten, welche sich nach der Eintragung in das Geburtsregister ereigneten, wurden als Randbemerkungen im Geburtsregister beigefügt (Art. 18 BG). Abgesehen von solchen Unterschieden waren die Grundlagen der Beurkundung gegeben. Verschiedene heutige Gesetzesbestimmungen und Regelungen gehen auf diese Vorschriften zurück.

Aufgrund des Bundesgesetzes von 1874 erliess der Bundesrat *zwei hauptsächliche und zwei zusätzliche Vollziehungsregelungen:*
– die *Vorschriften* betreffend die Führung der Zivilregister und den Bundesbeschluss betreffend die statistische Zusammenstellung der in der Schweiz vorkommenden Geburten, Sterbefälle, Trauungen, Scheidungen und Nichtigerklärungen von Ehen, vom 17. September 1875[36], welche beide gleichzeitig mit dem Bundesgesetz am 1. Januar 1876 in Kraft traten;
– das *Reglement* für die Führung der Zivilstandsregister und die Instruktion für Zivilstandsbeamte betreffend die statistischen Auszüge aus dem Zivilstandsregister zuhanden der Bundesbehörden, vom 20. September 1881[37], welche beide am 1. Januar 1882, gleichzeitig mit dem Bundesgesetz über die persönliche Handlungsfähigkeit, in Kraft traten.

Diese Bestimmungen (die beiden letztgenannten ausführlicher, aber ohne wesentliche Unterschiede) legten die Technik der dreifachen Beurkundung in den Kreisen des Vorkommnisses, des Heimatortes und des Wohnsitzes fest. Jedes Register war in ein "Register A" und ein "Register B" unterteilt. Die Register A enthielten die im Kreis eingetretenen Ereignisse, die Register B die ausserhalb des Kreises stattgefundenen Vorkommnisse, welche aber im Kreis heimatberechtigte oder wohnhafte Personen betrafen. Jedes Register A und B wurde "in doppelter Ausfertigung" geführt. Die Doppel bestanden aus ungebundenen Blättern, waren mit dem Vermerk "Duplicata" versehen und wurden jährlich der zu ihrer Aufbewahrung bezeichneten Amtsstelle übergeben; es wurden davon keine Auszüge herausgegeben. Das Reglement von 1881 erwähnte in seinem ersten und in seinem siebenundvierzigsten letzten Artikel die "Anleitungen für die Zivilstandsbeamten".

2. Vereinheitlichung des Privatrechts

Das schweizerische Zivilgesetzbuch vom 10. Dezember 1907 hob das Gesetz vom 24. Dezember 1874 auf, und das Reglement vom 20. September 1881 wurde durch die Verordnung über die Zivilstandsregister vom 25. Februar 1910[38] ersetzt. Die

---

36   AS 1 719 ff., 819 ff.
37   AS V 478 ff., 494 ff.
38   AS 26 905 ff.

neue Beurkundungsregelung führte nicht sofort zu Veränderungen. Der Gesetzgeber übernahm das Bestehende und führte es im Zivilgesetzbuch nicht weiter aus.
Diese Entscheidung machte zwar den Text nicht verständlicher, liess jedoch Raum
für spätere Entwicklungen und bereitete diese vor. Eine Verordnung lässt sich leichter ändern als ein Gesetz. Der Bundesrat beliess die drei Register, ihre Unterteilungen ”A“ und ”B“, die zwei Ausfertigungen, die strengen Eintragungsregelungen
und die getrennte Aufbewahrung.

Man kann sich fragen, wie man zur Zeit der Vereinheitlichung des Zivilstandes
ohne Legitimations- und Anerkennungsregister auskommen konnte. In Wirklichkeit wurde zwar ein Legitimationsregister eingeführt; dies geschah aber stillschweigend, wie dies aus Art. 1 betreffend die drei Register und aus Art. 94 hervorgeht,
welcher den ”Inhalt“ des ”Legitimationsregisters“ bestimmt. Die Anerkennungen
gab es schon unter der früheren Regelung; sie wurden aber, wie andere Änderungen des Zivilstandes, in die Geburtsregister ”A“ und ”B“ übertragen.

Bedeutungsvoller sind die späteren Änderungen der Beurkundung. Die einen
betrafen einzelne Bestimmungen, die anderen ganze Abschnitte. Sie waren entweder die Folge von Änderungen des Privatrechts oder wurden selbständig vorgenommen.

3. Spätere Änderungen

Die *Verordnung über den Zivilstandsdienst, vom 18. Mai 1928*[39], hob diejenige
vom 25. Februar 1910 auf und trat am 1. Januar 1929 in Kraft. Sie liegt der heutigen
Regelung zugrunde. Die Zahl der Bestimmungen verdoppelte sich. Es wurden drei
neue Register geschaffen. Das Legitimationsregister – welches am 31. Dezember
1977 wieder geschlossen wurde – und das Anerkennungsregister bildeten gemein-
sam mit den drei herkömmlichen Registern die sogenannten ”Einzelregister“.
Diese hielten die Vorkommnisse im Zivilstandskreis fest. Die Einführung des auf
den Heimatort bezogenen Familienregisters, welches einzelne Kantone schon als
fakultatives Register kannten, bedeutete das Ende der Register ”B“ und der Ver-
pflichtung zur Nachführung der Register ”A“[40]. *Das Bundesgesetz über die eidgenössische Verwaltungs- und Disziplinarrechtspflege, vom 11. Juni 1928*[41], welches
am 1. März 1929 in Kraft trat, übertrug dem Bundesgericht die Streitigkeiten über
Zivilstandsregistersachen, welche Art. 44 Abs. 2 ZGB ursprünglich dem Bundesrat vorbehalten hatte. Die ausschliesslich administrativen Streitigkeiten beliess es
beim Bundesrat.

---

39   AS 44 241 ff., BS 2 469.
40   Der Zivilstandsbeamte, 1930, S. 679, 721, 729; 1931, S. 793, 840 bezüglich der Anmerkung der
      Änderungen von Namen und Bürgerrecht in den Geburts- und Eheregistern.
41   AS 44 779.

Die *Zivilstandsverordnung vom 1. Juni 1953*[42] ersetzte diejenige von 1928. Sie hat den gleichen Aufbau, sieht die selbe Technik vor und enthält gleich viele Bestimmungen. Sie wurde seither mehrmals geändert. Die von diesen Änderungen betroffenen Bestimmungen sind zahlreicher als diejenigen, welche sie ursprünglich von der Verordnung von 1928 unterschieden hatten. Die grossen Privatrechtsrevisionen haben auch den Zivilstand und seine Beurkundung neu geprägt; er wurde nicht umgestaltet, sondern weiterentwickelt und verfeinert. Deshalb wurde zu Recht darauf verzichtet, der immer noch geltenden alternden Verordnung durch ein neues Geburtsdatum oder einen neuen Taufnamen einen trügerischen Anschein von Jugendlichkeit zu verleihen. Das Justiz- und Polizeidepartement wurde beauftragt, die *erforderlichen Weisungen* zu erlassen.

Die *Änderungen von 1960, 1965 und 1967 erfolgten selbständig.* Die *Änderung vom 13. September 1960*[43] betraf die Form der Mitteilungen. Maschinenschrift und Durchschläge wurden für alle Mitteilungen zulässig. Die Anwendung des Photokopierverfahrens kann grösseren Ämtern von der kantonalen Aufsichtsbehörde gestattet werden. *Die Änderung vom 8. Januar 1965*[44] beauftragte die Kantone mit der Mikroverfilmung der Eintragungen und mit der Einlagerung der Mikrofilme. Die *Änderung vom 24. Januar 1967*[45] betraf die Eintragung ausländischer Urkunden von in mehreren Kantonen heimatberechtigten Schweizern. Die kantonalen Aufsichtsbehörden müssen sich miteinander ins Einvernehmen setzen, wenn Zweifel über die Eintragbarkeit bestehen, und bei Meinungsverschiedenheiten entscheidet die Auffassung desjenigen Kantons, der im Sinne von Art. 22 Abs. 3 ZGB als "Heimat" gilt[46].

Die *Revision des Adoptionsrechts* von 1972–1973[47], begleitet von umfangreiche-

---

42   AS 1953 797 ff. P. NICOLLIER, La nouvelle ordonnance sur l'état civil, ZZW 1954, S. 17 ff.; P. NICOLLIER/H. RINIKER, Die neue Verordnung für das Zivilstandswesen, ZZW 1954, S. 2 ff., 37 ff., 68 ff., 135 ff., F/49 ff., 80 ff., 112 ff., 176 ff., I/92 ff., 124 ff., 156 ff., 234 ff.; ERNST GÖTZ, De l'obligation de déclarer et de la forme de la déclaration selon la nouvelle ordonnance sur l'état civil, ZZW 1953, S. 177 ff.; HANS-RUDOLF SCHNYDER, Les communications des officiers de l'état civil aux autorités de tutelle d'après la nouvelle ordonnance sur l'état civil, ZZW 1953, S. 374 ff. – ERNST GÖTZ, "Vieille paperasserie dans l'état civil" ou "lorsque de beaux manuscrits sont recherchés", ZZW 1981, S. 221 ff.

43   AS 1960 943–944; ZZW 1960, S. 322 ff., F/ 369 ff.

44   AS 1965 35; ZZW 1965, S. 50 ff., F/107 ff.

45   AS 1967 188; ZZW 1967, S. 105 ff., F/90 ff.

46   ERNST GÖTZ, Arbeitstagung der kantonalen Aufsichtsbehörden, 29. Juni 1966, Thema "Artikel 137 ZVO", ZZW 1966, S. 411 ff.

47   AS 1972 2819 ff. – CYRIL HEGNAUER, Verlust des Schweizer Bürgerrechts infolge Inkrafttretens des neuen Adoptionsrechtes (1. April 1973), ZZW 1991, S. 6 ff., F/94–95, I/327–328; DERSELBE, Das neue Adoptionsrecht, ZZW 1975, S. 146 ff.; ANDRÉ MARTIN, Commentaire sur l'adoption, par le professeur Hegnauer, ZZW 1975, S. 160 f.; ANDREAS NABHOLZ, Erfahrungen mit dem neuen Adoptionsrecht, ZZW 1975, S. 230 f.; FERDINAND NIEDERBERGER, Das neue schweizerische Adoptionsrecht und die genealogische Familienforschung, ZZW 1973, S. 34 f., F/322–323; JACQUES ROY, L'adoption et l'ordonnance sur l'état civil, ZZW 1972, S. 448 ff., I/1973/108 ff.

ren Änderungen der Verordnung vom 27. November 1972[48], welche beide am 1. April 1973 in Kraft traten, führte das System der Volladoption ein und verlieh dem Adoptierten die Rechtsstellung eines Nachkommen. Das Kindesverhältnis zu den leiblichen Eltern oder den ersten gesetzlichen Eltern erlischt (Art. 267, 267a ZGB)[49]. Die Identität der Adoptiveltern wird den leiblichen Eltern nur mit der Einwilligung der ersteren bekanntgegeben (Art. 268b ZGB). Diese Fiktion tritt nur insofern hinter die Wirklichkeit zurück, als sie die ursprünglichen Ehehindernisse nicht aufhebt (Art. 100 Abs. 3 ZGB). Trotz ihrer Absolutheit kann die Adoption wegen schwerwiegender Mängel angefochten werden (Art. 269 ff. ZGB).

Die *Revision des Kindesrechtes* von 1976–1978[50] ersetzte die Unehelichkeit durch eine einheitliche Kindschaft, unabhängig vom Vorliegen einer ehelichen oder nur faktischen Verbindung. Die Begriffe "unehelich" und "natürlich" zur Bezeichnung des Kindes einer unverheirateten Mutter fallen weg (Art. 47 ZGB)[51]; dies gilt folgerichtig auch für die Bezeichnung "legitim" oder "ehelich"[52]. Diese Revision führte zur Änderung der Zivilstandsverordnung, vom 12. Januar 1977[53], welche gleichzeitig mit der Revision in Kraft trat. Das Legitimationsregister wurde aus der Liste der Einzelregister gestrichen. Art. 188b ZStV sieht seine endgültige Schliessung auf den 31. Dezember 1977 vor.

Der *Revision der allgemeinen Wirkungen der Ehe und des Ehegüterrechts* von 1984–1988[54] ging die Revision der Bürgerrechtsregelung in der Bundesverfassung[55] voraus, welche in der Volksabstimmung vom 4. Dezember 1983[56] angenommen worden war. In unserem Zusammenhang ist von Bedeutung, dass die Verfas-

---

48 AS 1972, 2830 ff.; WERNER STUBER, Mitteilungspflicht nach den neuen Verordnungsschriften, ZZW 1973, S. 4 ff.

49 ERNST GÖTZ, Adoption anstatt Ausserehelicherklärung und Legitimation, ZZW 1976, S. 105 f.

50 AS 1977 237 ff. – Problèmes relatifs au droit de la filiation, Commission d'experts pour les questions d'état civil, ZZW 1979, S. 117 ff.; GUSTAV CALUORI, Die "Feststellung des Kindesverhältnisses zum Vater" durch Anerkennung im neuen schweizerischen Kindesrecht, ZZW 1979, S. 97 ff., F/224 ff., I/129 ff.; Dr. HENGGELER, Die bürgerrechtlichen Bestimmungen des neuen Kindesrechts, ZZW 1977, S. 280 f., F/1978/22 ff.; H. KUPFER, Nouveau droit de la filiation; points essentiels pour les officiers d'état civil, ZZW 1979, S. 18 ff.; ANDREAS NABHOLZ, Comparaisons entre les droits sur la filiation des Etats voisins et le nôtre, ZZW 1978, S. 47 ff.; HEINZ OBERHOLZER, La reconnaissance selon le nouveau droit, ZZW 1978, S. 20 f.; MARIO TAMINELLI, Problemi ineranti il nuovo diritto della filiazione, ZZW 1978, S. 173 ff.; JACQUES ROY, Des effets du projet de loi sur la filiation sur le service de l'état civil, ZZW 1974, S. 349 ff., I/1975/216 ff.

51 AS 1977 237 ff., insbes. 257. – JEAN-PAUL BOURDIN, Le mariage des père et mère d'un enfant commun, ZZW 1986, S. 377; MICHEL PERRET, Mariage de père et mère d'un enfant commun prédécédé, ZZW 1981, S. 221; TONI SIEGENTHALER, Die Legitimation als ein der Begründung des Kindesverhältnisses dienendes Rechtsinstitut, ZZW 1980, S. 213 ff.

52 Art. 54 BV spricht noch von der "Legitimierung" durch die nachfolgende Ehe der Eltern.

53 AS 1977, 265 ff. – ANDREAS NABHOLZ, Die Teilrevision vom 12. Januar 1977 der Eidgenössischen Verordnung über das Zivilstandswesen, Das Standesamt, Karlsruhe 1978; GÉRARD BERTHOLET, Les mentions marginales selon l'ancien et le nouveau droit, ZZW 1977, S. 293 f.; A. HARTWIG, Randanmerkungen nach altem und nach neuem Verordnungsrecht, ZZW 1977, S. 286 f.

54 AS 1986 122 ff. – WILLI HEUSSLER, Erste Erfahrungen mit der revidierten Zivilstandsverordnung und dem neuen Eherecht, ZZW 1988, S. 196 ff., F/259 ff.; CYRIL HEGNAUER, Wiederannahme des Bürgerrechts durch die Frau, die einen Bürger ihrer Heimatgemeinde geheiratet hat, Art. 8 b SchlT

sungsrevision einen neuen Art. 44 Abs. 1 BV einführte, welcher den Bund beauftragt, "den Erwerb und den Verlust der Bürgerrechte durch Abstammung, Heirat und Adoption sowie den Verlust des Schweizer Bürgerrechts und die Wiedereinbürgerung" zu regeln. Sie setzte den alten Art. 54 Abs. 4 BV ausser Kraft, welcher der Frau zum Zeitpunkt der Heirat automatisch das Bürgerrecht des Mannes verliehen hatte[57]. Das neue Eherecht sieht vor: das Recht der Brautleute, beim Vorliegen achtenswerter Gründe den Namen der Ehefrau als Familiennamen zu führen (Art. 30 Abs. 2 ZGB), das Recht der Braut, ihren bisherigen Namen künftig dem Familiennamen voranzustellen (Art. 160 ZGB), das Recht der Ehefrau, das Gleiche binnen Jahresfrist (1988) seit dem Inkrafttreten des neuen Rechts zu erklären (Art. 8a SchlT ZGB), das Recht desjenigen Ehegatten, welcher seinen Namen geändert hat, nach der Scheidung den erworbenen Familiennamen zu behalten oder den früheren Namen zu führen (Art. 149 Abs. 2, 30 Abs. 2 ZGB), die Beibehaltung des oder der vorehelichen Bürgerrechte der Ehefrau (Art. 161 ZGB)[58], das Recht der Ehefrau, das Gleiche binnen Jahresfrist (1988) seit dem Inkrafttreten des neuen Rechts zu erklären (Art. 8b SchlT ZGB), und die Beibehaltung des durch Heirat erworbenen Bürgerrechts trotz Scheidung (Art. 149 Abs. 1 ZGB). Mit der Änderung vom 14. Januar 1987, welche am 1. Januar 1988 gleichzeitig mit dem neuen Recht in Kraft trat, nahm der Bundesrat die Anpassung der Zivilstandsverordnung vor[59]. Künftig ist bei der Blatteröffnung für ein Ehepaar nicht mehr der ausländische Ehemann,

---

ZGB ?, ZZW 1988, S. 33 f., F/82–83,; WILLI HEUSSLER, Widerruf der Namenserklärung durch die Braut, ZZW 1988, S. 245 ff., F/1989/53 ff.; DENISE MANGOLD FREI, Namensänderung und neues Eherecht, ZZW 1988, S. 163 f., F/368–369; ARNALDO ALBERTI, Il cognome nel nuovo diritto matrimoniale, ZZW 1987, S. 272 ff.; MARTIN HAEUSERMANN/ANDREAS NABHOLZ, Auslegungsfragen zur Namens- und Bürgerrechtsregelung im neuen Eherecht, ZZW 1987, S. 281 ff.; CYRIL HEGNAUER, Das Kantons-und Gemeindebürgerrecht der Ehefrau im neuen Eherecht, ZBl 1987, S. 251 ff.; MARTIN STETTLER, Le nom, le droit de cité et le domicile de l'enfant à la suite de diverses réformes législatives, ZVW 1987, S. 81 ff.; MARIO TAMINELLI, Il nuovo diritto matrimoniale e la tenuta del registro delle famiglie: è ancora proponibile l'attuale sistema?, ZZW 1987, S. 191 ff.; CYRIL HEGNAUER, Zum Familiennamen im neuen Eherecht, ZZW 1983, S. 273 ff., F/1984/15 ff.; ARNALDO ALBERTI, Wird man der Ehefrau im Familienregister ein Blatt eröffnen müssen?, ZZW 1984, S. 104 ff., F/80 ff., I/51 ff.; HERMANN RIETMANN, Familienregisterblatt für die verheiratete Frau ?, ZZW 1984, S. 203 ff. , F/1985/50–51, I/88; ARNALDO ALBERTI, Réflexions sur la révision du droit de la famille et ses conséquences sur la tenue du registres de l'état civil, ZZW 1981, S. 215, I/232–233; TONI SIEGENTHALER, Welche Auswirkungen kann des neue Eherecht für die Registerführung haben?, ZZW 1980, S. 101 ff., F/256 ff., I/1981/31 ff.

55 Botschaft des Bundesrates: BBl 1982 II, S. 127 ff.; Bundesversammlung: BBl 1983 II, S. 709; Bundesbeschluss: AS 1984 290.

56 BBl 1984 I, S. 614 ff.

57 BBl 1982 II, S. 156: "Damit entfällt eine verfassungsmässige Schranke und der Gesetzgeber kann die ihm angezeigt erscheinende Regelung treffen".

58 BGE 114 II 404 ff., insbes. 408.

59 AS 1987 285 ff.; Redaktion ZZW, Die revidierte Zivilstandsverordnung – Schritt für Schritt, ZZW 1987, S. 178 ff., 212 ff., 257 ff., und 286 ff.; TONI SIEGENTHALER, L'ordonnance revisée pas à pas, ZZW 1987, S. 292 ff.; MARTIN JÄGER, Die dritte grössere Revision der eidgenössischen Zivilstandsverordnung von 1953, ZZW 1986, S. 288 ff., F/1987/14 ff.

sondern die Ehefrau Blattinhaberin[60], und die Namen der verheirateten Frau und der Kinder werden vollständig aufgeführt ("Droz geborene Jeanneret, Josette" statt "Josette geborene Jeanneret" für die Frau, und "Droz, Marc" statt "Marc" für das Kind).

Gegenwärtig sind zwei Änderungen des Zivilgesetzbuches *in Vorbereitung*. Die erste betrifft die Herabsetzung des zivilrechtlichen Mündigkeitsalters und die Aufhebung der Mündigerklärung (Art. 15 ZGB) und der Ehemündigkeitserklärung (Art. 96 ZGB)[61]. Die zweite verspricht in unserem Zusammenhang Änderungen betreffend die Organisation der Zivilstandskreise, der Ämter und der Aufsichtsbehörden, das Heiratsverfahren und das Recht des Ehegatten zur Aufhebung der Ehe mit dem Abwesenden durch Erklärung beim Zivilstandsamt[62]. Sie wird allenfalls zur Revision des Bundesrechts und des kantonalen Vollzugsrechts führen. Dies könnte Anlass zu einer Verordnung über die Erfassung des Zivilstandes sein.

Die *Änderungen von 1986, 1989 und 1991* sind technischer Natur. Die *Verordnung über die Durchführung von statistischen Erhebungen des Bundes, vom 30. Juni 1993*[63], betrifft die Mitteilungen an das Bundesamt für Statistik (Art. 127* ZStV). Die Verordnung vom 29. April 1987 über die Zivilstandsformulare[64] ersetzt die nicht in der Amtlichen Sammlung publizierten Bundesratsbeschlüsse zum gleichen Thema sowie die Verordnung vom 12. Juli 1951 über die Papierbeschaffenheit[65]. Die Änderung der ZStV vom 28. November 1988[66] trat am 1. Januar 1989 in Kraft und betrifft hauptsächlich die elektronische Datenverarbeitung. Das *Bundesgesetz vom 15. Dezember 1989 über die Genehmigung der kantonalen Erlasse durch den Bund* ändert Art. 41 Abs. 2 ZGB. Es unterstellt die kantonalen Bestimmungen über die Beurkundung des Zivilstandes nicht mehr der Genehmigung des Bundesrates, sondern des Bundes, und es befreit "die Ernennung und die Besoldung der Zivilstandsbeamten" von der Genehmigung[67]. Die *gleichlautende Verordnung vom 30. Januar 1991*[68] ändert dementsprechend Art. 2 Abs. 4 ZStV. *Zwei Bun-*

---

60   Handbuch Zivilstandswesen, 6.6601, Anm. 1.
61   Botschaft des Bundesrates vom 17. Februar 1993 betreffend die Revision des schweizerischen Zivilgesetzbuches (Herabsetzung des zivilrechtlichen Mündigkeitsalters, Unterhaltspflicht der Eltern), BBl 1993 I, S. 1169 ff.
62   Bericht mit Vorentwurf (Anhang) für eine Revision des Zivilgesetzbuches (Eheschliessung und Scheidung, Personenstand, Verwandtenunterstützungspflicht, Vormundschaft, Heimstätten und Ehevermittlung), 1992. – RUTH REUSSER, Die kommende Revision des Eheschliessungs-und Scheidungsrechtes; mögliche Auswirkungen auf den Zivilstandsdienst, ZZW 1988, S. 185 ff., F/223 ff., I/237 ff.
63   AS 1993 2100 ff., SR 431.012.1.
64   AS 1987 752 ff., SR 211.112.6.
65   AS 1951 685, 1982 1112.
66   AS 1988 2030 ff.
67   AS 1991 379 ff., insbes. 369. Die Änderung betreffend Ernennung und Besoldung ist erstaunlich. Die gegenteilige Massnahme wurde für andere Beamte (die Betreibungs- und Konkursbeamten), deren Stellung vom Bundesrecht bestimmt wird, ergriffen.
68   AS 1991 370 ff.

desratsverordnungen vom 17. Juni 1991, welche gleichzeitig am 1. Januar 1992 in Kraft traten, ändern je die Verordnung von 1953 und die Verordnung über die Zivilstandsformulare vom 29. April 1987[69].

III. Heutige Rechtsquellen

A. Internationales Recht

1. Internationale Übereinkommen

Verschiedene *allgemeine multilaterale Übereinkommen* betreffen den Zivilstand und seine Beurkundung.

Die *Konvention vom 4. November 1950 zum Schutz der Menschenrechte und Grundfreiheiten*[70] erwähnt die Beurkundung des Zivilstandes zwar nicht ausdrücklich, aber stillschweigend als Teil der Persönlichkeitsrechte, welche sie einzeln oder insgesamt schützt. Natürliche Personen haben international ein Grundrecht auf den Zivilstand und seine Anerkennung. Auch die EMRK nennt den Zivilstand nicht ausdrücklich; doch angesichts des Zusammenhangs zwischen dem Zivilstand und seinem Nachweis steht dem Menschen ein entsprechendes Recht auf dessen Erfassung zu. Leider lassen sich somit diese Rechte nur durch Auslegung aus der Konvention ableiten. Zudem erforderte die Vermischung der Völker und ihr freier Verkehr die Einheit des Zivilstandes, wohingegen der Zivilstand und seine Beurkundung von Ort zu Ort verschieden sind und leider im Zeichen der voneinander abweichenden Sitten und des Partikularismus stehen.

In seiner Empfehlung zur Ratifikation des *Internationalen Paktes über bürgerliche und politische Rechte,* vom 16. Dezember 1966[71], kommt der Bundesrat zum Schluss, das schweizerische Recht erfülle die Forderungen von Art. 24 des Paktes[72]:

1) Jedes Kind hat ohne Diskriminierung hinsichtlich der Rasse, der Hautfarbe, des Geschlechts, der Sprache, der Religion, der nationalen oder sozialen Herkunft, des Vermögens oder der Geburt das Recht auf diejenigen Schutzmassnahmen durch seine Familie, die Gesellschaft und den Staat, die seine Rechtsstellung als Minderjähriger erfordern.
2) Jedes Kind muss unverzüglich nach seiner Geburt in ein Register eingetragen werden und einen Namen erhalten.
3) Jedes Kind hat das Recht, eine Staatsangehörigkeit zu erwerben.

---

69   AS 1991 1594 ff., 1598 ff., Änderungen der Eidgenössischen Zivilstandsverordnung und der Verordnung über die Zivilstandsformulare, Mitteilung des Eidgenössischen Amtes für das Zivilstandswesen an die kantonalen Aufsichtsbehörden, vom 20. Juni 1991, ZZW 1991, S. 306 f., F/319 f., I/289 f.
70   SR 0.101.
71   AS 1993 I 747 ff., 750 ff.
72   BBl 1991 I, S. 1189, 1225, 1199.

Das *Übereinkommen über die Rechte des Kindes,* vom 20. November 1989[73], dessen Ratifizierung in der Vernehmlassung ist, enthält analoge Bestimmungen:

Art. 7: (1) Das Kind ist unverzüglich nach seiner Geburt in ein Register einzutragen und hat das Recht auf einen Namen von Geburt an, das Recht, eine Staatsangehörigkeit zu erwerben, und soweit möglich das Recht, seine Eltern zu kennen und von ihnen betreut zu werden.

(2) Die Vertragsstaaten stellen die Verwirklichung dieser Rechte im Einklang mit ihrem innerstaatlichen Recht und mit ihren Verpflichtungen aufgrund der einschlägigen internationalen Übereinkünfte in diesem Bereich sicher, insbesondere für den Fall, dass das Kind sonst staatenlos wäre.

Art. 8: (1) Die Vertragsstaaten verpflichten sich, das Recht des Kindes zu achten, seine Identität, einschliesslich seiner Staatsangehörigkeit, seines Namens und seiner gesetzlich anerkannten Familienbeziehungen, ohne rechtswidrige Eingriffe zu behalten.

(2) Werden einem Kind widerrechtlich einige oder alle Bestandteile seiner Identität genommen, so gewähren die Vertragsstaaten ihm angemessenen Beistand und Schutz mit dem Ziel, seine Identität so schnell wie möglich wiederherzustellen.

Art. 37 des *Wiener Übereinkommens vom 18. April 1961 über konsularische Beziehungen,* SR 0.191.02, bestimmt, welche Auskünfte bei Tod, Vormund- oder Beistandschaft, Schiffbruch oder Luftfahrzeugunglück zu erteilen sind, siehe Art. 127b ZStV. Die *besonderen multilateralen Übereinkommen* betreffen technische Fragen:

– Protokoll vom 25. September 1950 über die internationale Kommission für das Zivilstandswesen, mit Zusatzprotokoll, SR 0.203;
– Abkommen vom 27. September 1956 über die Ausstellung gewisser für das Ausland bestimmter Auszüge aus Zivilstandsregistern, SR 0.211.112.111;
– Übereinkommen vom 14. September 1961 betreffend die Erweiterung der Zuständigkeit der Behörden, die zur Entgegennahme von Anerkennungen ausserehelicher Kinder befugt sind, SR 0.211.112.13;
– Übereinkommen vom 10. September 1964 betreffend die Entscheidungen über die Berichtigung von Einträgen in Personenstandsbüchern (Zivilstandsregistern), SR 01.211.112.14;
– Übereinkommen vom 1. Juni 1970 über die Anerkennung von Ehescheidungen und Ehetrennungen, SR 0.211.212.3;
– Übereinkommen vom 8. September 1976 über die Ausstellung mehrsprachiger Auszüge aus Zivilstandsregistern, SR 0.211.112.112;
– Übereinkommen vom 5. September 1980 über die Ausstellung von Ehefähigkeitszeugnissen, SR 0.211.112.15.

---

73   Der Bundesrat wird demnächst seine Ratifizierung vorschlagen, BBl 1991 I, S. 1210, Anm. 22 (zit. aus vom BAJ freundlicherweise zur Verfügung gestellter inoffizieller Übersetzung). – Revue internationale de droit pénal, La Convention internationale des Droits de l'enfant, 1991, 62. Jhrg., S. 944, 769; VIOLETTE GORNY, Priorité aux enfants, un nouveau pouvoir, S. 58 ff. Recht auf Identität, Vornamen, Namen usw., S. 227 ff., offizielle französische Fassung der Convention, Paris 1991.

Die *bilateralen Übereinkommen*[74] mit unseren Nachbarstaaten *Deutschland*[75], *Österreich, Frankreich* und *Italien* beziehen sich auf den Austausch von Zivilstandsurkunden, auf die Form der Mitteilungen und auf Zivilstandstatsachen, welche auf dem Bodensee stattfinden.

2. Gewohnheitsrecht

Der frühere Art. 122 ZStV sah die Mitteilung von Zivilstandstatsachen an ausländische Behörden über ihre Staatsangehörigen vor, "wenn internationale Vereinbarungen dies vorsehen oder die Mitteilung auf Übung beruht". In der Revision vom 17. Juni 1991 liess der Bundesrat den Verweis auf die Übung fallen, da diese mangels "opinio necessitatis" kein Gewohnheitsrecht darstellte. Eigentliches Gewohnheitsrecht kann zwar durch einen formellen Text in einzelnen Punkten aufgehoben, nicht aber grundsätzlich vom geschriebenen Recht geregelt werden, da es auf der gleichen Stufe steht.

3. Materielle Rechtsquellen

Die *Internationale Kommission für das Zivilstandswesen* (CIEC) ist eine internationale Organisation oder Institution (SR 0.192.03) und nicht, wie ihr Name vermuten lassen könnte, ein Organ im juristischen Sinn. Sie untersteht heute dem Reglement vom 5. September 1963. Die Organe der CIEC sind die Generalversammlung, das Büro, der Präsident und der Generalsekretär. Jeder Mitgliedstaat gründet auf seinem Staatsgebiet eine nationale Sektion[76].

Die CIEC hat 22 Übereinkommen[77] ausgearbeitet, welche die Schweizerische Eidgenossenschaft alle unterzeichnet, aber bei weitem nicht alle ratifiziert hat. Zu den letzteren gehören das Übereinkommen Nr. 3 betreffend den internationalen Austausch von Informationen im Zivilstandswesen (am 10. September 1964 in Paris unterzeichnet), das Übereinkommen Nr. 14 über die Anzahl der Familiennamen und Vornamen in den Personenstandsbüchern (am 13. September 1973 in Bern unterzeichnet), das Übereinkommen Nr. 15 zur Schaffung eines internationalen Stammbuchs der Familie (am 12. September 1974 in Paris unterzeichnet), das Übereinkommen Nr. 19 über das auf Familiennamen und Vornamen anzuwendende Recht (am 5. September 1980 in München unterzeichnet) und das Übereinkom-

---

74　SR 0.211.112.413.6 bis 0.211.112.413.491.1.
75　Le nouvel accord germano-suisse, ZZW 1988, S. 209 ff.
76　Commission internationale de l'état civil, Statuts, Huitième impression, Strassburg 1992; Commission internationale de l'état civil, Organisation et sections nationales, Strassburg 1992.
77　Commission internationale de l'état civil, Conventions et recommandations (1956–1987), Strassburg 1988. – Die deutschen Bezeichnungen der Übereinkommen Nrn. 3, 14, 15 und 19 wurden uns freundlicherweise vom Eidg. Amt für das Zivilstandswesen mitgeteilt. Laut Auskunft dieses Amtes liegen für das Übereinkommen Nr. 21, für die Empfehlungen und den "Guide" keine anerkannten deutschen Übersetzungen vor (Anm. d. Ü.)

men Nr. 21 "relative à la délivrance d'un certificat de diversité de noms de famille" (am 8. September 1982 in Den Haag unterzeichnet).

Im weitern hat die CIEC fünf Empfehlungen erlassen, unter anderem die Empfehlung "relative à la publicité des registres et des actes de l'état civil", welche die Generalversammlung von Lissabon am 10. September 1987 angenommen hat.

Sie hat zudem einen "Guide pratique internationale de l'état civil" (Paris 1985) herausgegeben, welcher die Urkundenkartei ersetzt.

B. Schweizerisches Recht[78]

1. Bundesrecht[79]

Die Rechtsquellen auf Bundesebene finden sich auf Verfassungs-, Gesetzes- und Verordnungsstufe.

Die *Bundesverfassung* enthält *zwei besondere Bestimmungen,* wobei die zweite die Erfassung des Zivilstandes nur mittelbar betrifft:

Art. 53 Abs. 1 BV: "Die Feststellung und Beurkundung des Zivilstandes ist Sache der bürgerlichen Behörden. Die Bundesgesetzgebung wird hierüber die näheren Bestimmungen treffen."

Art. 54 BV: "Das Recht zur Ehe steht unter dem Schutze des Bundes.

Dieses Recht darf weder aus kirchlichen oder ökonomischen Rücksichten noch wegen bisherigen Verhaltens oder aus anderen polizeilichen Gründen beschränkt werden.

Die in einem Kanton oder im Auslande nach der dort geltenden Gesetzgebung abgeschlossene Ehe soll im Gebiete der Eidgenossenschaft als Ehe anerkannt werden. Durch die nachfolgende Ehe der Eltern werden vorehelich geborene Kinder derselben legitimiert.

Jede Erhebung von Brauteinzugsgebühren oder anderen ähnlichen Abgaben ist unzulässig."

Auch *allgemeine Verfassungsbestimmungen* können Auswirkungen auf den Zivilstand und/oder die Beurkundung zeitigen. Die Revision von Art. 4 BV führte zur Änderung von Art. 161 ZGB betreffend die Beibehaltung des oder der vorehelichen Bürgerrechte[80].

Weitere *besondere Verfassungsbestimmungen* können dieselbe Wirkung haben. Der neue Art. 24[novies] BV betrifft die Fortpflanzungs- und Gentechnologie. Die in Art. 24[novies] Abs. 2 lit. g BV vorgesehene Gewährleistung des Zugangs einer Person

---

78   HENRI DESCHENAUX, Der Einleitungstitel des Schweizerischen Zivilgesetzbuches, in: Schweizerisches Privatrecht, Bd. II, Basel/Stuttgart 1967, insbes. Kap. V, §§ 10 ff., Die Quellen des Privatrechts: Gesetz, Gewohnheitsrecht und Richterrecht.

79   ANDREAS NABHOLZ, Rechtsquellen und Organisation des schweizerischen Zivilstandswesens, Das Standesamt, 1984, S. 121 ff.

80   BGE 114 II 404 ff., insbes. Erw. 4.

zu den Daten ihrer Abstammung umfasst auch das Recht des Adoptierten, seine
Eltern zu kennen[81].

Unter den Rechtsquellen auf Gesetzesebene stehen an erster Stelle Art. 39–51
ZGB, welche den Zweiten Abschnitt des Ersten Titels des Ersten Teils des Zivilgesetzbuches vom 10. Dezember 1907 bilden.

Zahlreiche *besondere Gesetzesbestimmungen* beziehen sich auf den Zivilstand
und seine Beurkundung, insbesondere betreffend Heimatort, Name, Ehe und Kindschaft, und finden sich an anderer Stelle.

Weitere *öffentlich- und privatrechtliche Vorschriften* befassen sich ebenfalls mit
dem Zivilstand und seiner Beurkundung, insbesondere das IPRG und das Seeschiff-
fahrtsgesetz.

Als Rechtsquellen auf Verordnungsebene sind folgende Erlasse zu erwähnen:

– Zivilstandsverordnung vom 1. Juni 1953 (ZStV), SR 211.112.1;
– Verordnung vom 22. Dezember 1980 über den Heimatschein[82], SR 143.12;
– Verordnung vom 29. April 1987 über die Zivilstandsformulare, SR 211.112.6;
– Verordnung vom 30. Juni 1993 über die Durchführung von statistischen Erhebungen des
  Bundes (Art. 127* ZStV), SR 431.012.1;
– Bundesratsbeschluss vom 30. April 1969 über die Ausübung von zivilstandsamtlichen
  Obliegenheiten durch schweizerische Vertretungen im Ausland (Errichtung und Aufhe-
  bung von Auslandzivilstandsämtern), SR 211.112.20;
– Bundesratsbeschlüsse und Verfügungen des Eidg. Justiz- und Polizeidepartementes
  betreffend die Übertragung zivilstandsamtlicher Obliegenheiten an schweizerische
  Gesandtschaften und Konsulate im Ausland, SR 211.112.213 ff.

Die *materiellen Rechtsquellen* liefern, wie in allen Rechtsgebieten, die *Lehre und
Rechtsprechung*.

Die *Literaturangaben* finden sich in den Anmerkungen zu den jeweiligen The-
men. Die hier folgenden Angaben beschränken sich auf allgemeine Grundrisse,
Kommentare und Lehrbücher:

---

81 Von Volk und Ständen am 17. Mai 1992 angenommen, AS 1992 1579–1580. BBl 1989 III, S.
    1019: "Diese Norm ist offener als der Initiativtext. Es geht nicht allein um die Identität des Erzeu-
    gers, sondern auch um andere Daten (Krankheit, genetische Eigenschaften)". Der von den Initian-
    ten vorgeschlagene Art. 24octies Abs. 3 lit. a BV sah alles und nichts vor, indem er, unter Vorbe-
    halt einer ausdrücklichen Gesetzesbestimmung, untersagte, dem Beteiligten die Identität des Er-
    zeugers vorzuenthalten, BBl 1989 III, S. 992 und 998.
82 Sie setzte den BRB vom 16. März 1885 betreffend die Formulare der Heimatscheine, BS 1 114,
    ausser Kraft. Dieser sah drei Formulare vor, ein Formular "A" für Verheiratete, ein Formular "B"
    für Unverheiratete und ein allfälliges Formular "C" (übereinstimmend mit dem Formular "B") für
    Verwitwete und Geschiedene. – Das Konkordat über die Form der Heimatscheine, auf Grund der
    Konferenzbeschlüsse vom 28. Januar 1854, vom Bundesrat genehmigt am 28. Dezember 1854,
    aSR 1 111, findet sich letztmals in der Systematischen Sammlung des Bundesrechts von 1848–
    1983, unter 143.11. Es verschwand spurlos und ohne Begründung aus der Systematischen Samm-
    lung der folgenden Jahre.

MARTIN JÄGER, Etat civil I, Le concept "Zivilstand" (état civil), SJK 76, 1993; MARIO M. PEDRAZZINI/NIKLAUS OBERHOLZER, Grundriss des Personenrechts, Bern 1993, S. 43 ff.: Die Beurkundung des Personenstandes; PETER TUOR/BERNHARD SCHNYDER, Das schweizerische Zivilgesetzbuch, Zürich 1989, S. 104 ff.: Die Beurkundung des Personenstandes; ERNST GÖTZ, L'enregistrement de l'état civil, in: Traité de droit civil suisse, Freiburg i. Ue. 1974, Bd. II, 2; ULRICH STAMPA, Etat civil I-V, SJK, 1941–1958; AUGUST EGGER, Das Personenrecht, Zürich 1930; VIRGILE ROSSEL/FRITZ-HENRI MENTHA, Manuel de droit civil suisse, Bd. I, Lausanne 1992, S.98 ff.; ERNST HAFTER, Personenrecht, Bern 1919; EUGÈNE CURTI-FORRER, Commentaire du Code civil suisse, Neuenburg 1912.

Neben der *Rechtsprechung des Bundesgerichtes* im Zivil-, Verwaltungs- und öffentlichen Recht ist auch die *kantonale Rechtsprechung* beizuziehen, welche in Sammlungen, Zeitschriften und Berichten verstreut ist, deren Zahl diejenige der Kantone übersteigt.

Die *Zeitschrift für Zivilstandswesen* (ZZW) ist dem Praktiker dabei von grossem Nutzen. Sie wird seit 1933 vom seit 1927 bestehenden Schweizerischen Verband der Zivilstandsbeamten herausgegeben; diese bemerkenswerte und nützliche Zeitschrift trat an die Stelle der früheren Zeitschrift "Der Zivilstandsbeamte"[83], welche als Monatszeitschrift für Zivilstandsbeamte von 1911 bis 1932 als Beilage zum "Schweizerischen Zentralblatt für Staats- und Gemeindeverwaltung" erschien.

Die Rechtsprechung, auf welche Art. 1 Abs. 3 ZGB die Anwendungsorgane verweist, versteht sich im weiten Sinn von "Überlieferung". Es handelt sich dabei um das Recht, wie es von den mit der Anwendung Betrauten und durch das Recht Verpflichteten angewendet und erlebt wird. Die *Kreisschreiben* und *Weisungen* des Eidgenössischen Justiz- und Polizeidepartementes, des Eidgenössischen Amtes für das Zivilstandswesen[84] und der kantonalen Aufsichtsbehörden können Vermittler solcher Rechte sein. Trotz ihrer Bedeutung haben sie weder Gesetzes- noch Verordnungskraft[85]. Das *"Handbuch für das Zivilstandswesen"*, herausgegeben vom Eidg. Justiz- und Polizeidepartement, erschien in mehreren Fassungen, von 1928, 1954, 1963 und 1977; die heutige Ausgabe stammt von 1987 und setzt sich zusammen aus den Bänden *"Gesetzliche Grundlagen"*, *"Beispiele A"* für die Einzelregister und *"Beispiele B"* für das Familienregister. Wir verzichten an dieser Stelle

---

83   ZZW 1933, S. 3, 21.
84   MARTIN JÄGER, Kreisschreiben des EAZW vom 4. Februar 1987, ZZW 1987, S. 33 f., F/79–80. – EJPD, Sammelkreisschreiben der Weisungen im Zivilstandswesen, Bern 1964, Erklärungen in BBl 1963 I, S. 409; Handbuch für das Zivilstandswesen, II. Teil, Beispiele, 2. Aufl., Bern 1977; Handbuch für das Zivilstandswesen, II. Teil, Bern 1954; Gesetzliche Grundlagen im Zivilstandswesen und Beispiele, Bern 1928.
85   BGE 100 II 290 ff., Erw. 3 b:" Das Kreisschreiben bindet den Richter nicht, welcher über den Familiennamen des Kindes einer geschiedenen Frau zu befinden hat, welche aufgrund einer auf Art. 30 ZGB beruhenden Bewilligung den Namen ihres früheren Ehemannes wieder angenommen hat" (d.v.d.Ü.). "Der Richter ist an dieses Kreisschreiben nicht gebunden. Er untersteht nur dem Gesetz (Art. 21 Abs. 2 OG), dessen Bestimmung er frei auslegen kann" (Pra 64 Nr.120). Das Bundesgericht hat dennoch einen mit dem Kreisschreiben vereinbaren Entscheid gefällt.

auf die Darstellung von Eintragungsformularen, sondern empfehlen die Zurateziehung dieses technischen Hilfsmittels, welches die konstante Beachtung der formellen Erfordernisse gewährleistet.

Als *zusätzliche Quellen* stehen *Billigkeit, Treu und Glauben und Lückenfüllung* zur Verfügung.

Der Verweis auf die *Billigkeit* ist in technischen Bereichen nur ausnahmsweise zu finden. Hingegen kommt er im Bereich des Zivilstandes häufig zur Anwendung; man denke insbesondere an das Gebiet der Namensänderung[86].

Der Grundsatz von *Treu und Glauben* muss sowohl von den Organen des Zivilstandswesens in ihren Beziehungen zum Bürger als auch von den Benutzern in ihren Beziehungen zu Institutionen, Verwaltung, anderen Benutzern und zur öffentlich-rechtlichen Körperschaft befolgt werden; man denke beispielsweise an die Nichtigkeit der früheren Bürgerrechtsehen und der heutigen Niederlassungsehen.

Die Bestimmung des Art. 1 ZGB betreffend die *Lücken* richtet sich in ihrem Wortlaut an die Richter, gilt aber für alle rechtsanwendenden Organe, einschliesslich der Zivilstandsbehörden[87]. Das gleiche gilt im übrigen für alle Bestimmungen über die Rechtsanwendung, wie beispielsweise Art. 16 IPRG.

2. Kantonales Recht

Die *Zuständigkeit der Kantone* beruht auf Art. 40 ZGB, Art. 52 und 54 SchlT ZGB, Art. 2, 178 und 183 Abs. 3 ZStV.

Einzelne kantonale Kompetenzen können Gegenstand einer *Delegation* an die lokalen Körperschaften, d. h. Gemeinden oder Bezirke sein, an letztere insoweit sie den Charakter einer Körperschaft haben; delegierbar sind beispielsweise die Wahl der Zivilstandsbeamten und die "Unterbringung" der Ämter. Andere Kompetenzen hingegen sind nicht delegierbar und müssen von den Kantonen selber ausgeübt werden. Dies gilt für die Gesetzgebungs- und Verordnungskompetenz. Die Grenze zwischen delegierbaren und nicht delegierbaren Kompetenzen ist bisweilen schwierig zu ziehen und beruht auf der Auslegung des Bundesrechts, vor allem gestützt auf Zweckmässigkeitserwägungen.

Alle Kantone haben *Vorschriften über die Beurkundung des Zivilstandes* erlassen, in einem oder mehreren Gesetzen und/oder Verordnungen. Auch allgemeine kantonale Vorschriften können mittelbar den Zivilstand und seine Beurkundung betreffen, beispielsweise Einführungsbestimmungen zum ZGB, Bestimmungen über Bürgerrecht, Ausstellung des Heimatscheins, Organisation in Kanton und

---

86   BGE 108 II 1 ff., Erw.2.
87   FRITZ LEUENBERGER, Lücke in der Zivilstandsverordnung?, ZZW 1984, S. 40 f.; TONI SIEGEN-
      THALER, Lacunes dans le système, ZZW 1984, S. 297 ff.

Gemeinde, Stellung der Beamten, Gerichtsbarkeit und Verwaltungsverfahren, Gesundheitswesen, Beerdigung, Kremation und Friedhöfe. Benennung und Systematik solcher Gesetze sind den Kantonen überlassen. Die in Anm. 88 enthaltene Aufzählung solcher Texte erhebt keinen Anspruch auf Vollständigkeit[88].

Die sechste Auflage der "Aide mémoire de l'état civil", herausgegeben von der "Association des officiers et fonctionnaires de l'état civil du canton de Genève", stammt von 1992–1993.

---

88   ZÜRICH: Verordnung über das Zivilstandswesen, vom 3. September 1953, SR 231.1. BERN: Dekret über den Zivilstandsdienst, vom 17. Februar 1960, SR 212,121; Verordnung über die Zivilstandsbeamtenwahl, vom 21. April 1982, SR 212.122.1; Verordnung über die Gebühren der Zivilstandsbeamten des Kantons Bern, vom 2. Dezember 1987, SR 212.126.1; Verordnung über die Organisation des Zivilstandsamtes von Bern, vom 24. Juni 1932, SR 212.129.13. LUZERN: Verordnung über das Zivilstandswesen, vom 29. Oktober 1953, SR Nr. 203. URI: Verordnung über das Zivilstandswesen, vom 18. Mai 1988, SR 9.3101. SCHWYZ: Kantonale Zivilstandsverordnung, vom 15. Dezember 1987, SR 180. OBWALDEN: Zivilstandsverordnung, vom 13. November 1987. NIDWALDEN: Einführungsverordnung zur Bundesgesetzgebung über das Zivilstandswesen, vom 24. September 1982, SR 212.1. GLARUS: Vollziehungsverordnung zur eidgenössischen Zivilstandsverordnung, vom 2. Dezember 1987, SR III b/5/2. ZUG: Vollziehungsverordnung über das Zivilstandswesen, vom 28. April 1981, SR 212.1. FREIBURG: Loi sur l'état civil, du 27 février 1986 (LEC), SR 211.1; Règlement d'exécution de la loi, du 27 février 1986, SR 211.2.11.; Arrêté concernant le regroupement des arrondissements de l'état civil, du 25 avril 1967, SR 211.2.12. SOLOTHURN: Verordnung über das Zivilstandswesen, vom 8. Dezember 1987, SR 212.111, Anhang, SR 212.112. BASEL-STADT: Kantonale Zivilstandsverordnung, vom 5. Dezember 1977, SR 212.100. BASEL-LAND: Kantonale Verordnung über das Zivilstandswesen, vom 8. Oktober 1959, SR 211.1. SCHAFFHAUSEN: Verordnung des Regierungsrates des Kantons Schaffhausen über das Zivilstandswesen, vom 17. November 1987, SR 315. APPENZELL-INNERRHODEN: Verordnung über das Zivilstandswesen, vom 30. November 1987, SR 213. APPENZELL-AUSSERRHODEN: Verordnung über das Zivilstandswesen, vom 7. Dezember 1987, SR 212.11. ST. GALLEN: Zivilstandsverordnung, vom 19. April 1988, SR 912.1. GRAUBÜNDEN: Verordnung über das Zivilstandswesen, vom 2. Oktober 1984, SR 213.100. AARGAU: Vollziehungsverordnung zur Verordnung des Bundesrates über das Zivilstandswesen, vom 15. Januar 1954, Chronologische Sammlung, Bd. 4, S. 149 ff. THURGAU: Verordnung des Regierungsrates über das Zivilstandswesen, vom 1. September 1987, SR 211.11. TESSIN: Regolamento sullo stato civile (RSC), del 18 maggio 1967, SR 106. WAADT: Loi sur l'état civil (LEC), du 25 novembre 1987, SR 3.2 G; Règlement d'application de la loi, du 25 novembre 1987, sur l'état civil (RLEC), du 23 décembre 1987, SR 3.2 H; Tarif fixant les émoluments perçus des particuliers par les officiers de l'état civil, du 23 décembre 1986, SR 3.2.I; Règlement fixant l'indemnité annuelle et les émoluments alloués aux officiers de l'état civil par l'Etat et les communes, du 23 décembre 1986, SR 3.2 J. WALLIS: Décret sur l'état civil (DEC), du 20 juin 1972, SR 41; Arrêté fixant les émoluments perçus par l'Etat en matière d'état civil et de droit de cité, du 10 janvier 1973, SR 41a; Arrêté fixant le tarif des émoluments en matière d'état civil, du 19 octobre 1983, SR 42; Arrêté fixant les indemnités pour l'introduction, la formation et les inspections en matière d'état civil, du 28 mars 1984, SR 45. NEUENBURG: Règlement sur l'état civil (REC), du 14 décembre 1987, SR 212.120. GENF: Loi sur l'état civil (LEC), du 19 décembre 1953, SR E/1/2; Règlement sur l'état civil (REC), du 14 mars 1973, SR E/1/3; Règlement fixant le tarif des émoluments en matière d'état civil et de changement de nom, du 3 novembre 1982, SR E/1/4. JURA: Décret sur le service de l'état civil, du 25 avril 1985, SR 212.121.6; Arrêté concernant les indemnités versées aux officiers de l'état civil, du 1er octobre 1981, SR 212.121.6; Arrêté fixant le tarif des indemnités versées aux officiers de l'état civil pour l'établissement des bulletins statistiques, du 27 janvier 1987, SR 212.121.66; Ordonnance réglant le mode de procéder aux élections des officiers de l'état civil, du 14 janvier 1986, SR 212.122.1; Arrêté concernant la réélection des officiers de l'état civil, du 23 septembre 1980, SR 212.122.11.

3. Lokales Recht

Zivilstandsbeamte und Angestellte der Zivilstandsämter sind Beamte *dezentralisierter Körperschaften* und werden häufig von den Gemeinden ernannt. Ihre Stellung richtet sich – im Rahmen des Bundesrechts und des kantonalen Rechts – nach dem Recht dieser Körperschaften. Der Bund bezüglich der Kantone und die Kantone bezüglich der Gemeinden behalten sich ein Einsichtsrecht vor.

Gewohnheitsrecht und Ortsgebrauch spielen zwar im Bereich von Zivilstand und Beurkundung eine bescheidene Rolle, sind aber nicht ganz zu vernachlässigen. Das Bundesgericht weist in zwei Entscheiden betreffend die Zulässigkeit von Vornamen darauf hin und stellt die Existenz von Praxis und Tradition fest, ohne diese genau zu definieren[89].

C. Ausländisches Recht

1. Deutschland[90]

Personenstandsgesetz (PStG) vom 8. August 1957, BGBl I 1125, BGBl III 2 Nr. 211–1.

FRANZ MASSFELLER/WERNER HOFFMANN/REINHARD HEPTING/BERTHOLD GAAZ, Personenstandsrecht, Frankfurt a. M. 1991; ERICH QUESTER/RUDOLF BUECHNER/HEINRICH BORNHOFEN, Personenstandsgesetz, Frankfurt a. M. 1988; RUDOLF BUECHNER/HEINRICH BORHOFEN/ROBERT WIPPERFUERTH, Fachlexikon für Standesamtswesen, Frankfurt a. M. 1987; WERNER HOFFMANN/ERICH MERGENTHALER/HEINZ REICHARD, Die Führung der Personenstandsbücher in Musterbeispielen, Frankfurt a. M. 1987; RHEINHOLD BAUMANN, Dienstanweisung für die Standesbeamten und ihre Aufsichtsbehörden, Frankfurt a. M. 1987; ERICH MERGENTHALER/HEINZ REICHARD, Standesamt und Ausländer, 1987; HEINZ HUEB-

---

89   BGE 71 I 366 ff.: Unzulässigkeit des Vornamens "Mayor". Bloss deswegen, weil eine Bezeichnung als Vorname nicht gebräuchlich ist, kann ihre Eintragung nicht abgelehnt werden; dies würde Neuerungen ausschliessen. In einzelnen Landesgegenden (so teilweise im Kanton Graubünden) entspricht es einer alten Sitte, den Geschlechtsnamen der Mutter als (zweiten) Vornamen des Kindes zu wählen. Im Kanton, wo der Beschwerdeführer heimatberechtigt und wohnhaft ist, besteht keine solche Übung. – BGE 116 II 504 ff., ZZW 1991, S. 181 ff., F/236 ff.: Zulässigkeit des auf Familientradition beruhenden "middle name" "Van Vleck" als zweiter Vorname für eine Tochter, die den ersten Vornamen "Julia" trägt; ein Familienname, der nicht als Vorname gebräuchlich ist, kann einem Kind als zweiter Vorname gegeben werden, wenn die Eltern dafür ernsthafte Gründe geltend machen können, die auch objektiv achtenswert sind. Dies trifft zu, wenn sie sich auf eine örtliche, religiöse oder familiäre Tradition berufen können (Präzisierung der Rechtsprechung).

90   J. SCHWEINOCH/C.SCHULTHEIS/A.SIMADER, Das deutsche Personenstandswesen, ZZW 1983, S. 357 ff.; ANDREAS NABHOLZ, Deutsches Namensrecht, ZZW 1982, S. 109; ARTHUR ROETHLISBERGER, Die rechtliche Stellung des nichtehelichen Kindes im neuen deutschen Nichtehelichenrecht unter besonderer Berücksichtigung der Anerkennung eines ausländischen nichtehelichen Kindes durch einen Deutschen vor den schweizerischen Behörden, ZZW 1972, S. 38 ff., F/33 ff.; CH. BOEHMER, Deutschland, Die Grundzüge des neuen Nichtehelichengesetzes, ZZW 1970, S. 327 ff. und 362 ff., F/1971/113 ff., I/264 ff.; HEINZ REICHARD, Bundesrepublik Deutschland: Neuerungen im Kindschaftsrecht und Folgen, ZZW 1970, S. 241 ff., F/1971/82 ff.; ERNST GÖTZ, République fédérale d'Allemagne, changement du droit concernant les enfants, ZZW 1970, S. 265; H.-R. SCHNYDER, Allemagne – le droit régissant la filiation, ZZW 1970, S. 57 ff.

NER, Allgemeiner Teil des bürgerlichen Gesetzbuches, Berlin/New York 1985, Nrn. 80 ff.;
ERNST WOLF, Allgemeiner Teil des bürgerlichen Rechts, Köln/Berlin/Bonn/München 1982;
OTTO NEUFFER/HEINZ MENIKHEIM, Standesamtsführung, Stuttgart/Boorberg 1969; HEIKO
THOMSEN, System des Personenstandsrechts, Eine lehrbuchmässige Darstellung des sachli-
chen und des beurkundenden Personenstandsrechts, Werne a.d. Lippe 1962; GERD PFEIFFER/
HANS-GEORG STRICKERT, Personenstandsgesetz, Kommentar, Berlin 1961; WILLI JOSEF
SCHMITT, Die Eintragung in deutsche Personenstandbücher in Fällen mit Auslandsberüh-
rung, Frankfurt a. M./Berlin 1960.
Zeitschrift: Das Standesamt.

2. Österreich[91]

Personenstandsgesetznovelle 1987, BGBl 1987 162.
Personenstandsverordnung (PStV) und Runderlass des Bundesministers für Inneres (RE).
Österreichisches Standesamt, 1983, Spezialheft Nr. 10a.

FRANZ GSCHNITZER, Allgemeiner Teil des bürgerlichen Rechts, Wien/New York 1992,
S. 227 ff.; WALTER ZEYRINGER, Fünf Jahre neues Personenstandsgesetz, Rückblick und Aus-
blick, Österreichisches Standesamt, 1990, S. 1 ff.; THEODOR THANNER, Das neue Salzburger
Standesbeamten-Dienstprüfungsgesetz, Österreichisches Standesamt, 1990, S. 42 ff.;
JOHANN HINTERMÜLLER, Die neuen Vermerke in den Personenstandsbüchern, Österreichisches Standesamt, 1990, S. 51 ff.; RUPERT BRANDHUBER/WALTER ZEYRINGER, Standesamt
und Ausländer, Sammlung systematischer Übersichten über die wesentlichen Rechtsnormen
ausländischer Staaten, Frankfurt a. M. 1988; WALTER ZEYRINGER, Aktuelle Fragen des Personenstandsrechts, Österreichisches Standesamt, 1987, S. 1 ff.; WALTER ZEYRINGER/HER-
BERT ENT/MICHAEL STORMANN, Das österreichische Personenstandsrecht, Wien, 2. Aufl.
1992; WALTER ZEYRINGER, Das neue Personenstandsgesetz, Österreichische Juristenzei-
tung, 1984, S. 1 ff.
Zeitschrift: Österreichisches Standesamt.

3. Frankreich[92]

Code civil français, titre deuxième, art. 34–101, des actes de l'état civil.
Instruction générale relative à l'état civil, Journal officiel de la République française 1991.
Juris-classeur civil, art. 34–101.

GÉRARD CORNU, Droit civil, Les personnes, les biens, Paris 1993, Nrn. 549 ff.: Actes de
l'état civil; GILLES GOUBEAUX, Droit civil, Les personnes, Paris 1989, S. 197 ff., Nrn. 205 ff.:
Les actes de l'état civil; CHRISTIAN DUGAS DE LA BOISSONNY, L'état civil, Que sais-je Nr.

---

91   Das Zivilstandswesen in Österreich, ZZW 1884, S. 38 ff., F/180–181; FERDINAND DESCHKA, Das
      neue österreichische Kindschaftsrecht, ZZW 1978, S. 230 ff.; CYRIL HEGNAUER, Une adoption au-
      trichienne peut-elle être soumise au nouveau droit suisse selon l'article 12b titre final CCS?, ZZW
      1978, S. 275 f.; FERDINAND DESCHKA, Neuerungen im österreichischen Personenstandsrecht,
      ZZW 1977, S. 243 ff.; Redaktion ZZW, Österreich, Neues Unehelichenrecht, ZZW 1971, S.
      174 ff.
92   MARYSE JORNOD, La femme et le nom en droits suisse et français, Diss. Lausanne 1991; EMIL
      MESSMER, Das neue französische Staatsangehörigkeitsgesetz, ZZW 1973, S. 233 ff.

2335, Paris 1987; MARTHE FOURNIER, Actes de l'état civil, Répertoire de droit civil, Encyclopédie Dalloz, 1987; Commission internationale de l'etat civil, Guide pratique internationale de l'état civil, Paris 1985; GABRIEL MARTY/PIERRE RAYNAUD, Droit civil, Les personnes, Paris 1976, Nrn. 757 ff.: Les actes de l'état civil; HENRI, LÉON et JEAN MAZEAUD, Leçons de droit civil, Tome 1, IIe vol., Les personnes: La personnalité, Paris 1970, S. 499 ff., 24. Leçon, Les actes de l'état civil: l'histoire et le point de vue législatif; la rédaction des actes de l'état civil; ANDRÉ PONSARD, Sur quelques aspects de l'évolution des actes de l'état civil, in: Festschrift René Savatier, Paris 1965, S. 779 ff.

4. Italien[93]

Codice civile italiano, Erstes Buch, Delle persone e della famiglia, Titel XIV, Art. 449 – 455: Degli atti dello stato civile.

Regolamento 9 luglio 1939, Nr. 1238, Ordinamento dello stato civile, GU 1er settembre 1939, Nr. 204, suppl.

Legge 31 ottobre 1955, Nr. 1064. Disposizione relative alle generalità in estratti, atti e documenti, e modificazioni all'ordinamento della stato civile, GU 10 novembre 1995, Nr. 267.

Decreto del Presidente della Republica 2 maggio 1975, Nr. 432, Regolamento di attuazione della legge 31 ottobre 1955, Nr. 1064, recante disposizioni relative alla generalità in estratti, atti e documenti e modificazioni all'ordinamento dello stato civile, GU 24 giugno 1957, Nr. 156.

Legge 10 febbraio 1982, Nr. 34, Modifica delle annotazioni da riportare negli estratti per riassunto degli atti di nascita, GU 13 febbraio 1982, Nr. 43.

Legge 14 aprile 1982, Nr. 164, Norme in materia di rettificazione di attribuzione di sesso, GU 19 aprile 1982, Nr. 106.

---

93   MICHEL PERRET, Le service de l'état civil en Italie, ZZW 1985, S. 259 ff.; MARIO GERVASONI, Le mariage religieux en Italie, ZZW 1984, S. 182 f.; CYRIL HEGNAUER, Neues italienisches Pflegekind- und Adoptionsrecht, ZZW 1984, S. 286 f., F/1985/182 ff.; ARNALDO ALBERTI, Normes des lois italiennes et suisses réglant le statut de l'enfant né de parents non mariés ensemble, ZZW 1983, S. 175, I/1982/365 ff.; MARIO GERVASONI, Del matrimonio in Italia, ZZW 1983, S. 377 ff.; LORENZO TRALAMAZZA, Nouveau droit de la famille en Italie, ZZW 1976, S. 121 ff.; DERSELBE, Le statut d'enfant naturel et la reconnaissance dans le nouveau droit italien, ZZW 1976, S. 267 ff.; SALVATORE ARENA, Anerkennung und Legitimation, Italienisches und schweizerisches Recht im Vergleich, ZZW 1976, S. 226 ff.; LORENZO TRALAMAZZA, Neues Familienrecht in Italien, ZZW 1975, S. 263 f., F/250 ff.; FRANCESCO SALVO, Le divorce dans l'ordre juridique italien, ZZW 1974, S. 273 ff., I/214 ff.; MARCO BOTTA, Einige Fragen der Anwendung des italienischen Rechts in der Schweiz im Zusammenhang mit der Scheidung italienischer Eheleute durch die schweizerischen Gerichte, ZZW 1973, S. 207 ff., 214 ff.; VITO LIBRANDO, Rapport sur la loi du 1er décembre 1970, no 898, portant réglementation des cas de dissolution du mariage en Italie, ZZW 1972, S. 20 ff.; ANDRÉ MARTIN, Autorisation de remariage d'un Italien divorcé, ZZW 1972, S. 141 f.; PIERRE MERCIER, Das neue italienische Ehescheidungsgesetz vor den schweizerischen Gerichten und den Aufsichtsbehörden im Zivilstandswesen, ZZW 1972, S. 370 ff., F/343 ff.; LORENZO TRALAMAZZA, Divorzio di cittadini italiani in Svizzera, ZZW 1972, S. 94 ff.; BERNARD DUTOIT, Das neue italienische Scheidungsgesetz vom 1. Dezember 1970 unter besonderer Berücksichtigung des schweizerischen internationalen Privatrechts, ZZW 1971, S. 326 ff., F/275 ff.; MARIO GERVASONI, La nouvelle loi sur le divorce en Italie, ZZW 1971, S. 258 ff., I/1970/347 ff.; MARIO LUZZATTI, Nuova legge sul divorzio in Italia, ZZW 1971, S. 202 ff.; MARIO GERVASONI, Nouvelle loi sur le divorce en Italie?, ZZW 1970, S. 231 ff., I/25 ff.

GIORGIO CIAN/ALBERTO TRABUCCHI, Commentario breve al codice civile, Padua 1992; PIE-
TRO PERLINGIERI, Codice civile annotato, Neapel 1991, Libro primo, 957–969; OTELLO VER-
CELLI, Codice del servizio di stato civile, " I codici Maggioli", Rimini 1991; SALVATORE ARE-
NA, Quesitario massimario di stato civile, Bologna 1990; FRANCESCO SCARDULLA, Stato civile, Enciclopedia del diritto, Varese 1990, Bd. 43, S. 938; ALDO CORASANITI, Stato delle persone, Enciclopedia del diritto, Varese 1990, Bd. 43, S. 948; SALVATORE ARENA, Le procedure
dello stato civile, Bologna 1987; PIETRO PERLINGIERI, La legislazione civile annotata con la
dottrina et la giurisprudenza, Neapel 1985, S. 112–304: Persone fisiche et formazioni sociali,
Ordinamento dello stato civile; LUIGI FERRI, Commentario del Codice civile, Degli atti dello
stato civile, Art. 449–455, Bologna/Rom 1973.
Zeitschrift: Lo Stato Civile Italiano, Rivista dei servizi demografici.

5. Liechtenstein[94]

Das Personen- und Gesellschaftsrecht vom 20. Jänner 1926 (PGR), Art. 58–105, SR 216.0,
LGBl 1926 Nr. 4.
Gesetz betreffend die Abänderung des Personen- und Gesellschaftsrechts vom 9. Mai 1972,
LGBl 1972, Nr. 36.
Ehegesetz (EheG) vom 13. Dezember 1973, SR 212.10, LGBl 1974, Nr. 20.
Verordnung vom 30. April 1974 zum Ehegesetz (Verkündung, Trauung und Führung des Ehe-
registers), SR 212.101, LGBl 1974 Nr. 28.
Verordnung vom 29. November 1988, über die Erhebung von Gebühren durch das Zivil-
standsamt, SR 212.104, LGBl 1988 Nr. 57.
Verordnung vom 8. Februar 1922 betreffend Austausch von Zivilstandsurkunden zwischen
dem Fürstentum Liechtenstein und der Republik Österreich, SR 212.11, LGBl 1922 Nr. 14.

HERBERT WILLE, Das neue liechtensteinische Ehe-, Zivilstands- und Bürgerrecht, ZZW
1975, S. 7 ff. und 35 ff.

6. Verschiedene Abhandlungen zum ausländischen Recht

Redaktion ZZW, Nom selon le droit étranger, ZZW 1986, S. 112 ff.; TONI SIEGENTHALER,
Namensänderungen in England, ZZW 1985, S. 281 ff., F/1986/44 ff.; DENISE MANGOLD,
Das neue griechische Familienrecht, ZZW 1985, S. 249 ff.; J. KAMPERS, Das niederländi-
sche Zivilstandswesen, ZZW 1984, S. 63 ff., F/184–185; SAMI AWAD ALDEEB ABU-SAH-
LIEH, Heirat zwischen Schweizern und Angehörigen islamischer Staaten, ZZW 1983, S.
193 ff., F/214 ff.; TONI SIEGENTHALER, Das Zivilstandswesen in England und Wales, ZZW
1983, S. 161 ff., F/287 ff.; PAUL VOLKEN, Neues spanisches Scheidungsrecht, ZZW 1982, S.
161 ff., F/1983/51 ff., I/1982/123 ff.; DERSELBE, Eheschliessung tibetischer Staatsangehö-
riger, ZZW 1981, S. 191 f., F/1982/83–84; D. ESPIN CANOVAS, Bericht über die Lage und

---

94   EVA HASENBACH/CLAUDIA KRANZ/CORNELIA GASSNER/ARTHUR GASSNER/IVO ELKUCH,
     ABGB, Allgemeines bürgerliches Gesetzbuch des Fürstentums Liechtenstein, Bereinigter Geset-
     zestext (Stand LGBl 1993/54), Mauren 1993; Ehegesetz des Fürstentums Liechtenstein, Aktuali-
     sierte, nicht amtliche Textausgabe der Erlasse (letzte berücksichtigte Änderung: LGBl 1993/61),
     Mauren 1993; JOSEF OCHSNER, Die Zivilstandsbeamten tagten im Fürstentum Liechtenstein,
     ZZW 1983, S. 286 f.

über die Reform des Familienrechtes in Spanien, ZZW 1980, S. 34 ff., F/1979/183 ff.; BERNARD HANOTIAU, Force probante et force obligatoire des actes d'état civil et des jugements déclaratifs étrangers, Revue du droit de la famille 1978, S. 137 ff.; GEORGES KOUMANTOS, Evolution et problèmes du droit de la famille en Grèce, ZZW 1978, S. 159 ff.; ANDREAS NABHOLZ, Rechtsvergleichende Darstellung ausländischer Adoptionsvorschriften, ZZW 1973, S. 116 ff., F/323 ff.; ERNST GÖTZ, Scheidungen in Mexiko und Tahiti, ZZW 1972, S. 281 ff., F/1973/122 ff.; ERNST PETERS, Neues niederländisches Familien- und Personenrecht, ZZW 1970, S. 274 ff. und 1971, S. 50 ff. und 71 ff., F/1971/ 55 ff. und 143 ff.; H.-R. SCHNYDER, Belgien, Neues Adoptionsrecht, ZZW 1970, S. 5 ff., F/228 ff., I/300 ff.

ERSTER TEIL

Instrumente

Erstes Kapitel

Zivilstandskreise[95]

§ 1. Territoriale Aufteilung

I. Zivilstandskreis

Das Bundesrecht sieht den Grundsatz der Aufteilung in Kreise als geographische Grundlage der Erfassung vor (Art. 3 ZStV). Die Kantone sind für die Ausführung besorgt und legen die Kreise fest. Das schweizerische Staatsgebiet wird somit vollständig von solchen Kreisen bedeckt. Ihre Aufzählung erübrigt sich; bedeutungsvoll ist lediglich die Kenntnis der diesbezüglichen bundesrechtlichen Vorschriften und des gebräuchlichen Vorgehens der Kantone. Häufig entspricht der Zivilstandskreis dem Gemeindegebiet. Das Bundesrecht fördert diese Wahl, indem es anordnet, dass das Familienregister vom Zivilstandsbeamten des Heimatorts geführt wird (Art. 113 ZStV).

Gemäss Bundesrecht kann der Zivilstandskreis mehrere Gemeinden umfassen. In einem solchen Fall enthält das entsprechende Zivilstandsregister die Tatsachen, Handlungen und Verfügungen, welche in diesem Gebiet eintreten. Zivilstandskreise können auch in Übereinstimmung mit Art. 3 Abs. 2 und 25 ZStV zusammengelegt werden. Der Zivilstandsbeamte eines Kreises kann mit der Führung eines oder mehrerer Familienregister benachbarter Kreise beauftragt werden (Art. 113 Abs. 3 und 138 Abs. 1bis ZStV). Dies bedeutet aber nicht, dass Kreise oder Register zusammengelegt werden. Art. 138 ZStV bezeichnet mit "regional" das für mehrere Kreise geführte Familienregister und mit "zentral" das den Kanton deckende Register. Die Kantone können nicht nur die regionale oder zentrale Führung der Familienregister vorsehen, sondern auch diese Aufgabe nicht dem Zivilstandsbeamten, sondern einem besonderen "der kantonalen Aufsichtsbehörde unterstellten" Beamten

---

95 Commission pour l'étude de la restructuration de l'état civil, Proposition d'une réorganisation des arrondissements de l'état civil tessinois, ZZW 1990, S. 266 ff., I/153ff., 188 ff.; ANDREAS NABHOLZ, Rechtsquellen und Organisation des schweizerischen Zivilstandswesens, Das Standesamt, 1984, S. 121 ff.

übertragen (Art. 113 Abs. 4 ZStV). Die regionale oder zentrale Führung ist weder der Zusammenlegung der Familienregister noch derjenigen der Zivilstandskreise gleichzusetzen.

Das Bundesrecht lässt auch eine weiterführende Dezentralisierung, d. h. die Aufteilung des Gemeindegebietes zu. In einem solchen Fall decken die Einzelregister nur noch den ihnen zugewiesenen Teil des Gemeindegebietes. Innerhalb des Kantons stehen somit mehrere Gestaltungsmöglichkeiten zur Verfügung. Hingegen können sich Zivilstandskreise nicht über mehrere Kantone erstrecken, da dies einen Eingriff in die Souveränität der Kantone darstellen würde. Ein vom Bund vorschriftsgemäss genehmigtes Konkordat könnte eine solche Möglichkeit eröffnen. Da der Zivilstand ein Bündel von in verschiedenen Registern eingetragenen Elementen umfasst, stellt sich die Frage, ob das Bundesrecht diese ganze Vielfalt der gleichen geographischen Einheit unterstellt, d. h. ob die für Geburten festgelegte Einheit notwendigerweise auch für Ehe, Anerkennung und Tod zu gelten hat. Der Bund kann zwar Phantasiegebilde verhindern, will aber funktionelle Aufteilungsarten nicht verbieten. Unschematische Aufteilungen sind somit möglich.

II. Erfassung nach Zivilstandskreisen

Die Zivilstandsregister werden dezentralisiert geführt. Es besteht kein Zentralregister, welches die lokalen Eintragungen zusammenfasst. Das zentrale Verzeichnis der Adoptionen ist eine Hilfseinrichtung mit einer eigenen Aufgabe (Art. 27 Abs. 2 ZStV). Die Erfassung in den Einzelregistern erfolgt auf andere Art und Weise als im Familienregister.

Die Einzelregister erfassen grundsätzlich alle Tatsachen, die "zum Zivilstandskreis gehören", und nur diese. Die Erfassung am Ort des Ereignisses gewährleistet die wahrheitsgetreue Eintragung und verringert die Gefahr einer Auflösung der Einheit von Vorkommnis und Eintragung. Die ursprüngliche Eintragung in einem anderen Zivilstandskreis, beispielsweise demjenigen des Wohnsitzes oder Heimatortes der Person, vermöchte dies nicht zu garantieren. Deshalb wird, trotz des oft zufälligen Charakters des Orts des Ereignisses, das Territorialitätsprinzip anderen, beständigeren Anknüpfungspunkten vorgezogen. Eine Tatsache "gehört zum Zivilstandskreis", wenn sie sich in dessen Gebiet ereignet, unabhängig von Wohnsitz, Heimatort und Staatsangehörigkeit der Person[96]. Eine Handlung "gehört zum Zivilstandskreis", wenn sie im Zivilstandsamt oder an einem anderen Ort des Zivilstandskreises vorgenommen wurde, an welchen sich der Zivilstandsbeamte begeben hat. Eine Verfügung dagegen wird im Zivilstandskreis eingetragen, nicht weil sie von einer seiner Behörden ausgeht, sondern weil sie eine in diesem Kreis eingetragene Person betrifft.

---

96   Art. 60, 75 Abs. 1, 93, 164 Abs. 2 ZStV.

Das Familienregister erfasst die Elemente des Zivilstandes nach dem Personalitätsprinzip. Es enthält nicht die primären Eintragungen der zum Zivilstandskreis gehörigen Tatsachen, sondern erfasst diese sekundär und zentralisiert die Zivilstandstatsachen der Bürger, d. h. der in der Gemeinde heimatberechtigten Personen. Die Führung des Familienregisters erfolgt ebenfalls dezentralisiert; Ausgangspunkt ist aber das Bürgerrecht. Grundsätzlich führt jedes Zivilstandsamt ein solches Register, da dieses integrierender Bestandteil der Zivilstandsregister ist[97]. Umfasst ein Zivilstandskreis mehrere Gemeinden, so ist für jede von ihnen ein eigenes Familienregister zu führen[98]. Wo aber die Gemeinde in mehrere Kreise unterteilt ist, kann nicht für jeden Kreis ein Familienregister geführt werden.

III. Koordination

Die nach dem Territorialitätsprinzip in den Einzelregistern eingetragenen Zivilstandstatsachen werden anschliessend im Familienregister der Heimatgemeinde(n) zentralisiert. Da jeder Schweizer und jede Schweizerin Bürger oder Bürgerin mindestens einer Gemeinde (und eines Kantons) ist, wird ihr Zivilstand in mindestens einem Familienregister nachgeführt. Die Kette der Eintragungen wird durch die Mitteilungen gewährleistet. Dies funktioniert einwandfrei dank der sorgfältigen Handhabung und der gewissenhaften Disziplin von Zivilstandsämtern und Behörden. Die nationale und internationale Befolgung dieses Systems wird durch die kantonale und eidgenössische Hierarchie gewährleistet, auf welche hinten, im Zweiten Teil, eingegangen wird.

Art. 43 ZGB bindet die Zivilstandsämter in eine Hierarchie ein, welche als "Aufsicht" bezeichnet wird und mittels welcher das Zivilstandswesen überwacht und gewährleistet wird. Sie wird in grossen Zügen vom Bundesrecht festgelegt. Hinsichtlich der Führung einerseits handelt es sich um eine administrative Hierarchie; für Streitigkeiten zwischen Ämtern und Benutzern anderseits besteht eine quasi gerichtliche Hierarchie. Ihre Organisation ist Sache der Kantone.

Die vom Bundesgesetzgeber eingeführte kantonale Aufsicht ruft nach einer Koordination auch auf der höheren Stufe, d. h. nach der eidgenössischen Aufsicht. Entsprechend den Einrichtungen auf kantonaler Ebene besteht sie einerseits aus einer administrativen Hierarchie, mit dem Bundesrat als oberster Instanz; für Streitigkeiten zwischen Bürgern und Behörde anderseits ist das Bundesgericht zuständig.

---

97   Art. 27 Abs. 1, 113 Abs. 1 ZStV.
98   Art. 113 Abs. 2, 177m Abs. 2 ZStV.

§ 2. Dienstbetriebe

I. Zivilstandsämter

Das Zivilstandsamt ist dasjenige Verwaltungsorgan, welches die Eintragungen des Zivilstandskreises vornimmt, die gesetzlichen Mitteilungen besorgt, Auszüge, Abschriften und Bescheinigungen ausstellt, Trauungen verkündet und vollzieht und gewisse Willenserklärungen entgegennimmt. Das Amt bildet den "zivilstands-vorkommnis- und verwaltungssubjektsnahen" Dienstbetrieb.

Jedes Zivilstandsamt leitet einen Zivilstandskreis und jeder Zivilstandskreis ist mit einem Zivilstandsamt versehen. Diese Struktur gewährleistet die Eindeutigkeit der Eintragungen und die Erfüllung der dem Zivilstandswesen gesetzten Ziele. Für jeden Zivilstandskreis kann es nur ein Zivilstandsamt geben. Eine Koordination zwischen Unterämtern wäre denkbar, aber mit Schwierigkeiten verbunden. Eine Mehrzahl von Ämtern würde eine gebietsmässige Aufteilung in Unterkreise voraussetzen. Unterkreise und Unterämter wären in Wirklichkeit nicht als solche bezeichnete Kreise und Ämter.

Umgekehrt kann ein Zivilstandsamt nicht mehreren Zivilstandskreisen vorstehen. Diese Möglichkeit wäre zwar leichter als die zuerst genannte zu bewerkstelligen, indem ein Amt für die Register mehrerer Kreise verantwortlich wäre. Für eine solche Zusammenlegung müssten weder Register noch Kreise vereinigt werden, aber ein Kreis oder mehrere Kreise würden ihr Amt verlieren. Hingegen können mehrere Zivilstandskreise aus Zweckmässigkeitsgründen zusammengelegt werden[99].

II. Amtssitz

Die Kantone bezeichnen den Sitz des Zivilstandsamtes. Sie können diesen, unter Kenntnisgabe an den Bundesrat, verlegen (Art. 3 ZStV). Der Sitz entspricht dem Standort des Amtes, der Adresse des Amtes und – unter Vorbehalt von Ausnahmen[100] – dem Ort, an welchem Handlungen vorgenommen, Erklärungen und Versprechen abgegeben und Trauungen vollzogen werden. Er ist für den Bürger von Bedeutung, auch wenn er sich nicht weiter darum kümmert, und fällt im allgemeinen mit dem Sitz der Gemeindebehörden zusammen.

Die Kantone sind dafür besorgt, dass den Zivilstandsämtern ein "würdiges" Lokal für die Trauungen und zweckmässige Räumlichkeiten zur Vornahme der übrigen zivilstandsamtlichen Verrichtungen zur Verfügung stehen, und dass sie mit den erforderlichen Materialien versehen sind (Art. 4 und 6 ZStV). Die Kantone sor-

---

99 Andere Anordnungen, nicht bezüglich Kreisen, Ämtern und Sitz, sondern hinsichtlich Aufgaben und Personen, sind denkbar. Es wird hinten, im Zweiten Teil, darauf eingegangen.
100 Art. 116 ZGB, Art. 163 ZStV.

gen für die sichere Aufbewahrung der Register, Belege und elektronischen Datenträger und der von den Zivilstandsämtern "hinterlegten" Register und Belege (Art. 5 ZStV). Ist die sichere Aufbewahrung nicht gewährleistet, trifft die kantonale Aufsichtsbehörde die erforderlichen Massnahmen (Art. 31 Abs. 2 ZStV). Die Räume für die Aufbewahrung sollen sich nicht im gleichen Gebäude befinden, in welchem das Zivilstandsamt untergebracht ist. Die Sicherheit betrifft insbesondere den Schutz vor Feuer, Wasser und Einbruch. Die Kantone haben für die Mikro-Verfilmung und die Einlagerung des Filmgutes zu sorgen. Der Anschlag am Sitz des Zivilstandsamtes ist massgebend für die durch diese Publikationsart ausgelöste Verkündfrist (Art. 154 Abs. 3 ZStV).

Das Bundesrecht schreibt Mindestgeschäftszeiten für den Vollzug von Trauungen, die Bekanntgabe aussergewöhnlicher Geschäftszeiten und die Gebührenfreiheit der Amtsverrichtungen vor und enthält eine beispielhafte Aufzählung der gebührenfreien Verrichtungen; für die übrigen Amtshandlungen stellen die Kantone einen vom Bundesrat zu genehmigenden Gebührentarif auf (Art. 8, 178 ff. ZStV).

III. Weitere Dienstbetriebe

Von den Zivilstandsämtern und ihrem Amtssitz sind die spezialisierten Zivilstandsdienstbetriebe zu unterscheiden, welche vom Zivilstandsamt getrennt sein können oder müssen.

Das Familienregister kann ausserhalb des Zivilstandsamtes, d.h. ausserhalb des Amtssitzes und von einem besonderen Beamten geführt werden (Art. 113 Abs. 4 ZStV); denn dieses Register enthält keine ursprünglichen, primären Eintragungen, sondern nimmt ausschliesslich vorher schon in Einzelregister eingetragene Tatsachen oder Verwaltungs- und Gerichtsverfügungen auf. Der Bürger tritt somit in keinem Fall direkt mit dem Familienregister in amtlichen Kontakt. Register und Belege, welche die Ämter aufbewahren müssen, dürfen sich nicht im gleichen Gebäude wie das Amt befinden, müssen aber in Räumlichkeiten untergebracht werden, welche die gleiche Gewähr für die sichere Aufbewahrung bieten[101]. Entgegen dem Anschein, welchen Art. 57 ZStV erwecken könnte, handelt es sich bei der sogenannten "kantonalen Aufbewahrungsstelle" um einen Dienstbetrieb, welcher die Doppel nach Erhalt der Mitteilungen der Einzelregisterführer nachführt (Art. 135 Abs. 2 ZStV).

---

101   Art. 5 Abs. 1 und 2, 57 ZStV.

§ 3. Zivilstand und Territorialität[102]

I. Erfassung nach dem Territorialitätsprinzip

Beurkundung und Zivilstand dürfen nicht miteinander verwechselt werden. Form und Inhalt sind klar voneinander zu unterscheiden. Die Erfassung des Zivilstandes im eigentlichen Sinn hat administrativen Charakter und untersteht dem Territorialitätsprinzip; sie untersteht dem geltenden Recht am Ort der Eintragung und ist Sache der am Ort der Eintragung zuständigen Behörden. Dem Inhalt der Beurkundung, d. h. dem Zivilstand, kann dagegen ausländisches Recht und/oder ein ausländischer Akt zugrunde liegen; desgleichen hängt bisweilen der Inhalt ausländischer Erfassungen vom schweizerischen Recht und/oder einer schweizerischen Verfügung ab. In den *kantonalen und interkantonalen* Beziehungen werden die Eintragungen von den Verwaltungs- oder allenfalls Gerichtsbehörden desjenigen Kantons, auf dessen Staatsgebiet das Ereignis stattgefunden hat (Einzelregister), oder von den Behörden des Heimatkantons (Familienregister) vorgenommen. Das Bundesgericht entscheidet in letzter Instanz. In den *internationalen* Beziehungen kann

---

102 MARTIN JÄGER, Quelques problèmes pratiques dans le traitement de cas internationaux d'état civil, ZZW 1991, S. 194 ff.; DERSELBE, Das IPR-Gesetz, seine Bedeutung für das schweizerische Zivilstandswesen am Beispiel der Eintragung des Namens, ZZW 1990, S. 8 ff., F/80 ff.; FRANÇOIS KNOEPFLER, Reconnaissance selon la LDIP des décisions étrangères – Aspects de droit de fond, ZZW 1990, S. 348 ff.; MARIO TAMINELLI, Questions pratiques relatives à la nouvelle loi fédérale sur le droit international privé et au droit matrimonial, ZZW 1990, S. 53 ff., I/1989/190 ff.; ANDREAS BUCHER, L'adoption internationale en Suisse, Rapports suisses présentés au XIIIe Congrès international de droit comparé, Montreal 1990, S. 122 ff.; ARNALDO ALBERTI, La nouvelle loi fédérale sur le droit international privé. Implications dans le domicile, l'état civil et la nationalité, ZZW 1989, S. 293 ff., I/28 ff.; CYRIL HEGNAUER, Anerkennung und Wirkung einer ausländischen Einzeladoption durch eine schweizerisch-ausländische Ehefrau, ZZW 1989, S. 170 f., F/381; WILLI HEUSSLER, Eheschliessungen mit Auslandberührung nach Inkrafttreten des IPR-Gesetzes, ZZW 1989, S. 2 ff., F/82 ff.; DERSELBE, Das neue IPR-Gesetz; erste Erfahrungen, ZZW 1989, S. 201 ff., F/226 ff.; MARTIN JÄGER, Kurzkommentar zum IPR-Gesetz, ZZW 1988, S. 355 ff., F/1989/110 ff.; ANDREAS NABHOLZ, Le mariage des étrangers selon les dispositions de la future loi fédérale sur le droit international privé, ZZW 1987, S. 226 ff., I/1988/88 ff.; DERSELBE, Zivilstandswesen und IPR, ZZW 1986, S. 357, F/1987/148ff., I/313 ff.; A.E. VON OVERBECK, Zur Anerkennung österreichischer Adoptionen, ZZW 1986, S. 249 ff., F/1987/231 ff.; TONI SIEGENTHALER, Nichteheliches Kind einer Ehefrau; Geburt und Anerkennung in Kalifornien, ZZW 1986, S. 71, F/1987/82 ff.; JACQUES ROY, Le droit international privé dans la pratique, ZZW 1986, S. 351 ff., I/1987/162 ff.; PAUL VOLKEN, Das Zivilstandswesen im neuen schweizerischen IPR-Gesetz, ZZW 1986, S. 336 ff., F/1987/182 ff., I/88 ff.; MAURICE GROSS, La reconnaissance de l'adoption étrangère en suisse, conditions et effets, Diss. Lausanne 1986; PAUL VOLKEN, Der Name im internationalen Privatrecht der Schweiz, ZZW 1986, S. 65 ff., F/46 ff.; MARTIN JÄGER, Riconoscimento di un cambiamento di nome pronunciato all'estero, ZZW 1985, S. 87 f., F/1984/ 296–297; SUSANNE REY, Reconnaissance et nom d'un Suisse né à l'étranger, ZZW 1985, S. 80 f.; MARTIN JÄGER, Namensführung in der Schweiz geborener ausländischer Kinder nach Anerkennung durch Ausländer, ZZW 1984, S. 176 f., F/375–376; ANDREAS NABHOLZ, Anerkennung einer in Österreich erwirkten Adoption, ZZW 1984, S. 170 f., F/259–260; DERSELBE, Keine Anerkennung für eine ausländische Eheschliessung, ZZW 1984, S. 171 ff.; TONI SIEGENTHALER, Validité des mariages célébrés à l'étranger, ZZW 1984, S. 17 f.; D. ANGEL, Zur Anerkennung schweizerischer Scheidungsurteile in der Türkei, ZZW 1983, S. 282 f.; ANDREAS NABHOLZ, Un cas subtil de

die Eintragung weder vom ausländischen Recht noch von ausländischen Gerichts- oder Verwaltungsbehörden vorgeschrieben werden. Die Eintragung erfolgt in der Schweiz, gemäss schweizerischem Recht und durch die schweizerischen Zivilstandsbehörden. Die in Art. 40 IPRG für die Namenseintragung vorgesehene Bestimmung ist Ausdruck eines allgemeinen Grundsatzes, welcher für die Eintragung aller Zivilstandselemente gilt. Eintragungen in ausländische Register unterstehen dementsprechend dem ausländischen Recht und werden von den ausländischen Behörden vorgenommen.

Zivilstandstatsachen sollten stets an einem Ort und primär nur an diesem Ort beurkundet werden, um auf diese Weise den Nachweis des Zivilstandes zu gewährleisten und Mehrspurigkeiten zu vermeiden. Die *Grundsätze der Notwendigkeit der Erfassung und ihrer Einmaligkeit* bedürfen einheitlicher Kriterien zur Lokalisierung des Zivilstandes, welche aber nicht immer beachtet werden. Zwei Vor-

---

droit international privé avec une argumentation solide (reconnaissance de paternité), ZZW 1983, S. 182 f.; ANDREAS NABHOLZ, Namensänderung für Ausländer in der Schweiz, ZZW 1983, S. 275 f.; DENISE MANGOLD, Familiennamensänderung im Kanton Basel-Stadt unter Berücksichtigung von Fällen aus dem Bereiche des IPR, Diss. Basel 1981; DENIS PIOTET, Des effets intercantonaux de l'abrogation de la loi fédérale sur les rapports de droit civil des citoyens établis ou en séjour, ZZW 1981, S. 113 ff.; PAUL VOLKEN, Der Name von Ausländern in der Schweiz, ZZW 1981, S. 377 ff.; R. VINARD, Droit applicable à la détermination de la majorité d'un étranger en vue de son adoption, ZZW 1980, S. 313 f.; PAUL VOLKEN, Aktuelle Fragen des internationalen Kindesrechts, ZZW 1980, S. 163 ff., F/9 ff.; MAX KELLER/KURT SIEHR, Einführung in die Eigenart des Internationalen Privatrechts, Zürich 1979; ANDREAS BUCHER, Auswirkungen der Streichung von Artikel 8 NAG, ZZW 1978, S. 2 ff., F/1977/323 ff.; DERSELBE, Anerkennung und Eintragung von im Ausland ausgesprochenen Adoptionen in der Schweiz; Zu einem Kreisschreiben der Eidgenössischen Justizabteilung, ZZW 1977, S. 161 ff., F/376 ff.; ERNST GÖTZ, Anerkennung von Ehebruchkindern nach italienischem Recht; Eintragung in schweizerische Register ZZW 1977, S. 7 ff., F/53 ff.; MARCO BOTTA, Einige Fragen der Anwendung des italienischen Rechts in der Schweiz im Zusammenhang mit der Scheidung italienischer Eheleute durch schweizerische Gerichte ZZW 1973, S. 207 ff., F/214 ff., I/215 ff.; HANS KUPFER, Praktische Aspekte der Eintragung von ausländischen Adoptionen in den Zivilstandsregistern (Art. 137 ZVO), ZZW 1973, S. 287 ff.; PIERRE A. LALIVE D'ÉPINAY, Vers un nouveau droit international privé de la filiation, ZZW 1973, S. 196 ff.; W. BAECHLER, Das neue materielle und internationale Adoptionsrecht, ZZW 1972, S. 321 ff.; ANDRÉ MARTIN, Autorisation de remariage d'un Italien divorcé, ZZW 1972, S. 141 f.; DERSELBE, Faut-il transcrire les mariages célébrés à Novel (Haute-Savoie, France), ZZW 1972, S. 139; PIERRE MERCIER, La nouvelle loi italienne sur le divorce devant les tribunaux et les autorités de surveillance de l'état civil, résumé de plusieurs arrêts cantonaux, ZZW 1972, S. 343 ff.; LORENZO TRALAMAZZA, Divorcio di cittadini italiani in Svizzera, ZZW 1972, S. 94 ff.; ERNST GÖTZ, Anerkennung mit Standesfolge durch einen Ausländer. Zuständigkeit des schweizerischen Richters für die Beurteilung des Einspruchs dagegen, ZZW 1971, S. 212 ff., F/1972/155 ff., 190 ff.; BERNARD DUTOIT, Das neue italienische Scheidungsgesetz vom 1. Dezember 1970 unter besonderer Berücksichtigung des schweizerischen internationalen Privatrechts, ZZW 1971, S. 326 ff., F/275 ff.; MAX GUTZWILLER, Remarques de principe au sujet du remariage d'un ressortissant, divorcé en Suisse, d'un Etat, qui ne connaît pas le divorce, ZZW 1970, S. 85 ff.; PETER MAX GUTZWILLER, Jurisdiktion und Anerkennung ausländischer Ehescheidungen im schweizerischen internationalen Ehescheidungsrecht, Bern 1969; JEAN-FRANÇOIS AUBERT, La transcription des divorces étrangers dans les registres de l'état civil, ZZW 1959, S. 336 ff.; FRANK VISCHER, L'ordre public dans le droit de la famille, ZZW 1970, S. 33 ff., I/201 ff.; CHARLES KNAPP, La compétence internationale des tribunaux suisses dans les questions d'état civil des étrangers domiciliés en Suisse, Referate zum Schweiz. Juristentag, Neuenburg 1946, S. 119 ff.; WALTER GAUTSCHI, Über die Anerkennung ausländischer Eheschliessungen, SJZ 1931, S. 326 ff.

sichtsmassnahmen sind besser als eine, und im Vordergrund steht immer das Erfassen, Verfolgen und Wiederauffinden des Zivilstandes. Die *Kriterien zur Lokalisation der Erfassung* sind – in der Reihenfolge ihrer zunehmenden Beständigkeit – das Auftreten des Ereignisses, der zufällige Aufenthalt, der Wohnsitz, der ständige Aufenthalt, das Bürgerrecht und die Staatsangehörigkeit der Person. Häufig sind diese Elemente miteinander verbunden. In der Schweiz stattgefundene Geburten und Todesfälle beispielsweise werden in die Register des Zivilstandskreises ihres Eintretens eingetragen und anschliessend zur Erfassung oder Information an weitere Zivilstandsämter mitgeteilt (Art. 120 Ziff. 1 und 2* ZStV). Dem Ort des Eintretens und der Eintragung kommt nicht die gleiche rechtliche Bedeutung zu wie den Zivilstandsfällen als solchen. Die Wahl des Ortes der Eintragung hat im allgemeinen keine Folgen. Der Ort der Eintragung des Todesfalles bestimmt nicht auch den Ort der Nachlasseröffnung und lässt keine Schlüsse auf den Ort des Todeseintritts zu. Eine derartige Auslegung könnte von den Betroffenen angefochten werden. Allerdings stellen die verschiedenen Rechtsordnungen diesbezüglich unterschiedliche und unterschiedlich genaue Anforderungen, insbesondere in bezug auf die Anknüpfung an den Zeitpunkt des Geschehens. Zudem sollte die dringliche und naturgemäss oft zufällige Erfassung "beim Verlassen des Fahrzeuges" nur provisorischer Natur sein und erst später berichtigt und definitiv eingetragen werden können. Im Gegensatz zum früheren Recht, welches diesen Ausgangspunkt in Ermangelung genauerer Kenntnisse nur als subsidiären Umstand würdigte, berücksichtigt das geltende Recht diese Möglichkeit nicht mehr.

Zivilstandsfälle, insbesondere Geburt und Tod, werden grundsätzlich im *Zivilstandskreis ihres Eintretens* eingetragen[103]. Aus diesem Grund ist in Zivilstandskreisen, welche keine Spitäler umfassen, die Zahl der Eintragungen geringer als in anderen Kreisen. Ausnahmsweise – dies betrifft insbesondere Auslandschweizer – werden *im Ausland erfolgte Zivilstandsfälle* auf Verfügung der Aufsichtsbehörde in den Einzelregistern des Zivilstandskreises der oder des Heimatorte(s) eingetragen, wenn sie im Ausland nicht beurkundet wurden, aber sonst in ausreichender Weise dargetan werden können (Art. 71, 87 ZStV); was unter dem Ausdruck "in ausreichender Weise dargetan" zu verstehen ist, liegt teilweise im freien Ermessen. Für Geburten und Todesfälle, welche in einem *Fahrzeug "auf der Reise"* erfolgen, entscheidet das "Verlassen" des Fahrzeuges[104]; die Tatsache muss im nächstgelegenen Zivilstandsamt eingetragen werden, sobald diese Frage "Vorrang" hat, d. h. sobald die Sicherheit der Betroffenen gewährleistet und das Verfahren verwaltungsmässig möglich ist; verlassen Mutter und Kind das Fahrzeug nicht gleichzeitig, ist von beiden Zeitpunkten derjenige massgebend, an welchem eine Beurkundung möglich wurde. Als Fahrzeuge werden alle individuellen und kollektiven, öffent-

---

103   Art. 59 ff., 75 Abs. 1 ZStV.
104   Art. 60 Abs. 2, 75 Abs. 3 ZStV.

lichen und privaten Fahrzeuge am Boden, in der Luft, am Seil und auf dem Wasser verstanden; es kann sich auch um ein Notfahrzeug, beispielsweise ein Floss handeln; ob das Fahrzeug mechanisch, durch Tiere oder Menschen oder physikalisch betrieben wird, ist unerheblich. Es muss sich jedoch um ein fahrendes Transportmittel handeln. Geburt und Tod in einem Wohnwagen zählen grundsätzlich nicht zu den in einem ''Fahrzeug auf der Reise'' erfolgten Ereignissen. Man könnte versucht sein, eine gewöhnliche Bahre nicht als Transportmittel einzustufen; doch gewährleistet der Ort des Verlassens die Erfassung des Zivilstandes am besten, besser noch als die territoriale Übereinstimmung und ist somit allen anderen Möglichkeiten vorzuziehen. Das gleiche gilt auch für den Fall, dass mehrere Transportmittel, beispielsweise Bahre, Seilbahn, Helikopter usw. hintereinander benutzt werden. Der *Grundsatz der Unverzüglichkeit* spricht ebenfalls dafür, dass die genannte Eintragung derjenigen am Ort des Eintretens vorzuziehen ist. Die Erfassung *ausserhalb der Souveränität* eingetretener Zivilstandsfälle, an Bord eines unter schweizerischer Flagge fahrenden Schiffes oder eines Luftschiffes, ist besonders geregelt (siehe hinten, Zweiter Teil, § 10, III). Bisweilen besteht *Unsicherheit über den Ort des Eintretens.* Geburtsort und Identität des Findelkindes sind meistens unbekannt; mangels anderer Angaben wird es am Ort der Auffindung eingetragen (Art. 72, 73 ZStV). Die Verordnung regelt den seltenen, aber denkbaren Fall des Kindes mit bekannter Abstammung und unbekanntem Geburtsort nicht; in einem solchen Fall ist es wohl Sache der betroffenen Aufsichtsbehörde(n), den wahrscheinlichsten Ort zu bestimmen. Der Tod *tot aufgefundener Personen* wird im Todesregister des Kreises eingetragen, wo die Leiche gefunden wurde (Art. 75 Abs. 2, 84 ZStV). *Verschwundene Personen,* deren Tod als erwiesen betrachtet wird, obgleich die Leiche von niemandem gesehen wurde, d. h. bei *''Anzeichen des Todes''* oder *''Nichtauffindung der Leiche''* (Marginalien zu Art. 4 und 49 ZGB), werden im Todesregister auf Verfügung der Aufsichtsbehörde oder allenfalls des Richters eingetragen (Art. 88 ZStV); erfolgte das Verschwinden in der Schweiz, so wird die Eintragung im Zivilstandskreis des letzten Gesehenwerdens, bzw. des letzten Wohnsitzes in der Schweiz vorgenommen; wenn sowohl Spuren als auch Wohnsitz in der Schweiz fehlen oder der Tod im Ausland eingetreten ist, erfolgt die Eintragung im Kreis des Heimatortes. Die vom *Zivilstandsbeamten vorgenommenen Handlungen* werden von diesem eingetragen. *Trauungen* finden grundsätzlich im ''Trauungslokal'' statt, sind aber mit ärztlichem Zeugnis und Ermächtigung der Aufsichtsbehörde auch anderswo im Zivilstandskreis statthaft[105]. Die *Anerkennung eines Kindes* wird im Register desjenigen Amtes eingetragen, welches die Erklärung entgegennimmt;

---

105   Art. 115 ZGB, Art. 163 ZStV. – Toni Siegenthaler, Wenn ''unerwünschte'' Ausländer heiraten wollen, ZZW 1984, S. 248 ff., F/1985/12 ff.; Le droit du détenus au mariage, deux décisions de la commission européenne des droits de l'homme, ZZW 1984, S. 231 ff. – Art. 43, 44 IPRG, Art. 168a, 168b ZStV. – Willi Heussler, Eheschliessungen mit Auslandberührung nach Inkrafttreten des IPR-Gesetzes, ZZW 1989, S. 2 ff., F/82 ff.

zur Beurkundung zuständig ist wahlweise der Zivilstandsbeamte des Wohnsitzes oder des Heimatortes des Anerkennenden oder der Mutter oder des Geburtsortes des Kindes (Art. 104 Abs. 1, 108 ZStV); die Beurkundung der Anerkennung setzt die Beibringung der Zivilstandsurkunden und eine Anmeldung voraus; der Zivilstandsbeamte prüft seine Zuständigkeit und die Zulässigkeit der Anerkennung und unterbreitet die Frage nötigenfalls der Aufsichtsbehörde zur Prüfung[106]; die Anerkennung findet im Zivilstandsamt statt, kann aber auch beim Anerkennenden stattfinden, falls sich dieser nicht in das Amt begeben kann. Auf die gleiche Weise gehen die Ämter insbesondere auch für ausländische Anerkennungen der Mutterschaft vor; denn was für Trauungen gilt, muss unter gleichen Voraussetzungen auch für andere Erklärungen möglich sein[107]. Die testamentarische Anerkennung kann die amtliche Beurkundung ersetzen.

II. Zivilstand und Personalitätsprinzip

Das *Territorialitätsprinzip* gewährleistet die Erfassung der Ereignisse im schweizerischen Raum. Die Zivilstandsfälle werden auch dann eingetragen, wenn der Ort ihres Eintretens die einzige Verbindung mit diesem Staat darstellt. Umgekehrt wird nicht jedes dem schweizerischen Recht oder der schweizerischen Zuständigkeit unterstehende Zivilstandselement notwendigerweise in der Schweiz eingetragen, ungeachtet seiner nationalen Auswirkungen[108]. Es gibt beispielsweise kein mit dem Geburts- oder Todesregister vergleichbares Register über die richterliche Auflösung ausländischer Ehen. Die schweizerischen Scheidungen von Ausländern werden, unabhängig davon, ob sie im Ausland eingetragen werden, in der Schweiz nicht erfasst. Somit muss man sich mindestens teilweise auch um im Ausland stattfindende Ereignisse kümmern, da sonst die Erfassung zufällig und lückenhaft wäre, indem Ereignisse, welche Schweizern im Ausland zustossen, national nicht erfasst würden. Deshalb muss für die Zivilstandsbeurkundung der Staatsangehörigen ein Ubiquitätsprinzip gelten.

Dieses Problem wirft drei Gruppen von Fragen auf, deren Verschachtelung die Angelegenheit beträchtlich erschwert. Es stellen sich
– Fragen betreffend *das für die Beurkundung geltende Recht und die diesbezügliche Zuständigkeit* (vorn, I);
– Fragen betreffend das *für den Zivilstand geltende Recht und die diesbezügliche richterliche Zuständigkeit* (an dieser Stelle, II);
– Fragen betreffend das *für die Anerkennung und Vollstreckbarkeit ("exequatur") geltende Recht und die Zuständigkeit für die Anerkennung und Vollstreckbarkeit* ausländischer Zivilstandsakte (hinten, III).

---

106   Art. 260 ZGB, Art. 102–104 ZStV.
107   Handbuch Zivilstandswesen, 5.8514: im Spital beurkundete Anerkennung.
108   Zu einem guten Beispiel siehe BGE 106 II 180 ff.

Es geht dabei stets um anwendbares Recht und Zuständigkeit, aber jedesmal bezüglich eines anderen Objektes. Zudem sind anwendbares Recht und Zuständigkeit innerhalb jedes der drei Bereiche nicht konstant. Jeder der drei Fragentypen kann einzeln vorliegen, was die Autonomie jedes einzelnen Bereiches belegt.

Die *ausschliesslich territoriale Anwendung* der Bestimmungen würde den Zivilstand nach Massgabe der Ortsveränderung aufsplittern. Die *transterritoriale Anwendung nach dem Personalitätsprinzip* würde zwar Beständigkeit garantieren, aber zu einer unerträglichen Vielfalt des Statuts von Personen im gleichen Staatsgebiet führen. Deshalb entsprechen die Lösungen im allgemeinen einer *Verbindung von Territorialitäts- und Personalitätsprinzip.*

Je nachdem, ob sich der Zivilstand unmittelbar aus dem Gesetz, einer staatlichen Verfügung oder dem Willen des Betroffenen oder eines Dritten ergibt, beruht er auf Gesetz, Verfügung oder Willensäusserung. Dieser *uneinheitliche Bezug* führt zwar zu Schwierigkeiten; obgleich jedoch die nationalen Gesetze nicht einheitlich sind, liefern sie dennoch "Schnittpunkte" mit gemeinsamen Schwingungen. Als weitere Schwierigkeit ist zu erwähnen, dass die Beurkundung nicht nur Beweisfunktion haben, sondern auch rechtsgestaltend wirken kann, wobei Gefahr besteht, dass die Beurkundung transnational weitreichender als der ihr zugrunde liegende Akt ist[109].

Ein *einheitlicher gesetzlicher Bezug* beseitigt nicht alle Schwierigkeiten und auch innerhalb des gleichen einheitlichen Systems können Reibungen entstehen. Der einheitlich organisierte Zivilstand erfordert Verfügungen, welche Behörden zu dessen Schaffung, Feststellung und Änderung befähigen. Es gibt zahlreiche derartige Behörden, und allein schon die Gewährleistung der Beweisfunktion durch den Zivilstand führt zu Schwierigkeiten – man denke nur an Ehe, Scheidung und Anerkennung. Allerdings entfalten Zivilstands-Gesetze, -Verfügungen und -Beurkundung ihre Wirkungen leichter innerhalb eines gleichen Systems, in welchem sie im allgemeinen auch anerkannt werden. Die Schwierigkeiten nehmen mit der Zahl der beteiligten Gesetzgebungen zu. Das internationale Privatrecht entwickelt Grundlagen zur Lösung von Konflikten zwischen Gesetzen und zwischen Behörden. Die Normierung erfolgt mangels eines besseren national, soweit möglich international und soll nach einer Zukunftsvision dereinst weltweit geregelt werden. Eine einzige *weltweite* Ordnung würde keine anderen Probleme schaffen als eine nationale einheitliche Regelung, welche ausschliesslich auf interne Tatbestände anwendbar ist. Es ist allerdings mehr als wahrscheinlich, dass bis zur Verwirklichung einer solchen Ordnung noch viel Zeit verstreichen wird. In der Zwischenzeit können die nationalen, internationalen und transnationalen Regelungen lediglich eine bescheidene Har-

---

109　ZZW 1972, S. 52 ff., F/229 ff.: Entscheid des erstinstanzlichen Amtsgerichts Tübingen, laut welchem die vor einer schweizerischen Vormundschaftsbehörde abgegebene Vaterschaftsanerkennung, ohne Standesfolge, in den deutschen Zivilstandsregistern, mit Standesfolge, eingetragen werden musste.

monisierung und Synchronisierung anstreben, welche dem Menschen seine stets weitergespannten "brown'schen" Wanderbewegungen mit Zivilstand und Gepäck ermöglichen. Die auch nur annähernde Erreichung dieses Ziels wird dadurch erschwert, dass der Zivilstand – meistens unbemerkt – eine ganze Palette unterschiedlichster konkreter Folgen beinhaltet. Dies belegt das fiktive Beispiel des Bürgers eines Staates, in welchem Polygamie herrscht: Die Folgen seines Verweilens im Hotel eines Landes mit monogamer Rechtsordnung und der einfache Aufenthalt in einem solchen Land sind in bezug auf den Zivilstand bedeutungslos; schwieriger wird es mit dem Wohnsitz; geht es aber darüber hinaus um weitere Zusammenarbeit mit den auf die Monogamie zugeschnittenen Dienstzweigen, beispielsweise um Eintragung in die Register, Eheschliessung(en), Anerkennung und Adoption ..., so gibt es für solche Situationen keine allgemein gültige Lösung[110].

Das Kollisionsrecht bestimmt das auf den *Zivilstand und die diesbezügliche Zuständigkeit anwendbare Recht*. Unter Vorbehalt anderslautender Staatsverträge wird das in der Schweiz anwendbare Recht durch das IPRG bestimmt. Damit entfernt es sich merklich vom NAG, weshalb der Übergang vom NAG zum IPRG entsprechende Übergangsbestimmungen erforderte[111]. Art. 33 IPRG unterstellt den *Personenstand* grundsätzlich, und unter Vorbehalt besonderer Bestimmungen, den schweizerischen Behörden am Wohnsitz, welche das Wohnsitzrecht anwenden. Art. 34 IPRG sieht für die Rechtsfähigkeit die Anwendung des schweizerischen Rechtes vor; für Beginn und Ende der Persönlichkeit gilt jedoch das "Recht des Rechtsverhältnisses, das die Rechtsfähigkeit voraussetzt", d. h. das Zivilstandsproblem aufwirft. Handelt es sich dabei nicht um ein erbrechtliches, handelsrechtliches oder anderes Rechtsverhältnis, sondern um den Zivilstand (beispielsweise die Eintragung), gilt wiederum Art. 33 IPRG. Für nicht in der Schweiz wohnhafte Personen gilt grundsätzlich das Wohnsitzrecht, das schweizerische Recht allenfalls als Heimatrecht oder im Rahmen einer Rückverweisung (Art. 14 Abs. 2 IPRG). Art. 15 IPRG sieht die ausnahmsweise Anwendung desjenigen Rechtes vor, mit welchem der Sachverhalt in engerem Zusammenhang steht, und Art. 17 IPRG schliesst, wie schon das alte Recht[112], die Anwendung eines mit dem schweizerischen Ordre public unvereinbaren ausländischen Rechtes aus. Für das Kindesrecht sind die schweizerischen Gerichte am gewöhnlichen Aufenthalt des Kindes oder am Wohnsitz der Mutter oder des Vaters, und, in Ermangelung eines solchen Wohnsitzes oder Aufenthaltes in der Schweiz und bei Unzumutbarkeit oder Unmöglichkeit einer Klage im Ausland, die Gerichte am Heimatort zuständig (Art. 66, 67 IPRG). Anwendbares Recht ist das am gewöhnlichen Aufenthalt des Kindes bei

---

110   PAUL PIOTET, Des effets en Suisse d'un mariage polygamique, ZZW 1976, S. 123 ff.
111   Art. 196 ff. IPRG.
112   ZZW 1975, S. 116 ff., F/242 ff., Entscheid des Regierungsrates des Kantons Aargau, unter dem Einfluss des Entscheides Dal Bosco, BGE 97 I 389 ff.

der Geburt geltende Recht, und, falls die Eltern keinen Wohnsitz in diesem Staat haben, das gemeinsame Heimatrecht der Eltern und des Kindes (Art. 68 IPRG). Die *Anerkennung* in der Schweiz untersteht materiell dem Recht des Aufenthaltes oder dem Heimatrecht des Kindes oder dem Wohnsitz- oder Heimatrecht der Mutter oder des Vaters im Zeitpunkt der Anerkennung, und formell dem schweizerischen Recht; zuständig sind die schweizerischen Behörden am Geburtsort oder am gewöhnlichen Aufenthalt des Kindes sowie die Behörden am Heimatort oder Wohnsitz der Mutter oder des Vaters (Art. 71 ff. IPRG). Die schweizerischen Behörden am Wohnsitz des Adoptierenden oder der adoptierenden Eheleute sind zuständig für die Aussprechung der *Adoption*; beim Fehlen eines schweizerischen Wohnsitzes und bei unmöglicher oder unzumutbarer Durchführung der Adoption am ausländischen Wohnsitz sind die Behörden am Heimatort zuständig (Art. 75 ff. IPRG)[113]; die in der Schweiz ausgesprochene Adoption untersteht dem schweizerischen Recht und, bei Gefahr der Nichtanerkennung durch einen betroffenen Staat, auch dessen Recht (Art. 77 IPRG). Der *Name* und seine Änderung unterstehen dem schweizerischen Recht und der Zuständigkeit der Behörden am schweizerischen Wohnsitz des Betroffenen; der Name einer Person mit Wohnsitz im Ausland untersteht demjenigen Recht, auf welches das Kollisionsrecht des Wohnsitzstaates verweist (Art. 37 Abs. 1 und 38 Abs. 1 und 3 IPRG); Auslandschweizer können eine Namensänderung bei der Behörde ihres Heimatkantons verlangen (Art. 38 Abs. 2 IPRG); der Name untersteht der "professio iuris" (Art. 37 Abs. 2 IPRG). Für die *Verschollenerklärung* sind, im Gegensatz zum sicheren Tod trotz Nichtauffindens der Leiche, die schweizerischen Behörden am letzten bekannten Wohnsitz der verschwundenen Person zuständig[114]; die schweizerische Zuständigkeit und die Anwendung des schweizerischen Rechtes sind zudem gegeben, wenn dafür ein schützenswertes Interesse vorliegt (Art. 41 IPRG); die Verschollenheit wird vom Richter erklärt; die Regelung der sachlichen Zuständigkeit untersteht den Kantonen, die territoriale Zuständigkeit wird vom Bundesrecht bestimmt und liegt beim Richter des letzten schweizerischen Wohnsitzes oder in Ermangelung eines solchen beim Richter der Heimat (Art. 35 ZGB). Die Verschollenerklärung wird in das Todesregister des Zivilstandskreises am Heimatort des Verschollenen, bei mehreren Heimatorten an einem Heimatort eingetragen (Art. 91, 130 Ziff. 3 ZStV). Ihre Wirksamkeit wird auf den Zeitpunkt der akuten Todesgefahr, das Ende einer längerdauernden Todesgefahr oder den Zeitpunkt der letzten Nachricht zurückbezogen; im letzten Fall wird der Tod des Verschollenen in dem Zeitpunkt vermutet, an welchem dieser mit Sicherheit noch am Leben war. Der Richter setzt diesen Zeit-

---

113   Früher war es das Heimatrecht des Adoptierenden, Art. 8 NAG; GRER 1956, S. 33 ff., Nr. 12.
114   BGE 107 II 97 ff.: Die schweizerischen Behörden sind zuständig, Ausländer, die ihren letzten bekannten Wohnsitz in der Schweiz gehabt haben, für verschollen zu erklären.

punkt fest. *Bei mehrfacher Staatsangehörigkeit*[115] begünstigt Art. 23 IPRG die schweizerische Staatsangehörigkeit und bei mehrfacher ausländischer Staatsangehörigkeit diejenige, mit welcher die Person am engsten verbunden ist.

Staatenlose und Flüchtlinge[116] unterstehen dem Recht des Wohnsitzes oder allenfalls des Aufenthaltes[117]. Der Zivilstand des Kindes von Staatenlosen oder Flüchtlingen wirft dann keine Probleme auf, wenn es bei seiner Geburt sogleich erfasst werden kann und der Zivilstand seiner Vorfahren problemlos ist[118]; deren Zivilstand kann jedoch im allgemeinen nicht mit Sicherheit festgelegt werden. Meistens muss, aufgrund von Art. 71 und 87 ZStV, nach dem Grundsatz vorgegangen werden, welcher für im Ausland eingetretene Zivilstandsfälle von Schweizern zur Anwendung kommt, für die keine Urkunden vorgelegt, die aber sonst in ausreichender Weise dargetan werden. *Asylbewerber*[119] erhalten den Flüchtlingsstatus nur, nachdem ihnen Asyl gewährt oder nachdem ihr Flüchtlingsstatus provisorisch anerkannt worden ist[120].

---

115   ZZW 1984, S. 361 ff., F/1985/298 ff., I/1986/55 ff., Die Namensführung einer schweizerisch-deutschen Doppelstaaterin, RR BL, 6. November 1984.

116   ANDREAS BUCHER, Flüchtlingskarteien sind keine Zivilstandsregister, ZZW 1986, S. 251 ff.; J. DÉSY, Délivrance de documents tenant lieu d'actes de l'état civil aux réfugiés résidant en Belgique, en application de l'article 25 de la convention de Genève du 28 juillet 1951, ZZW 1973, S. 200 ; GRER 1971, S. 52, Nr. 19: Einem tibetanischen Flüchtling, welcher nur Vornamen führte, erteilte Bewilligung, den Familiennamen der Pflegeeltern zu führen; Anwendung des Wohn- bzw. Aufenthaltslandesrechts.

117   Art. 24 IPRG; Art.12 und 25 des Abkommens über die Rechtsstellung der Flüchtlinge, SR 01.142.30. – BGE 105 II 1 ff.: Seit 1956 in der Schweiz wohnhafte ungarische Flüchtlinge; Einreichung einer Scheidungsklage des Ehemannes in Ungarn, welche trotz Prozessverweigerung der Ehefrau gutgeheissen wurde; Klage der Ehefrau bei einem schweizerischen Bezirksgericht auf Feststellung einer trotz des ungarischen Scheidungsurteils nach wie vor rechtsgültigen Ehe; Antrag schliesslich vom Bundesgericht gutgeheissen, da das ungarische Urteil in der Schweiz nicht anerkannt werden kann, weil Personen mit Flüchtlingsstatus dem Wohnsitz- bzw. Aufenthaltslandesrecht unterstehen. – Der Flüchtling mit Familie hat Anspruch auf die Eröffnung eines Blattes im Familienregister; Art. 25 des Abkommens beauftragt das Aufenthaltsland mit der Ausstellung der Dokumente, welche normalerweise durch die heimatliche Behörde ausgestellt werden. – ZZW 1983, S. 103 ff., F/291 ff., I/1984/99–100, RR BE, Namensänderung einer Person mit Flüchtlingsstatus. – Art. 12 und 25 des Übereinkommens über die Rechtsstellung von Staatenlosen, SR 0.1.142.40, lauten entsprechend.

118   Zur Staatsangehörigkeit: Art. 1 und 2 des Übereinkommens zur Verringerung der Fälle von Staatenlosigkeit, vom 13. September 1973, für die Schweiz in Kraft seit dem 18. Juni 1992, AS 1992 1779 ff.: Ein Kind, dessen Vater Flüchtlingsstatus hat, besitzt nicht die Staatsangehörigkeit des Vaters, sondern erwirbt die Staatsangehörigkeit der Mutter, wenn diese die Staatsangehörigkeit eines Vertragsstaates besitzt.

119   JEAN-CLAUDE DE HALLER, Note sur le mariage des requérants d'asile après deux arrêts du Tribunal fédéral, ZZW 1987, S. 155, 157 und 160; VRENI HANSELMANN, Wieviel Heiratspapiere benötigen Asylbewerber?, ZZW 1987, S. 99 f.; ANDREAS BUCHER, Der Personenstand der Asylbewerber, ZZW 1985, S. 361 ff., F/335 ff.; ADY INGLIN, Zur personenrechtlichen Stellung der Asylbewerber, ZZW 1984, S. 253, F/1985/51–52; ZZW 1985, S. 149 ff., F/389 ff., I/1986/59 ff., Wohnsitz des Asylbewerbers, Entscheid vom 28. März 1985 (DI SG).

120   Art. 24 Abs. 2 IPRG; Art. 27 Asylgesetz, SR 142.31. – ZZW 1991, S. 77 f. (BG): Zuständigkeit zur Leitung der Verkündung nach Umzug eines abgewiesenen Asylbewerbers in einen anderen Kanton.

III. Anerkennung von Entscheidungen und Verfügungen

Der *Zivilstand ohne Auslandberührung* fällt unter das Bundesrecht und bietet keine Breschen für spezifische Eigenheiten[121]. Heimatort und Wahl des Wohnsitzes können eine Rolle spielen bezüglich der freiwilligen und richterlichen Gerichtsbarkeit und Zuständigkeit; die Anerkennung von Gerichtsentscheiden und Verwaltungsverfügungen erfolgt jedoch problemlos. Desgleichen werden die *schweizerischen Zivilurteile*, welche laut Art. 61 BV in der ganzen Schweiz vollzogen werden können, selbstverständlich anerkannt.

Das gleiche gilt aber nicht für *ausländische Akte*. Als allgemeine Vorschriften und unter Vorbehalt anderslautender Staatsverträge bestimmen Art. 25 ff. IPRG die *Voraussetzungen und die Zuständigkeit für die Anerkennung*, d. h. die Anwendung teils des ausländischen und teils des schweizerischen Rechtes, die Zuständigkeit und das Verfahren für die Anerkennung sowie die sinngemässe Anwendung für die freiwillige Gerichtsbarkeit (Art. 31 IPRG). *Eheschliessungen* im Ausland und ausländische Entscheidungen über Scheidung oder Trennung werden in der Schweiz unter den Voraussetzungen von Art. 45 und 65 IPRG anerkannt. Ausländische Entscheide betreffend das *Kindesverhältnis*, die Adoption[122], die Anerkennung eines Kindes und, analog, die Legitimation[123] werden unter den Voraussetzungen von Art. 70, 73, 74 und 78 IPRG anerkannt. *Namensänderungen* werden in der Schweiz anerkannt, wenn sie im Wohnsitz- oder Heimatstaat des Gesuchstellers gültig sind (Art. 39 IPRG). Die ausländische Verschollenerklärung wird anerkannt, wenn sie dem Wohnsitz- oder Heimatrecht des Verschollenen entspricht (Art. 42 IPRG). *Anerkennung und Erklärung der Vollstreckbarkeit ("exequatur")* sind keine identischen Vorgänge; die Anerkennung findet von Rechtes wegen statt, wobei die formelle Anerkennungserklärung beim Vorliegen schutzwürdiger Interessen von der zuständigen Behörde verlangt werden kann; die Erklärung der Vollstreckbarkeit dagegen ist Voraussetzung für die Anwendung der öffentlichen Gewalt und stets formell.

Die *Eintragung in die Register* erfolgt nach Kompetenz- und Formvorschriften, welche zwischen Anerkennung und "exequatur" anzusiedeln sind. Die Eintragung untersteht einerseits keiner Vollstreckbarkeitserklärung, da sie keine Anwendung

---

121   Immerhin lässt das Bundesgericht die Bildung von Vornamen nach alter Tradition zu, siehe vorn, Einleitung, Anm. 85.

122   Bundesamt für Justiz, Kreisschreiben vom 15. Juli 1992 an die kantonalen Aufsichtsbehörden im Zivilstandswesen und an die zuständigen kantonalen Aufsichtsbehörden auf dem Gebiet der Adoptionen, bezüglich der Anerkennung von im Ausland vorgenommenen Adoptionen und ihrer Eintragung in der Schweiz. – MARTIN JÄGER, Kurzkommentar zum IPR-Gesetz, ZZW 1988, S. 355 ff.: "Ausländische einfache Adoptionen werden seit 1973 als solche im schweizerischen Zivilstandsregister eingetragen; Artikel 78 Absatz 2 bedeutet nach meinem Dafürhalten nichts anderes als die Verankerung dieser Praxis im Gesetz.", F/1989/110 ff.

123   JÄGER, a. a. O.: "In der Praxis werden... seit dem 1. Januar 1978 im Ausland erfolgte Legitimationen...anerkannt und als solche im schweizerischen Zivilstandsregister eingetragen...", F/1989/ 110 ff.

der öffentlichen Gewalt eröffnet; anderseits vermag eine Anerkennung von Rechtes wegen durch jede zuständige Behörde nicht zu genügen, da die Eintragung zwar nicht die Anwendung der öffentlichen Gewalt betrifft, aber die Mitwirkung eines öffentlichen Dienstes einschliesst. Die Eintragung bedarf deshalb der formellen Anerkennung durch die Aufsichtsbehörde im Bereich des Zivilstandswesens. Der erste Absatz von Art. 32 IPRG erwähnt die Zuständigkeit dieser Behörde für die Verfügung der Eintragung ausländischer Entscheidungen und Urkunden, der zweite Absatz bestimmt die Voraussetzungen einer solchen Verfügung, der dritte Absatz betrifft das Verfahren. Zum Verhältnis zwischen ordentlicher Anerkennung, "exequatur" und behördlicher Anerkennung als Voraussetzung der Eintragung, siehe hinten, Zweiter Teil, § 15.

Zweites Kapitel

Unterlagen

Das ZGB sieht den Grundsatz der Erfassung des Personenstandes "durch Register" vor und überträgt deren Organisation dem Bundesrat. Art. 27 ZStV zählt die Einzelregister, das Familienregister und vom Bund oder den Kantonen eingeführte Zusatz- oder Hilfsregister auf.

Die Struktur der Einzelregister wurde früher im Hinblick auf ihre Aufgabe geschaffen, die primären, ursprünglichen Eintragungen aufzunehmen (Ausnahmen vorbehalten), welche durch Mitteilung zu den sekundären oder abgeleiteten Eintragungen führten. Der inzwischen erfolgte technische Fortschritt trägt zu einer vereinfachten und dennoch sicheren Registerführung bei. Die Informatik wird noch einschneidendere Änderungen nach sich ziehen. Gegenwärtig werden die Register in einfacher Ausfertigung geführt (Art. 31 ZStV). Die Einzelregister werden in Buchform mit numerierten Bänden geführt oder in Loseblattform gehalten und später gebunden (Art. 34, 32 ZStV); die Seiten werden vornumeriert und ihre Zahl wird bescheinigt; die Eintragungen werden fortlaufend numeriert und ihre Anzahl wird am Schluss des Kalenderjahres bescheinigt (Art. 33, 36 ZStV)[124]. Das Familienregister wird auf die gleiche Art und Weise oder in Form eines Kartenregisters geführt (Art. 37 ZStV). Die Rubriken der Registerformulare und der auszufertigenden Dokumente sowie die Papierbeschaffenheit werden vom Bundesrat bestimmt.

Art. 7 und 58 ZStV setzen die Dauer der Aufbewahrung von Registern und Belegen fest, wobei die Kantone eine längere Aufbewahrungsdauer vorschreiben können. Das Bundesrecht schweigt sich über das Eigentum an den Registern und den alten Kirchenregistern aus. Diese Frage fällt unter das kantonale öffentliche Recht, welches das Eigentum dem Kanton, den Gemeinden oder den Kirchgemeinden zuweisen und mit Vorschriften über die Aufbewahrung versehen kann. Das öffentliche Eigentum, um welches es hierbei geht, unterscheidet sich vom privaten Eigentum insbesondere durch die Nichtverfügbarkeit. Art. 641 ff. ZGB sind nur per analogiam anwendbar.

---

124   Handbuch Zivilstandswesen, 1.0003, 2.0004; jährliche Schliessung.

§ 4. Einzelregister[125]

I. Spezifität

Die Einzelregister verdanken ihren Namen der Tatsache, dass sie je für einen einzelnen Ereignisbereich, d. h. die Geburt, den Tod, die Ehe und gewisse Anerkennungen, spezifisch sind. Ihre Aufgaben werden hinten (Dritter Teil, § 19) besprochen. Ihre Spezifität ist zudem auch territorial, indem die unter diese verschiedenen einzelnen Bereiche fallenden Ereignisse je pro Zivilstandskreis erfasst werden. Ihre Spezifität ist insofern auch zeitlich, als die Erfassung durch die Einzelregister punktuell erfolgt und einzig das Ereignis festhält, ohne dessen weitere Entwicklung zu verfolgen. Tritt beispielsweise der Tod quasi gleichzeitig mit der Geburt ein, wird er dennoch im Geburtsregister nicht vermerkt. Das Geburtsregister belegt, dass eine bestimmte Person an einem bestimmten Ort zu einer bestimmten Zeit "geboren", nicht aber, dass sie am Leben ist.

II. Pluralität

Die Spezifität der Register verlangt ihre Pluralität pro Zivilstandskreis. Im Laufe der Zeit variierte die Zahl der Register; heute sind es deren vier. Jedes entspricht einem der vier oben erwähnten Bereiche von Ereignissen, welche unerlässliche oder schicksalbedingte Marksteine des menschlichen Lebens darstellen. Die beiden ersten Register erfassen bewiesene, sichere oder vermutete Zivilstandstatsachen im engeren Sinn. Das dritte betrifft die Trauung. Das vierte enthält nur einen Teil der Kindesanerkennungen im Zivilstandskreis.

III. Vollständigkeit

Die Einzelregister geben die sich auf dem Gebiet eines Zivilstandskreises ereignenden Zivilstandstatsachen und -handlungen wieder; sie zählen diese erschöpfend auf, das Geburtsregister alle Geburten, das Todesregister alle Todesfälle, das Eheregister alle im Zivilstandskreis vollzogenen Trauungen und das Anerkennungsregister alle vom Zivilstandsamt entgegengenommenen Anerkennungen. Die Einzelregister geben grundsätzlich keine anderen Tatsachen und Handlungen wieder. Ausnahmsweise, punktuell und nicht erschöpfend enthalten sie Tatsachen und Handlungen, welche sich nicht im Zivilstandskreis ereignet haben, aber anderswie damit verbunden sind und aufgrund einer besonderen Bestimmung darin erfasst werden oder erfassbar sind. Dies gilt für gewisse im Ausland oder an einem unbekannten

---

125 JEAN-PAUL BOURDIN, La mention de fin d'année aux registres spéciaux, ZZW 1989, S. 52 f.; RO
LAND DUBOUX, Le registre de décès, généralités et cas spéciaux, ZZW 1974, S. 203 ff.; GRER
1968, S. 40, Nr. 11: Verzicht auf doppelte Führung einzelner Register, wegen Verfilmung.

Ort erfolgte Geburten oder Todesfälle sowie für gewisse im Ausland vollzogene Trauungen[126].

§ 5. Familienregister[127]

I. Allgemeines

Im Gegensatz zu den Einzelregistern, welche punktuelle Ereignisse festhalten und nach ihrer Schliessung nur noch ausnahmsweise Zusätze erhalten, erfasst das Familienregister die Person, verfolgt die Änderungen ihres Zivilstandes und bleibt offen. Die Einzelregister arbeiten diachron; ihre Seiten betreffen nur ein Element oder einige wenige Elemente des Zivilstandes einer Person, und sie werden nach ihrer Eröffnung unverzüglich geschlossen. Das Familienregister arbeitet synchron; da es eine Mehrzahl von Personen zu erfassen hat, bleiben seine Blätter offen und werden nachgeführt, solange eine Person darin vermerkt ist. Dieser Unterschied erklärt auch die Tatsache, dass das Familienregister keiner Unterzeichnung bedarf[128].

Im Familienregister werden – unabhängig vom Ort ihres Eintretens – diejenigen Tatsachen, Handlungen und Verfügungen eingetragen, welche den Zivilstand der Bürger der Gemeinde betreffen. Die Tatsachen und Handlungen werden nicht ursprünglich und nicht direkt eingetragen. Das Blatt des Familienregisters übernimmt und zentralisiert die zuvor in den Einzelregistern beurkundeten Tatsachen und Handlungen. Gewisse Zivilstandsverfügungen, wie beispielsweise der Erwerb eines neuen Bürgerorts, die richterliche Auflösung der Ehe, die Namensänderung, können dagegen direkt eingetragen werden.

Im Vergleich zu den Blättern der Einzelregister ist das Blatt des Familienregisters komplex gestaltet. Es umfasst bei seiner Eröffnung mindestens den Blattinhaber und, gleichzeitig oder später, eine oder mehrere weitere Personen, deren Zivilstand es verfolgt (Art. 118 Abs. 1 und 2 ZStV). Das Blatt ist individuell (persönlich) oder kollektiv. Für alle oder einen Teil der auf dem kollektiven Blatt aufgeführten Personen kann ein eigenes Nachfolgeblatt eröffnet werden, wobei in bestimmten Fällen die betreffende Person auf dem Vorgangsblatt gelöscht wird. Desgleichen kann eine Person oder können mehrere Personen erneut wieder auf dem indivi-

---

126   Art. 71, 87, 73c, 89, 95 ZStV.
127   MARTIN JÄGER, Tendenzwandel in der Familienregisterführung, ZZW 1986, S. 40 ff., F/183 ff.; DERSELBE, Familienregisterführung und neues Eherecht, ZZW 1986, S. 179 ff.; SIMON RÜEGG, Bedeutung und Zweck des Familienregisters, ZZW 1983, S. 10 ff.; ANDREAS NABHOLZ, Die aktuelle Problematik der Familienregisterführung, ZZW 1980, S. 2 ff., F/142 ff.; DERSELBE, Extraits du registre des familles, ZZW 1975, S. 87; WERNER STUBER; La systématique du registre des familles, ZZW 1975, S. 79 ff.
128   Art. 177h Abs. 2 ZStV, a contrario, und Abs. 3.

duellen oder kollektiven Vorgangsblatt eingetragen und in bestimmten Fällen auf
dem anderen, kollektiven oder individuellen Blatt gelöscht werden (Art. 119a
ZStV). Die Person, für welche das Blatt eröffnet wird, ist dessen Blattinhaber. Als
weitere Personen werden darin Ehegatte und Nachkommen aufgeführt. Dies gilt
unabhängig davon, ob diese selber Inhaber eines individuellen Blattes sind, und
solange kein Ereignis eintritt, welches ihr Ausscheiden aus dem Blatt rechtfertigt.
Die Ehefrau wird im Blatt des Ehemannes eingetragen (Art. 117a ZStV), doch
wird ihr im Register ihres beibehaltenen Heimatorts ebenfalls ein individuelles
Blatt eröffnet (Art. 115 Ziff. 1 lit. b* ZStV, Art. 161 ZGB). Die Kinder werden
grundsätzlich im Blatt der "Eltern", d. h. des Ehemannes und Vaters, eingetragen,
auf welchem auch die Ehefrau und Mutter verzeichnet ist, oder allenfalls im Blatt
desjenigen Vorfahren, zu welchem ein Kindesverhältnis besteht (Art. 177 Ziff. 9
und 10 ZStV). Für das Kind, welches einen anderen Familiennamen trägt oder ein
anderes Bürgerrecht besitzt als sein oder seine Vorfahre(n), "kann" ein individuelles Blatt eröffnet werden (Art. 115 Abs. 2 Ziff. 2 ZStV). Eine Person beispielsweise, welche ledig ist und keine Nachkommen hat, kann unter Umständen nie ein individuelles Blatt besitzen und auf dem Blatt des verstorbenen Blattinhabers vermerkt
bleiben. Der Blattinhaber kann Inhaber mehrerer Blätter oder zusätzlich auf einem
kollektiven Blatt eingetragen sein (Art. 114 Abs. 2 ZStV). Er kann das Blatt wech-
seln oder ein solches ohne Eröffnung eines neuen Blattes oder ohne Übertritt in ein
bestehendes Blatt verlassen.

II. Einheit

Das Familienregister enthält alle Bürger einer Gemeinde (Art. 114 Abs. 1 ZStV).
Für den eingebürgerten Ausländer wird ein Blatt eröffnet. Die miteingebürgerten
Kinder werden eingetragen, die von der Einbürgerung nicht betroffenen Kinder
werden nicht eingetragen (Art. 114a Abs. 3 ZStV)[129], unter Vorbehalt anderslauten-
der Staatsvertragsklauseln. Versehen ausgenommen sind somit alle Schweizer im
Familienregister ihrer Heimatgemeinde eingetragen (Art. 114 Abs. 1 ZStV).
Indem Art. 114 Abs. 3 ZStV vorsieht, dass das Kind miteinander verheirateter
Eltern auf dem Blatt des Vaters einzutragen ist, begründet er keine Ausnahme von
dieser Regel, da die Ehefrau ihr früheres Bürgerrecht zwar beibehält (Art. 161
ZGB), dieses aber nicht auf das Kind überträgt; das Kind erwirbt das Bürgerrecht
des Ehemannes (Art. 271 ZGB).
   Auch nicht in der Gemeinde heimatberechtigte Personen können unter Umstän-
den im Familienregister eingetragen sein. Kinder, welche das Bürgerrecht ihres
Vaters nicht besitzen, werden auch auf seinem Blatt eingetragen (Art. 114a Abs. 2

---

129   GVP (ZG) 1987–88, S. 223 (Inspektorat): Wegen verspäteter Meldung haben Kinder und Kindes-
      kinder ihr Schweizer Bürgerrecht verwirkt und können deshalb nicht im Familienregister nachge-
      tragen werden.

ZStV). Das gleiche gilt für den ausländischen Ehemann, dessen Ehefrau das Schweizer Bürgerrecht beibehalten hat, und für Kinder, welche das Gemeindebürgerrecht der Eltern nicht besitzen; in solchen Fällen sind Ehemann und Kinder auf dem für die Frau eröffneten Blatt einzutragen (Art. 114a Abs. 1 ZStV), mit dem Vermerk über ihren Nichtbesitz des Bürgerrechts (Art. 117 Ziff. 7 ZStV).

Das Familienregister kann aufgrund des öffentlichen kantonalen Rechts auch als Gemeindebürgerregister dienen[130]. Damit erfüllt das Familienregister eine zusätzliche Aufgabe, welche zwar nicht unter den Zivilstand fällt, aber eng damit verbunden ist, da die Heimat durch das Bürgerrecht bestimmt wird.

III. Beständigkeit

Art. 115 Abs. 1 ZStV zählt acht Fälle auf, in welchen persönliche Blätter eröffnet werden. Alle Fälle drehen sich um Ehe, Kindschaft und Bürgerrecht. Art. 115 Abs. 2 ZStV sieht zwei Fälle von fakultativer Blatteröffnung vor. Der eine Fall betrifft die Änderung des Familiennamens; die Blatteröffnung schliesst diesen Vorgang ab und hinterlässt als einzige Spur den Verweis auf das aufgegebene Vorgangsblatt (oder die aufgegebenen Vorgangsblätter). Der andere Fall betrifft das Kind, das einen anderen Familiennamen oder ein anderes Bürgerrecht als seine Eltern besitzt, und betrifft ebenfalls die urkundliche Anpassung an den tatsächlichen familiären Sachverhalt. Die Frage, ob diese Aufzählung beispielhaft sei, ist bedeutungslos, da der Besitz eines individuellen Blattes oder die Eintragung auf dem Blatt eines anderen Familienmitgliedes keine Rechtsfolgen zeitigt und nur auf das Eintreten eines der Ereignisse schliessen lässt, welche zur Eröffnung eines Blattes führen können. Das letztere hängt nur mittelbar vom Willen des Betroffenen ab. Er kann, unter den gesetzlichen Voraussetzungen, Heimatort oder Namen ändern, heiraten, adoptieren, adoptiert werden usw.; sein Wille beeinflusst seinen Zivilstand und dadurch mittelbar die Art und Weise der Beurkundung. Die Eintragung untersteht aber insofern nicht unmittelbar dem Willen einer Person, als sie nicht entscheiden kann, ob sie ein individuelles Blatt besitzt oder nicht.

Der Zivilstand von Personen, welche gleichzeitig auf mehreren Blättern eingetragen sind, wird auf jedem dieser Blätter nachgetragen. Dies gilt aber nicht für aufeinanderfolgende Blätter. Der Zivilstand von Personen, für welche ein Nachfolgeblatt eröffnet wurde, wird nur noch auf diesem nachgetragen (Art. 117a ZStV). Die Verweise zwischen Register und Belegen erlauben bei gleichzeitiger und/oder aufeinanderfolgender Mehrzahl von Blättern den Übergang vom einen zum anderen Blatt, wodurch Zivilstand und Verwandtschaftsverhältnisse während des ganzen Lebens einer Person verfolgt werden können.

---

130   KV/NE 66 :"La qualité de ressortissant est constatée par inscription dans le registre des familles".

Die Bezeichnung "Familienregister" ist nur für den Spezialisten aussagekräftig. Wie wir soeben gesehen haben, gibt dieses Register Auskunft über den Stand
oder Zustand der Familie und die Stellung der einzelnen Personen innerhalb derselben. In diesem Sinne ergibt sich zwar der Zustand der Familie aus dem Zivilstand ihrer Mitglieder; im gebräuchlichen Sinn deckt sich jedoch der Zustand der
Familie nicht mit dem Zivilstand ihrer Glieder. Diese Zweideutigkeit in der
Bezeichnung einer derart technischen Einrichtung mag überraschen. Sie ist ein
merkwürdiges Überbleibsel aus dem weit zurückliegenden Ursprung dieses zwar
erst 1929 in das Bundesrecht aufgenommenen Registers. Es gab früher fünf Kir-
chenbücher: für die Taufen (heutiges Geburtsregister), für die Konfirmationen, für
die Ehen, für die Bestattungen (heutiges Todesregister) und ein Buch der Seelen,
"liber status animarum". Das letztere enthielt die Mitglieder jeder Kirche, nach
Familien, einschliesslich ihrer Gäste und Bediensteten. Es wurde nachgeführt und
informierte den Priester über den Stand seiner Kirchgemeinde. Beim Wegzug
einer Familie wurde das Blatt gelöscht, und die aufnehmende Gemeinde eröffnete
ein neues Blatt[131].

§ 6. Hilfsregister

I. Eidgenössische Verzeichnisse

Zu jedem Register und für jedes Jahr wird ein "Personenverzeichnis" geführt (Art.
35 ZStV). Es handelt sich um ein alphabetisches Verzeichnis der Namen derjenigen Personen, auf welche sich die Eintragungen des Registerbandes beziehen, mit
Verweis auf die Fundstellen der Eintragungen. Es wird bezüglich Namen und Fundstellen ständig nachgeführt. Geburten und Todesfälle, die nicht im gleichen Jahr
angezeigt werden, in dem sie sich ereignet haben, werden im Verzeichnis beider
Jahre aufgeführt (Art. 35 Abs. 4 ZStV).

Das "Zentrale Verzeichnis der Adoptionen" entstand anlässlich der Einführung
der Volladoption[132], durch welche die im allgemeinen leibliche Abstammung des
Adoptierten erlischt (Art. 267 ZGB) und durch die Abstammung von der oder den
adoptierenden Familien ersetzt wird. Das Adoptivkindesverhältnis gleicht so weit
wie möglich dem leiblichen Kindesverhältnis, welches auf der Vermutung der
Elternschaft der Erzeuger beruht. Art. 73a ZStV will zumindest theoretisch verhindern, dass durch Einblick in die Zivilstandsregister das ursprüngliche Kindesverhältnis ermittelt werden kann. Die diesbezügliche ursprüngliche Eintragung im
Geburtsregister wird mit einem Blatt "überklebt", welches das neue Kindesverhält-

---

131   R. Naz, Dictionnaire de droit canonique, Paris 1957, Bd. VI, unter "Livres publics ou officiels".
132   AS 1972 2819 ff., 2830 ff.

nis enthält (Art. 59 Abs. 3, 73 Abs. 2 ZStV)[133]. Diese Fiktion stösst jedoch auf ihr durch Sitten und Tatsachen gesetzte natürliche Grenzen, indem das "Auslöschen" des wirklichen Kindesverhältnisses nicht bis zur Möglichkeit einer inzestuösen Ehe führt. Art. 152 Abs. 4 ZStV beauftragt nämlich den leitenden Zivilstandsbeamten, im Rahmen des Verkündverfahrens den Bericht des Eidgenössischen Amtes für das Zivilstandswesen über das Bestehen eines (aus dem von diesem Amt geheimgehaltenen zentralen Verzeichnis der Adoptionen ersichtlichen) allfälligen Ehehindernisses einzuholen (Art. 100 Abs. 3 ZGB, Art. 160, am Schluss, ZStV). Der mitwirkende Zivilstandsbeamte hat zudem dem leitenden Zivilstandsbeamten ein von ihm festgestelltes Adoptionsverhältnis unverzüglich mitzuteilen (Art. 153a Abs. 3 ZStV). Art. 100 Abs. 2 ZGB mildert die extremen Folgen der Volladoption, indem er die Kantonsregierung ermächtigt, aus schwerwiegenden Gründen die Eheschliessung zwischen Adoptionsverwandten zu gestatten. Die Entwicklung der Sitten und der Verhütungsmöglichkeiten werden vielleicht eines Tages nach pharaonischen Verhältnissen rufen! Das gesetzliche Verfahren – es scheint auf die im kanonischen Recht bekannte Führung eines Buches der "Gewissensehen", die Taufe der Kinder aus einer solchen Ehe auf einen falschen Namen und das geheimgehaltene Register der Taufen unter dem wirklichen Namen zurückzugehen[134] – ist wenig ergiebig. Wer nämlich Zugang zu den Registern hat, kann ohne weiteres, auch ohne die Hilfe eines Spezialisten, das Geheimnis des vom Deckblatt tunlichst versteckten Blattes lüften. Zudem ist dieses Verfahren nicht geeignet, alle Fälle von adoptierten Verlobten aufzuspüren; die Rubrik "adoptiert" auf dem Blatt des Familienregisters der adoptierenden Familie wird weder in die Auszüge noch in das für den Adoptierten eröffnete individuelle Blatt übertragen. Es müsste schon auf das ursprüngliche Blatt zurückgegriffen werden, was nicht immer und schon gar nicht dann geschieht, wenn der Adoptierte den Heimatort geändert hat.

Die "Eheakten" umfassen die in Art. 167 Abs. 2 ZStV aufgezählten Unterlagen; sie sind keine für die Eintragung erforderlichen Belege, werden gemäss Art. 167 Abs. 3 ZStV nicht zurückgegeben und beziehen sich auf die Verkündung und den durch diese eröffneten Rechtsweg. Sie werden in Art. 168 ZStV zu "Verkünddokumenten", wenn einer der Verlobten nicht Schweizer ist. Sie werden vom Zivilstandsbeamten aufbewahrt; im Gegensatz dazu werden ausländische Urkunden, die sich auf Schweizer beziehen und nicht zu den Eheakten gehören, der kantonalen Aufbewahrungsstelle abgeliefert (Art. 57, 58 ZStV).

Die Führung der *"Kontrolle der Entmündigungen"* obliegt dem "Familienregisterführer" (Art. 136 Abs. 3 ZStV). Er erfasst die entmündigten Bürger der Gemeinde. Die Liste wird anhand der Mitteilungen der Behörden geführt, welche Entmün-

---

133   Ein Student war entrüstet über unsere Auskunft, es handle sich m. E. hierbei um Urkundenfälschung, welche gesetzlich vorgesehen und deshalb straflos sei!
134   NAZ, a. a. O., unter "Livres publics ou officiels".

digungen vornehmen und aufheben (Art. 132 Abs. 1 Ziff. 3 ZStV). Das Bundesrecht stellt keine Bestimmungen zur Führung dieser Kontrolle auf. Im Kanton Neuenburg wird sie als Kartei oder Ordner geführt (Art. 23 NE ZStV).

II. Kantonale Verzeichnisse

Die Kantone sind zwar zur Führung der vom Bundesrecht vorgesehenen Register verpflichtet, können aber noch weitere Verzeichnisse vorschreiben (Art. 27 Abs. 3 ZStV). Vor 1929 bestanden in einzelnen Kantonen dem späteren Familienregister entsprechende Register. Ein vom Bundesrecht aufgegebenes Register kann vom kantonalen Recht beibehalten werden, wenn dies mit dem Bundesrecht vereinbar ist. Art. 8 des Dekrets über den Zivilstandsdienst des Kantons Bern verpflichtet den Zivilstandsbeamten, das bisherige eidgenössische Verkündregister als kantonales Verkündverzeichnis weiterzuführen. Ungeachtet der Gesetzgebung zum Schutze der Persönlichkeit, welche dies eigentlich verhindern sollte, können gewisse Verzeichnisse auch ohne gesetzliche Grundlage geführt werden.

Die kantonalen Gesetzgebungen weisen keine Vielfalt der Hilfsregister auf, und ihr Inhalt wird darin nicht genau umschrieben. Man findet vor allem Eheverkündungsverzeichnisse (répertoires de publications de mariage) (BE, SO, BL, SH, AR, SG, AG, TG, VD, JU), Geburtenverzeichnisse (NW, SO, TG), Eingangskontrollen (BL, SH, TG), Verzeichnisse der auswärtigen Geburten (SH, SG), Verzeichnisse der Heimatscheine (SH, SG) und Verzeichnisse der Beerdigungen (SG).

Das Neuenburger Recht sieht einen an die Zivilstandsbeamten gerichteten "Classeur des circulaires" und, wie auch andere Kantone, die Verwendung des amtlichen Siegels sowie des Rubrikstempels für Anmerkungen vor (Art. 24, 29 NE ZStV). Allerdings wird dieses Ordnersystem nicht befolgt, und die Verwendung des Rubrikstempels ist nicht gebräuchlich.

III. Elektronische Erfassung

Die elektronischen Unterlagen, seien es Datenbanken, Mittel zur Führung der Register oder beides zugleich, besitzen bis heute keine eigene Bedeutung neben den Dokumenten, deren Bearbeitung oder Erstellung sie erlauben. Obschon sie üblich geworden sind und trotz ihrer Wirksamkeit zeitigen sie keine der den Hauptregistern zukommenden Auswirkungen. Die Register werden weiterhin in dem Sinne schriftlich geführt, als die beglaubigten Urkunden vom Computer bearbeitet und hergestellt, mit dem Siegel versehen und unterzeichnet werden wie früher die handgeschriebenen oder mechanisch hergestellten Urkunden. Eine Änderung dieses einigermassen überholten Vorgehens ist abzusehen, aber vorläufig noch nicht realisiert worden.

Hingegen dürfen Hilfsverzeichnisse nicht nur mittels Computer bearbeitet, sondern auch unter der Voraussetzung ausschliesslich elektronisch geführt werden, dass jedem abgeschlossenen Registerband ein ohne technische Hilfsmittel lesbares Verzeichnis beigefügt wird (Art. 177m Abs. 1 ZStV). Umfasst der Zivilstandskreis mehrere Gemeinden, so müssen für die einzelnen Familienregister gesonderte Verzeichnisse ausgedruckt werden (Art. 177m Abs. 2 ZStV).

Drittes Kapitel

Mitteilungen[135]

Zivilstandsregister können nicht im stillen Kämmerlein geführt werden; ohne ein Netz von sie speisenden Mitteilungen blieben sie unbeschriebene Blätter. Sie brauchen somit *ein Zuflussnetz.* Die Erfassung des Zivilstandes besteht selten in einer einzigen Eintragung, sondern setzt sich meistens aus Vorgängen in mehreren Registern zusammen. Sie erfordert somit Mitteilungswege zwischen den verschiedenen erfassenden Organen, d. h. *ein internes Verbindungsnetz.* Zur Erfüllung ihrer Aufgaben, welche insbesondere dem Bedürfnis nach Nachweis zu entsprechen haben, und um nicht unbenützt zu bleiben, müssen die Zivilstandsregister gegen aussen geöffnet sein; sie benötigen somit *ein Abflussnetz.*

Die beiden ersten Netze gewährleisten die Universalität der Beurkundung, das dritte Netz die Universalität ihres Betriebs. Es erschiene naheliegend, als erstes das Zuflussnetz darzustellen. Da aber das interne Verbindungsnetz besonders spezifisch und deshalb als Grundlage für das Verständnis der beiden anderen Netze geeignet ist, beginnen wir mit der Besprechung des zentralen internen Netzes. Diese Art der analytischen Erörterung ist theoretisch; im Gegensatz dazu behandelt der Gesetzgeber, in seiner pragmatischen Sicht, diese Netze bisweilen im gleichen Atemzug. Art. 106 und 120* ZStV beispielsweise sehen nicht nur interne, sondern auch "abfliessende" Mitteilungen vor.

Mitteilungen für die Beurkundung, welche nicht auf einer vorgängigen Beurkundung beruhen, sind von aussen zufliessende Mitteilungen. Mitteilungen, welche auf einer Beurkundung beruhen, aber nicht eine weitere Eintragung bezwecken, sind nach aussen abfliessende Mitteilungen. Die Ausstellung eines Auszuges ist keine Mitteilung. Sie beruht zwar auf einer Eintragung, ist aber eine Verwendung derselben. Die Mitteilung nach aussen dagegen betrifft die Zivilstandstatsache als solche. Der Auszug ist nicht Träger des Ereignisses, sondern lediglich dessen Nachweis.

---

135 JEAN-PAUL BOURDIN, Les communications, Le Locle 1993; ANDREAS NABHOLZ, Kommunikationsprobleme im modernen Sozialstaat, ZZW 1991, S. 265 ff., F/243 ff., I/249 ff.; JEAN-PAUL BOURDIN, Reconnaissance avant la naissance – communication selon l'art. 125 al.1 ch.4 OEC, ZZW 1989, S. 185 f.; DERSELBE, Commentaire sur l'art. 125 OEC, ZZW 1988, S. 288 f.; WILLI HEUSSLER, Keine Mitteilung der vorgeburtlichen Anerkennung an die Vormundschaftsbehörde?, ZZW 1988, S. 280 ff.; ARNALDO ALBERTI, Enfant né dans les 300 jours après le divorce de la mère; communication de l'officier de l'état civil à l'autorité tutélaire, ZZW 1980, S. 85 f.; HANS KUPFER, Prochaines innovations dans l'échange international des actes de l'état civil, ZZW 1980, S. 17 ff.; FRANZ SPICHER, Les communications en matière d'état civil, ZZW 1973, S. 158 ff.; WERNER STUBER, Die Mitteilungspflicht nach den neuen Bestimmungen der eidgenössischen Zivilstandsverordnung, ZZW 1973, S. 4 ff.

§ 7. Mitteilungen zwischen den Zivilstandsämtern

I. Begriff

Unter internen Mitteilungen ist nicht nur die Weiterleitung von ein erstes Mal beurkundeten Zivilstandstatsachen, -handlungen und -verfügungen an andere Organe zur Vervollständigung der Erfassung, sondern auch das Mitteilungsnetz als solches zu verstehen; dieses ermöglicht aufgrund einer Eintragung die weiteren Eintragungen und gewährleistet anschliessend den lückenlosen Wechsel von einer Eintragung zur anderen.

Mitteilungen und Netz weisen mehrere typische Eigenschaften auf. Erstens hat das weiterzuleitende Element vorher schon das Zuflussnetz verwendet und ist schon in ein Zivilstandsregister eingetragen worden. Zweitens geht die Mitteilung von einem Beurkundungsorgan aus. Drittens ist sie für ein Beurkundungsorgan bestimmt. Zweck der Mitteilung ist die durch sie vervollständigte Eintragung. Unter Umständen schalten sich zwischen Absender und Adressat andere Vertretungs- oder Weiterleitungsorgane ein, deren Aufgaben ausserhalb der eigentlichen Beurkundung liegen.

Diese Merkmale sind kumulative Voraussetzungen für das Konzept der internen Mitteilungen. Fehlt eines der Merkmale, handelt es sich nicht um eine interne Mitteilung; sind alle gegeben, liegt eine interne Mitteilung vor. Das interne Netz gewährleistet die Verbindung zwischen den Registern des gleichen Zivilstandsamtes, zwischen den Zivilstandsämtern eines Kantons, den Zivilstandsämtern verschiedener Kantone und den Registern der Zivilstandsdienste verschiedener Staaten. Die "Übermittlung" der Verkündakte für den öffentlichen Anschlag (Art. 153 ZStV) ist zwar interner Art, aber keine interne Mitteilung im engeren Sinne, da sie nicht unmittelbar die Eintragung in ein Zivilstandsregister bezweckt. Mitteilungen zur Nachführung von auf Art. 135 Abs. 2 ZStV beruhenden Doppel von Registern sind intern.

II. Gegenstand

Eintragungen in die Spezialregister betreffend einen Schweizer Bürger sind Gegenstand mindestens einer internen Mitteilung an das Zivilstandsamt seines Heimatortes (Art. 120* ZStV). Die Übertragung einer solchen Eintragung in das Familienregister des gleichen Amtes ist eine interne, eigentlich die internste Mitteilung, da sie keiner Belege bedarf, weil die Register des Amtes als solche dienen (Art. 119 ZStV). Im allgemeinen führt eine Eintragung zu mehreren Mitteilungen, weil sie den Zivilstand mehrerer Personen betrifft oder weil die betroffene Person mehrere Heimatorte besitzt (Art. 121 ZStV). Eine Ausnahme von dieser Regel ist in Art. 120 Abs. 1 Ziff. 1, am Schluss*, ZStV vorgesehen, wonach an den Heimatort der mit dem schweizerischen Vater verheirateten Mutter keine Mitteilung erlassen wird. Der Grund für diese Ausnahme liegt darin, dass das Kind in das gemäss

Art. 115 Abs. 1 Ziff. 1 ZStV für die verheiratete Frau im Familienregister ihrer Heimatgemeinde eröffnete Blatt nicht eingetragen wird. Dies darf nicht missverstanden werden: Die Ausnahme gilt nur für die verheiratete Frau. Hingegen wird die Geburt dem Zivilstandsamt der Heimatgemeinde(n) der Mutter zur Eintragung in das bei dieser Gelegenheit oder früher aufgrund von Art. 115 Abs. 1 Ziff. 2*, 3*, 4a* und 9 ZStV eröffnete Blatt mitgeteilt.

Die Eintragung in ein Spezialregister kann zu Mitteilungen zum Zwecke der Eintragung in ein anderes Spezialregister führen. Dies gilt für die Geburt, und zwar an dasjenige Zivilstandsamt, welches die Anerkennung entgegengenommen hat; für die Heirat, an das Zivilstandsamt des Kreises des Geburtsortes; für die Anerkennung, an das Zivilstandsamt des Kreises des Geburtsortes (Art. 120 Abs. 1 Ziff. 1*, 3*, 4* ZStV). Da Eintragungen in das Familienregister nicht primär erfolgen, können sie nicht zu Mitteilungen für die Eintragung in ein Spezialregister führen. Ebensowenig kann die Eintragung in das Familienregister eine Mitteilung für die Eintragung in ein anderes Familienregister nach sich ziehen.

Anmerkungen, Streichungen und Berichtigungen werden mitgeteilt, wie die Eintragungen, auf welche sie sich beziehen, mitgeteilt wurden oder mitzuteilen waren (Art. 123 ZStV). Die Mitteilungen an das Zivilstandsamt des Wohnsitzes, an die kantonale Aufsichtsbehörde und weitere Mitteilungen gemäss Art. 120* und 125–128 ZStV erfolgen nicht zwecks Eintragung in ein Zivilstandsregister und sind somit keine internen Mitteilungen. Die Mitteilungen an das Zivilstandsamt des Wohnsitzes dienen der Einwohnerkontrolle (Art. 135 Abs. 3 ZStV). Die Einheitlichkeit des Wohnsitzes vereinfacht die Mitteilungen an die dortigen Ämter, wobei aber Ehemann und Ehefrau verschiedene Wohnsitze haben können.

III. Verfahren

Beruht die interne Mitteilung auf einer Eintragung, ist sie Sache des Zivilstandsbeamten, welcher diese vorgenommen hat. Bezweckt sie eine Eintragung, richtet sie sich an das für deren Vornahme zuständige Zivilstandsamt. Vom Zivilstandsamt als Adressat sind diejenigen Dienste und Behörden zu unterscheiden, welche Mitteilungen zwecks deren Weiterleitung empfangen. Für ausländische Behörden bestimmte Mitteilungen werden direkt dem Eidgenössischen Amt für das Zivilstandswesen übermittelt, welches sich an die gewohnheitsrechtlichen und vertraglichen Übermittlungsregeln hält (Art. 122 Abs. 3 ZStV). Die Verantwortung für die Eintragung ausländischer Mitteilungen wird gleichzeitig vom Zivilstandsamt und seiner Aufsichtsbehörde getragen (Art. 137 ZStV, Art. 32 IPRG). Dabei sorgt die Aufsichtsbehörde dafür, dass die erforderlichen Mitteilungen erlassen werden (Art. 133a, 137b ZStV).

Gemäss Art. 124 ZStV beträgt die Frist für die Mitteilung acht Tage. Die Frist beginnt mit der Eintragung durch das Zivilstandsamt oder allenfalls mit der Eintragungsanordnung der Aufsichtsbehörde zu laufen. Zivilstandstatsachen, -handlungen und -verfügungen, welche mitzuteilen gewesen wären, aber nicht mitgeteilt wurden, können von den Beteiligten der kantonalen Aufsichtsbehörde "des Heimatortes" gemeldet werden. Diese sorgt dafür, dass die erforderlichen zusätzlichen Eintragungen und Mitteilungen erlassen werden (Art. 133, 133a ZStV). Die Frist von acht Tagen ist eine Ordnungsfrist. Ihr Ablauf führt nicht notwendigerweise zum Weg über die Aufsichtsbehörde, welcher nur für die Beteiligten im Sinne von Art. 133 ZStV vorgeschrieben ist. Die Form der Mitteilung ist flexibel, kann aber nicht mündlich sein, mit Ausnahme von Mitteilungen innerhalb des gleichen Amtes und zwecks Eintragung in ein Doppel des Registers. Durchschlag, Fotokopie oder elektronische Speicherung sind zulässig (Art. 129 Abs. 1, 2, 2bis, 132a ZStV). Gemäss Art. 120 Abs. 2 ZStV werden in den Mitteilungen die unbeschriebenen Stellen nicht ausgestrichen. Die Form untersteht im weiteren den gemäss Art. 129 ZStV vom EJPD erlassenen Weisungen. Die Adressaten der Mitteilungen müssen im Register vermerkt werden (Art. 120 Abs. 2 ZStV). Gemäss dem a contrario ausgelegten Art. 129 Abs. 3 ZStV müssen interne Mitteilungen (im hier verstandenen Sinn) nicht mit eingeschriebenem Brief zugestellt werden.

Die Mitteilungen werden ebenfalls innert acht Tagen in die Register eingeschrieben (Art. 135 Abs. 1, 136 Abs. 1 ZStV). Die Mitteilung ist ein Beleg der Eintragung, zu welcher sie führt. Die Mitteilung an die kantonale Stelle, welche ein Doppel des Registers aufbewahrt, muss innert acht Tagen nach der Eintragung im ersten Exemplar des Registers vorgenommen werden; dieser Grundsatz wird nicht immer eingehalten. Die Aufbewahrungsstelle muss die Eintragung unverzüglich vornehmen (Art. 135 Abs. 2 ZStV). Diese Vorschrift begründet kein formelles Mitteilungsverfahren, sondern verlangt lediglich, dass das Zivilstandsamt der Stelle die vorzunehmende Eintragung "meldet".

§ 8. Mitteilungen an die Zivilstandsämter

Solche Mitteilungen leiten Zivilstandsänderungen oder -feststellungen weiter, welche eintragbar und somit zu beurkunden sind. Sie gehen von Privatpersonen, inländischen oder ausländischen Behörden aus. Nicht dazu zählen wir die soeben erwähnten internen Mitteilungen zwischen Beurkundungsorganen. Die Mitteilungen an die Zivilstandsämter sind so vielfältig, dass sie nicht einheitlich geregelt werden können.

I. Durch Privatpersonen

Die in Art. 46 und 48 ZGB grundsätzlich, in Art. 61 ff. und 76 ff. ZStV im einzelnen vorgeschriebene "Anzeige" wird hinten, Zweiter Teil, § 16, besprochen; sie wird an dieser Stelle lediglich zum besseren Verständnis des Informationsnetzes erwähnt, welches die Zivilstandsdienste in unmittelbaren Kontakt mit den zu erfassenden Ereignissen setzt.

Das Bundesrecht sieht keine fakultativen Anzeigen, aber die Möglichkeit der Übernahme einer Obliegenheit vor. Art. 133 ZStV bestimmt, dass nicht jeder Verpflichtete, sondern jeder Beteiligte der Aufsichtsbehörde (und nicht direkt dem Zivilstandsamt) Zivilstandstatsachen melden kann, welche mitzuteilen gewesen wären, aber amtlich nicht mitgeteilt worden sind. Privatpersonen können auch Angaben machen, ohne aber dazu gezwungen zu sein. Je nachdem, ob diese Last übernommen wird oder nicht, nehmen die Ereignisse einen anderen Verlauf; doch können weder Gesetzgeber noch Behörde die Privatperson direkt oder indirekt durch Sanktionen zwingen, sich zu äussern oder sich nicht zu äussern und im zweiten Fall die Folgen dieses Verzichtes zu tragen. Der Einspruch gegen die Eheschliessung, durch Anzeige einer fehlenden Ehevoraussetzung (Art. 108 ZGB, Art. 155 ZStV), welcher vom Zivilstandsbeamten im Rahmen seiner Überprüfungsbefugnis nicht anerkannt worden ist, belastet den Einsprecher mit der Erhebung der Klage auf Untersagung der Eheschliessung (Art. 159 Abs. 2 ZStV). Das gleiche gilt für die Antwort der Verlobten auf den erwähnten Einspruch und für die Übernahme nicht nur der Behauptung von Tatsachen, sondern auch von deren Beweis durch Beibringung von Belegen beim Zivilstandsamt.

Weitere Anzeigen und Willensäusserungen decken sich mit der zu beurkundenden Zivilstandstatsache, wie beispielsweise die gegenseitige Bejahung des Ehewillens, die Anerkennung, die Beibehaltung eines Namens – und früher eines Bürgerrechts – oder einer Staatsangehörigkeit oder auch die Unterstellung des Namens nicht unter das Wohnsitz-, sondern unter das Heimatrecht.

II. Durch inländische Behörden

Art. 130 ZStV regelt die Mitteilung der *staatlichen Urteile der Zivilgerichte*. Die Strafgerichtsbarkeit betrifft den Zivilstand nur indirekt, indem zumindest grundsätzlich ein nachfolgendes zivilrechtliches Urteil erforderlich ist (bisweilen ordnet die Aufsichtsbehörde dennoch Änderungen einzig aufgrund eines Strafurteils an). Mitgeteilt werden:
- Feststellungsurteile betreffend Geburt, Tod, Geburts- und Todeszeit, Ehe, Zeitpunkt von Eheschliessung und -auflösung, Mutterschaft und Vaterschaft;
- Gestaltungsurteile betreffend Verschollenheit, Umstossung der Verschollenheitserklärung, Vaterschaft, Auflösung der Ehe, Aufhebung des Kindesverhältnisses, der Adoption und der Anerkennung;
- gewisse Urteile in Namenssachen, insbesondere bezüglich Absprechen des Rechtes auf Namen;
- den Zivilstand berichtigende Urteile.

Diese Aufzählung erhebt keinen Anspruch auf Vollständigkeit. Einerseits übergeht sie gewisse die Eintragung ändernde Urteile, feststellende Vaterschafts- und/oder Mutterschaftsurteile bei unrichtiger Personenstandsangabe oder fehlendem Kindesverhältnis insbesondere bei Aussetzung. Anderseits ist sie für gewisse Fälle zu weit gefasst, indem die Feststellung des Bestandes oder Nichtbestandes der Ehe und die Urteile in "Namenssachen" nur zu einer Eintragung führen, wenn das Dispositiv den beurkundeten Zivilstand ändert. Gewissenhaft, aber ausschliesslich als Beispiel erwähnt Art. 130 ZStV auch die gutgeheissene Vaterschaftsklage. Die Mitteilungen der Gerichte sind vielfältig und dienen entweder der Beurkundung oder der Information – letzteres insbesondere, wenn sie an das Zivilstandsamt des Wohnsitzes gerichtet sind. Teilweise verfolgen sie aber auch keinen der Erfassung des Zivilstandes dienenden Zweck; dies gilt vor allem für die Mitteilungen der Gerichte direkt an die Vormundschaftsbehörde, unter Umgehung des Zivilstandsamtes. Form, Zeitpunkt und Inhalt der Mitteilungen ergeben sich aus Art. 130 Abs. 2 und 3 ZStV.

Art. 131* ZStV zählt zwei Kategorien von mitzuteilenden *Verwaltungsverfügungen* auf. Die erste Kategorie gehört zum öffentlichen Recht und betrifft Verfügungen betreffend Erwerb und Verlust des Bürgerrechts, einschliesslich des Wiedererwerbs, entweder nur bezüglich Gemeindebürgerrecht, oder bezüglich Gemeinde- und Kantonsbürgerrecht oder bezüglich Gemeinde-, Kantons- und Schweizerbürgerrecht. Die zweite Kategorie gehört zum Privatrecht, fällt aber in die Zuständigkeit der Kantonsregierungen und betrifft die Namensänderungen (Art. 30 ZGB). Diese Verfügungen müssen den Zivilstandskreisen aller betroffenen Heimatorte mitgeteilt werden, da diese durch die Erfassung im Familienregister den Zivilstand ihrer Bürger nachführen. Gegebenenfalls müssen sie zudem, ebenfalls zur Eintragung in das Familienregister, dem Zivilstandskreis des Heimatorts des Ehegatten des Betroffenen mitgeteilt werden, da auch im Familienregister dieses Kreises ein Blatt eröffnet wird. Nicht mitgeteilt werden solche Verfügungen den Kreisen des Geburtsortes und des Ortes der Eheschliessung. Hingegen gehen sie, allerdings nicht zur Eintragung, an den Kreis des Wohnsitzes und, für Personen im militärdienstpflichtigen Alter, an die Militärbehörden des Wohnsitzes oder, bei Wohnsitz im Ausland, des Heimatortes.

Es gibt zudem gewisse Entscheidungen und Urkunden, welche gerichtlich, administrativ oder sogar privatrechtlich sind; dies gilt für die Adoption, die testamentarische Anerkennung eines Kindes, die Entmündigung und ihre Aufhebung (Art. 132 ZStV). Die *Adoption* wird durch die Aufsichtsbehörde weitgestreut mitgeteilt, nämlich dem Eidgenössischen Amt für das Zivilstandswesen und allen betroffenen Zivilstandskreisen, welche für die notwendigen Eintragungen in das Geburtsregister und in das oder die Familienregister verantwortlich sind. Die Aufhebung der Adoption fällt dagegen unter die streitige zivilgerichtliche Zuständigkeit. Die *testamentarische Anerkennung eines Kindes* wird mit einem Testamentsauszug durch die das Testament eröffnende Behörde der Aufsichtsbehörde mitgeteilt, welche für die Eintragung in das Blatt des Kindes im Geburtsregister und in das Blatt oder die Blätter des oder der Familienregister besorgt ist; eine solche Anerkennung muss zudem gemäss Art. 106 ZStV mitgeteilt werden, was zu einer Aufhebungsklage führen kann. Über Verfügungen betreffend die *Entmündigung* und ihre Aufhebung legen die Familienregisterführer eine "Kontrolle" an (Art. 136 ZStV).

III. Durch ausländische Behörden

Das Mitteilungssystem im Landesinnern funktioniert gut. Die internationalen Mitteilungen hängen von der Gesetzgebung des mitteilenden Staates und den Staatsverträgen ab. Indem Art. 32 IPRG und Art. 137 ZStV vorsehen, dass ausländische Urkunden nur auf Verfügung der Aufsichtsbehörden eingetragen werden dürfen, vereinfachen sie die Aufgabe der Zivilstandsämter. Zur Anerkennung ausländischer Urkunden, siehe hinten, Zweiter Teil, § 15.

§ 9. Mitteilungen der Zivilstandsämter

I. An inländische Behörden und Dienste

Im privaten Interesse erbrachte öffentliche Aufgaben sind häufig vom Zivilstand der natürlichen Personen abhängig. Auch die Rechte der öffentlich-rechtlichen Körperschaft gegenüber Privatpersonen richten sich häufig nach deren Zivilstand. Somit bedürfen die Erfüllung der Pflichten und die Ausübung der Rechte der öffentlich-rechtlichen Körperschaft gegenüber den natürlichen Personen der Kenntnis ihres Zivilstandes. Eine grosse und unbestimmte Anzahl von Behörden und öffentlichen Diensten sind an der Kenntnis des Zivilstandes natürlicher Personen, d. h. an dessen Beurkundung, interessiert, nämlich die Vormundschaftsbehörden (Art. 125 ZStV), die Militärbehörden (Art. 126 ZStV), das Bundesamt für Statistik (Art. 127* ZStV), gewisse Sozialversicherungen (Art. 127a ZStV). Die Aufzählung ist beispielhaft. Weitere Interessen können andere vom Recht des Bundes oder der Kantone vorgesehene Mitteilungen rechtfertigen (Art. 128 ZStV).

Das öffentlichen Interesse an der Kenntnis des Zivilstandes natürlicher Personen kann direkt durch Mitteilung an die betreffenden Dienste oder aber indirekt unter Benutzung der bestehenden Mitteilungswege befriedigt werden. Die Steuerbehörden, welche ohne Kenntnis der Existenz und des Alters der Steuerpflichtigen keine Steuern erheben können, erhalten diese Auskünfte indirekt von den Zivilstandsdiensten, welche sie den entsprechenden Diensten der Einwohnerkontrolle weitergeben. Das gleiche gilt für die Stimmregister, welche geführt und nachgeführt werden müssen, um unter anderem zu vermeiden, dass sich Stimmen aus dem Jenseits an Volksabstimmungen beteiligen. Auf die Form, in welcher solche Auskünfte erteilt werden, wird hier nicht weiter eingegangen, sondern nur noch auf die Einführung der elektronischen Übermittlung hingewiesen, insbesondere im Bereich der Statistik und in Bereichen, welche die Rechte der erfassten Personen nicht unmittelbar berühren (Art. 127*, 129 Abs. 3, 177i, 177k ZStV).

II. An ausländische Behörden und Dienste[136]

Auch die Mitteilungen der Zivilstandsämter an das Ausland können, wie im internen Recht, die verschiedensten Gegenstände betreffen. Es kann sich um Mitteilungen zwecks Beurkundung im Ausland, um sogenannte "interne" Mitteilungen oder um Mitteilungen zu anderen anerkannten oder ganz oder teilweise unbekannten Zwecken handeln. Dies erklärt die Zurückhaltung des Bundesrates und die Vorsichtsmassnahmen des Art. 122 ZStV.

Die von einer internationalen Vereinbarung vorgesehenen Mitteilungen werden in Übereinstimmung mit dieser erteilt[137], grundsätzlich unabhängig vom Zweck deren Verwendung. Eine Vereinbarung könnte theoretisch das Element Auslandsbezug aufheben und vorsehen, dass die Mitteilungen an ausländische gleichermassen wie an die inländischen Dienste erfolgen. Der Willensfreiheit der Subjekte des internationalen Rechts sind m. E. diesbezüglich keine Grenzen gesetzt. Auf diese Weise könnte auch die elektronische Übermittlung eingeführt werden. Dies ist zwar noch nicht geschehen, in Zukunft aber wahrscheinlich. Gegenwärtig wird die Mitteilung noch in Form einer Kopie des Dokumentes weitergegeben, und zwar an das Eidgenössische Amt für das Zivilstandswesen, zuhanden der ausländischen Vertretung (Art. 122 Abs. 3 ZStV).

Art. 122 Abs. 2 ZStV schliesst grundsätzlich jede nicht vertraglich begründete offizielle Mitteilung aus[138]. Somit kann in einem solchen Fall die ausländische Behörde die Auskunft nur durch die berechtigte natürliche Person erhalten, unter der doppelten Voraussetzung, dass diese zum Bezug einer Kopie oder eines Auszuges ermächtigt ist und in die Mitteilung einwilligt. Bei ungerechtfertigter Verweigerung können die schweizerischen Zivilstandsbehörden allerdings einer ausländischen Behörde auf deren Ersuchen, unter den Voraussetzungen von Art. 138a ZStV und unter Beachtung des Übermittlungsverfahrens gemäss Art. 122 Abs. 3 ZStV, einen Auszug zustellen.

Muss oder sollte eine Urkunde aufgrund von Gewohnheitsrecht oder Übung und ausserhalb der eben dargestellten Voraussetzungen einer ausländischen Behörde übermittelt werden, so hat dies auf diplomatischem Weg zu geschehen.

---

136   Keine Mitteilungen ins Ausland von Urteilen betreffend Personen- und Familienstand, Kreisschreiben des KG SG, vom 9. September 1987, ZZW 1988, S. 174 f., I/380–381.

137   Art. 127b ZStV sieht, in weiter Auslegung des Wiener Übereinkommens über konsularische Beziehungen, die Mitteilung aller Todesfälle von Ausländern an die Vertretung des Heimatstaates vor (Handbuch Zivilstandswesen, 1.6335, Anm. 5).

138   Handbuch Zivilstandswesen, 1.6335, Anm.3.

III. An Privatpersonen

Es gibt nur wenige die Eintragung in die Zivilstandsregister betreffende gesetzliche Mitteilungen, welche die Zivilstandsämter Privatpersonen machen müssen.

Die Anerkennung durch den Vater wird vom Zivilstandsamt, welches die Erklärung entgegengenommen hat, der Mutter und dem Kind oder nach seinem Tod den Nachkommen mitgeteilt (Art. 106 ZStV)[139]. Diese Mitteilung löst die Einspruchsfrist gegen die Anerkennung aus[140]. Die Zivilstandsämter des Heimatortes und des Wohnsitzes des Anerkennenden werden durch Mitteilung gemäss Art. 120 Abs. 1 Ziff. 4* ZStV informiert. Es geht keine Mitteilung an weitere Klageberechtigte. Sie sind nicht notwendigerweise bekannt und die sie betreffende Frist untersteht den Voraussetzungen gemäss Art. 260c ZGB.

Neben den die Beurkundung betreffenden Mitteilungen sind die Kenntnisgabe des Eheeinspruchs, der Nichtanerkennung eines solchen Einspruchs und der Trauungsermächtigung zu erwähnen (Art. 158 Abs. 1, 3, 159, 161 ZStV). In allen anderen Fällen können die Berechtigten Auskünfte und, unter den Voraussetzungen gemäss Art. 138 ZStV, die Ausstellung von Auszügen verlangen (siehe hinten, Zweiter Teil, §§ 17, 18).

---

139   Handbuch Zivilstandswesen, 52.1204.
140   CYRIL HEGNAUER, Wann beginnt die Einspruchs- und Anfechtungsfrist in bezug auf ein vor der Geburt anerkanntes Kind?, ZZW 1970, S. 130 ff., F/293 ff., I/1971/93 ff.

ZWEITER TEIL

Aufgaben

Erstes Kapitel

Verwaltungsorgane[141]

§ 10. Zivilstandsbeamte

I. Zivilstands- und andere Beamte

In jedem Amt steht ein Zivilstandsbeamter dem Dienstbetrieb vor. Wo mehrere
Zivilstandsbeamte bestellt wurden, wird einer von ihnen als Vorsteher des Amtes
bezeichnet (Art. 10 ZStV). Nötigenfalls ersetzt ein ordentlicher Stellvertreter den
Zivilstandsbeamten. Sind sowohl der Zivilstandsbeamte als auch sein Stellvertreter verhindert, wird ein ausserordentlicher Stellvertreter bezeichnet. Je nach Aus-
dehnung und Bevölkerungsdichte wird das Amt vollamtlich und vollzeitlich oder
nebenamtlich und teilzeitlich ausgeübt.

---

141 Angelo Castelli, Die Arbeit der schweizerischen diplomatischen und konsularischen Vertretungen im Ausland im Bereich des Zivilstandswesens, ZZW 1990, S. 359 ff.; Urs Schriber/ Raymond Donnat, Entschädigung der Zivilstandsbeamten, ZZW 1989, S. 257 f., F/271 ff.; Chri-
stof Boehmer, L'examen de la capacité matrimoniale des ressortissants des Etats extra-euro-
péens, ZZW 1987, S. 398 ff., I/361; Fritz Leuenberger, Das Zivilstandswesen gestern – heute –
morgen. Einige Gedanken zum 60jährigen Verbandsjubiläum, ZZW 1987, S. 249 ff., F/222 ff.,
I/244 ff.; Niels Soerensen, Les limites du pouvoir d'examen des autorités de surveillance de
l'état civil, ZZW 1981, S. 336 ff., 344 ff.; I/1982/55 ff.; Bundesamt für Justiz, Pas de reconnaissance possible quand l'officier de l'état civil sait avec certitude que celui qui veut reconnaître un enfant n'est pas son père, ZZW 1981, S. 56 f.; Werner Stuber, Die Stellvertretung des Zivilstandsbeamten, ZZW 1981, S. 251 f.; Arnaldo Alberti, Mariage et maladie mentale, ZZW 1980, S.
253, I/120 ff.; Hans Kupfer, Alcuni aspetti della cooperazione fra le Autorità di vigilanza della
Confederazione e dei Cantoni, ZZW 1980, S. 58 ff.; Andreas Bucher, Sachliche Zuständigkeit
zur Beurkundung einer Anerkennung mit Standesfolge nach ausländischem Recht: schweizerischer Zivilstands- oder ausländischer Konsularbeamte?, ZZW 1979, S. 135 ff., F/228 ff.; Johann
Arnold Wirth, Der Zivilstandsdienst aus der Sicht des Zivilstandsinspektors, ZZW 1974, S.
144 ff., 177 ff., F/199 ff., 270 ff.; André Calame, A propos de la "reconnaissance simulée",
ZZW 1973, S. 16 f.; Hermann Imboden, Die Funktion der kantonalen Aufsichtsbehörde im Zivilstandswesen, ZZW 1973, S. 217 ff.; Ernst Götz, Über Vornamen, Aufgabe des Zivilstandsbeamten, ZZW 1971, S. 102 ff., F/196 ff.; Hermann Imboden, Worin besteht die Tätigkeit der Zivilstandsbeamten?, ZZW 1971, S. 8, F/256; Ernst Götz, Haftung des Zivilstandsbeamten für eine
nicht erfolgte amtliche Mitteilung, die in der ZVO nicht ausdrücklich vorgeschrieben ist, ZZW
1970, S. 137 ff., F/224 ff., I/237 ff.; Ernst Götz/Roland Duboux/Mario Gervasoni, De la
responsabilité de l'officier de l'état civil, ZZW 1970, S. 10 f.

Die Amtsführung ist teilbar und kann sich auf mehrere Personen erstrecken. Das Familienregister, welches keine primären Eintragungen enthält, kann gesondert geführt werden. Weitere Spezialisierungen sind möglich und erfordern eine Mehrzahl von Zivilstandsbeamten. Sie können vorgeschrieben und gesetzlich geregelt oder aber von Fall zu Fall vom Amtsvorsteher angeordnet werden; im letzteren Fall handelt es sich um Arbeitsteilung.

Das Amt kann zudem mit Angestellten versehen sein, welche keine Zivilstandsbeamte sind; es können ihnen aber von der Behörde, welche die Zivilstandsbeamten wählt, Amtsaufgaben übertragen werden. Der Stellvertreter kann z. B. gleichzeitig Amtssekretär sein. Andere Möglichkeiten stehen offen. Eine nebenamtliche und teilzeitliche Tätigkeit kann mit Aufgaben verbunden sein, welche ausserhalb des Zivilstandsdienstes liegen. Im Kanton Neuenburg sind beispielsweise die Gemeinderatsschreiber der kleineren Gemeinden nebenamtlich Zivilstandsbeamte.

Das Bundesrecht fordert als Mindestvoraussetzungen für die Wählbarkeit den weltlichen Stand, das Schweizer Bürgerrecht und die Handlungsfähigkeit (Art. 41 Abs. 1 ZGB, Art. 11 Abs. 1 ZStV). Der weltliche Stand ist geschichtlich und teleologisch zu verstehen; er betrifft nicht sosehr die Person, welche sich um das Amt bewirbt, als vielmehr die Natur dieses Amtes. Ein Geistlicher, welcher eine Verwaltungskarriere erwägt und auf sein geistliches Amt verzichtet, ist wählbar. Hingegen ist dieses Amt nicht mehr, wie früher, mit demjenigen eines Priesters oder Pfarrers vereinbar. Es stellt sich zudem die Frage, ob die Voraussetzung des Schweizer Bürgerrechts unter dem Einfluss der europäischen Integration fallengelassen werden wird. Wir wagen zu hoffen, dass sie eines Tages ebensowenig Bedeutung wie heute das Kantonsbürgerrecht haben wird. Die Voraussetzung der Mündigkeit ist wohl unumstösslich. Die wörtliche Auslegung der Bestimmung weist eher auf die geistige als die altersmässige Mündigkeit hin, so dass der geistig mündige Minderjährige wählbar, der volljährige Entmündigte jedoch nicht wählbar ist.

Die Kantone können weitere mit dem Bundesrecht vereinbare Wählbarkeitsvoraussetzungen aufstellen, wie beispielsweise gewisse Fähigkeiten und insbesondere auch Sprachkenntnisse. Konfession, Geschlecht[142], Kantonsbürgerrecht und Hautfarbe wären als Wählbarkeitsvoraussetzungen unzulässig. Über andere Voraussetzungen lässt sich streiten; es fragt sich beispielsweise, ob ein über der Volljährigkeit liegendes Alter, wie es einzelne Kantone für Behörden vorschreiben, als Voraussetzung zulässig ist. Dies wird verschiedenenorts gefordert, obgleich das Alter keineswegs immer Gewähr für Tüchtigkeit ist.

Die Kantone legen die Einzelheiten des Wahlverfahrens fest[143]. Der Zivilstandsbeamte wird im allgemeinen von der Exekutive der lokalen Körperschaft, biswei-

---

142 GRER 1962, S. 43, Nr.12: Wählbarkeit von Frauen als Zivilstandsbeamtinnen und Stellvertreterinnen.
143 ZWR 1985, S. 28 ff.: Wahlverfahren für Zivilstandsbeamte und Rechtsmittel.

len auch von der Kantonsregierung oder der lokalen Exekutive mit Genehmigung durch die Kantonsregierung gewählt. Der Kanton Bern lässt seine Zivilstandsbeamten als Behörden vom Volk wählen. Dies ist zulässig, obgleich Art. 41 ZGB von "Beamten" spricht. Dieser Ausdruck darf nicht als Hinweis auf eine bestimmte Wahlart verstanden werden, was auch die zweimalige Anspielung auf die Wählbarkeit in Art. 11 ZStV unterstreicht.

Zivilstandsbeamter und Stellvertreter vollziehen Handlungen der freiwilligen Gerichtsbarkeit. Unter Vorbehalt des Ausstandes (Art. 12 ZStV)[144] sorgen sie persönlich für die Führung der Register (Art. 41 Abs. 2 ZGB). Durch ihre Unterschrift werden die Handlungen amtlich und, in Verbindung mit dem Siegel auf für den Aussengebrauch bestimmten Urkunden, beglaubigt. Sie sind befugt und verpflichtet, die Unterschrift von Personen zu beglaubigen, die vor ihnen Erklärungen in Zivilstandssachen abgegeben haben (Art. 14 ZStV). Die Schriften können selbstverständlich von der Kanzlei vorbereitet werden.

Der Zivilstandsbeamte prüft "proprio motu" seine Zuständigkeit, die Identität der vor ihm erscheinenden Personen und die Wahrhaftigkeit der Erklärungen, welche sich nicht aus Urkunden ergeben und fragwürdig erscheinen (Art. 13, 134 ZStV). Er meldet Ehehindernisse von sich aus und verweigert in einem solchen Fall die Verkündung, die Ausstellung eines Ehefähigkeitszeugnisses und den Vollzug der Trauung[145]. Er zeigt der Aufsichtsbehörde ihm bekannte Übertretungen an (Art. 81 Abs. 3, 183 Abs. 2 ZStV). Das kantonale Recht bestimmt, inwieweit er als Beamter eine allgemeinere Pflicht zur Anzeige von Verstössen hat, von welchen er in seiner Eigenschaft als Beamter Kenntnis erlangt. Er entspricht Gesuchen ausländischer Behörden um Verkündungen (Art. 174, 177 ZStV) und leitet fälschlicherweise an ihn adressierte Gesuche um Ehefähigkeitszeugnisse von sich aus weiter (Art. 172 Abs. 2 ZStV).

Als Verwahrer persönlicher privater Tatsachen hat der Zivilstandsbeamte Stillschweigen darüber zu wahren (Art. 15 ZStV), und er darf elektronisch gespeicherte Personendaten nicht an andere Datenverarbeitungsanlagen übermitteln (Art. 177i ZStV, und hinten, §§ 17, 18). Nur er und seine "Mitarbeiter" dürfen Personendaten eingeben, ändern und abrufen (Art. 177g ZStV). Mitarbeiter ist nicht nur der Stellvertreter, sondern unter Umständen auch der Kanzleiangestellte. Er ist zwar, mangels Unterschriftberechtigung, nicht zur Beglaubigung von Urkunden, aber zur Änderung elektronisch gespeicherter Daten befugt. Solange elektronisch gespeicherte Daten keine autonome Rechtskraft besitzen, spielt dieser Umstand keine Rolle.

---

144   BGE 94 I 325 ff.
145   Art. 151, 156 Abs. 2, 157 Abs. 3, 171 Abs. 2 ZStV.

Die persönliche Stellung des Zivilstandsbeamten umfasst im wesentlichen die herkömmlichen finanziellen und vertraglichen Rechte und Pflichten. Arbeitsdauer, -umfang und -qualität werden im Rahmen des Bundesrechts vom lokalen Recht festgelegt (Art. 8 ZStV). Das gleiche gilt für den Lohn, das Recht auf Ferien, Rente, Sozialleistungen und für die Beitragspflichten. Die Stellung des vollzeitlich arbeitenden ist nicht mit derjenigen des nebenamtlich tätigen Zivilstandsbeamten vergleichbar. Wir gehen auf diese für das Verständnis der Zivilstandserfassung nebensächlichen Fragen nicht näher ein.

Die Kantone haben für die Ausbildung "der im Zivilstandswesen tätigen Personen" zu sorgen (Art. 11 Abs. 2 ZStV). Sie können ihre Befugnisse teilweise den lokalen Körperschaften, d. h. den Bezirken oder Gemeinden übertragen. Sie können im Rahmen ihrer Zuständigkeiten autonome Rechte und Pflichten schaffen. Sie entscheiden, ob ihre Zivilstands- und anderen Beamten vereidigt werden[146].

Das Dienstverhältnis endet, wie jedes öffentliche Amt, mit dem Rücktritt[147], der Nichtwiederwahl nach Ablauf der Amtsperiode, der Aufgabe des Hauptamtes, zu welchem nebenamtlich zivilstandsdienstliche Aufgaben gehörten, der Amtsentsetzung, Entlassung (Art. 22 ZStV) und Pensionierung. Die Amtsübergabe wird durch Art. 24 ZStV geregelt.

II. Haftung

Die *administrative und disziplinarische Haftung* ergibt sich teilweise aus Art. 43, 44 Abs. 1 ZGB, Art. 19 ff. und 181 ZStV. Sie wird durch Einschreiten von Amtes wegen oder auf Begehren der Aufsichtsbehörden von Bund und Kantonen ausgelöst und kann mit Sanktionen verbunden sein; diese gehen, alternativ oder kumulativ, von der Auferlegung der durch die unregelmässige Amtsführung verursachten Kosten, über den Verweis und die Busse, bis zur Amtsentsetzung. Ergänzende Bestimmungen sind kantonal.

Werden die Aufgaben des Zivilstandsdienstes nebenamtlich in Verbindung mit einer anderen Anstellung erbracht, kann dies zu problematischen Überschneidungen führen. In solchen Fällen müssen die beiden Bereiche auseinandergehalten und getrennt betrachtet werden. Die Zivilstandsbehörden dürfen sich nicht, unter dem Vorwand ihrer Aufsichtsfunktion, in andere Aufgabenbereiche des Beamten, beispielsweise die Führung von Gemeindeangelegenheiten, einmischen. Dem

---

146   Die Texte finden sich an unterschiedlichen Stellen: beispielsweise sehen Art. 3 und Anhang I der Berner Verordnung über die Vereidigung der Staatsbeamten, vom 29. Mai 1974 (SR 153.21), vor, dass die Beamten des Zivilstandsdienstes den Eid vor dem Regierungsrat, d. h. dem Polizeidirektor, abzulegen haben.
147   GRER 1964, S. 54, Nr. 17 (RR): Rücktritt eines Zivilstandsbeamten; anstelle des dafür zuständigen Gemeinderates nimmt der Regierungsrat davon Kenntnis; Ersatzwahl durch eine unzuständige Behörde; Rückgängigmachung der Demission; Genehmigung der Rückgängigmachung der Demission; Ersatzwahl hinfällig und gegenstandslos; Feststellung, dass der ursprüngliche Zivilstandsbeamte sein Amt weiterhin ausüben kann.

Zivilstandsbeamten seinerseits dürfen, aufgrund seiner Amtsführung, keine Verwaltungs- oder Disziplinarsanktionen auferlegt werden, mit welchen andere von ihm ausgeführte Aufgaben verbunden sind. Der Gemeinderat darf die Registerführung nicht kontrollieren. Eine solche Unterscheidung kann jedoch insbesondere dort nicht vorgenommen werden, wo die Aufgaben nicht einzeln reglementiert sind. Mit der Annahme einer gemischten Anstellung geht der Zivilstandsbeamte das Risiko solcher Überschneidungen ein. Wird ein Gemeinderatsschreiber wegen seiner Führung der Gemeindeangelegenheiten vorübergehend seines Amtes enthoben und dabei nicht entlöhnt, kann er während dieser Zeit auch seine Aufgaben als Zivilstandsbeamter nicht ausüben. Umgekehrt kann der wegen seiner Zivilstandsamtführung des Amtes enthobene Zivilstandsbeamte seinen übrigen Aufgaben nicht nachgehen, wenn diese beiden Bereiche reglementarisch miteinander verbunden sind.

Der Zivilstandsbeamte und die ihm ”unmittelbar vorgesetzten‘‘ Aufsichtsbehörden *haften zivilrechtlich* für den durch ihr Verschulden oder das Verschulden der von ihnen ernannten Angestellten verursachten Schaden (Art. 42 Abs. 1 ZGB, Art. 16 ZStV). Die Vorschriften über die Haftung der vormundschaftlichen Behörden gemäss Art. 426 ff. ZGB sind auch für die Aufsichtsbehörden massgebend (Art. 42 Abs. 2 ZGB). Der Kanton haftet subsidiär für den Schaden, welcher durch die Zivilstandsbeamten und die Mitglieder der Aufsichtsbehörden nicht gedeckt werden kann (Art. 42 Abs. 3, 427 Abs. 3 ZGB). Obgleich Kaskaden und Wasserspiele einen erfreulichen Anblick bieten, sind sie als Vorbilder für die Verwaltung zu kompliziert und entsprechen nicht mehr dem in diesem Jahrhundert von Bund und Kantonen in ihr öffentliches Recht eingeführten Haftungssystem für Behörden, Beamte und öffentlich-rechtliche Körperschaften. Der Vorentwurf von 1992 für eine Revision des Zivilgesetzbuches, welcher gegenwärtig in Vernehmlassung ist, will zu Recht in Art. 42 ZGB das System der ausschliesslichen zivilrechtlichen Haftung des Kantons für Schäden einführen, welche von ”im Zivilstand tätigen Personen‘‘ in der Ausübung ihres Amtes verursacht werden, wobei bei Vorsatz oder grober Fahrlässigkeit gegen sie vorgegangen werden kann[148]. In der Zwischenzeit sollten die Kantone Art. 427 Abs. 2 ZGB nicht vergessen, diesen Artikel ohne Spitzfindigkeiten auslegen und ihr modernes öffentlich-rechtliches System der zivilen Haftung auf die Gesamtheit der Zivilstandsbeamten und -behörden ausdehnen, auch wenn sie dazu nicht verpflichtet sind[149].

---

148 Bericht mit Vorentwurf (Anhang) für eine Revision des Zivilgesetzbuches, Bern 1992, S. 93.
149 Leider behalten neuere kantonale Gesetze über die Verantwortlichkeit der öffentlich-rechtlichen Körperschaften und ihrer Bediensteter die Anwendung besonderer bundesrechtlicher Bestimmungen vor:Art. 4 VwVG FR, vom 16. September 1986, SR 16.1; Art. 1 Abs. 2 VwG VS, vom 10. Mai 1978, SR 121; Art. 4 VwG NE, vom 26. Juni 1989, SR 150.10; Art. 2 VwG TI, vom 24. Oktober 1988, SR 62.

Art. 44 Abs. 2 ZGB behält die strafrechtliche Verfolgung vor. Die strafrechtliche Haftbarkeit wird mit der zivilen, administrativen und disziplinarischen Haftbarkeit kumuliert. Das früher ausschliesslich kantonale Strafrecht ist heute nur noch bezüglich Gerichtsorganisation und Prozessordnung kantonal geregelt. Zivilstandsbeamte und Mitglieder der Aufsichtsbehörden können, wie alle anderen Personen, gegen das Gesetz verstossen. Der Zivilstandsbeamte erfüllt die Definition des Beamten gemäss Art. 110 Ziff. 4 StGB. Dadurch wiegen gewisse Rechtsverletzungen schwerer (Art. 140 Ziff. 1 StGB), andere sind qualifiziert (Art. 312 ff. StGB, insbesondere Art. 317). Die letztere Bestimmung bezeichnet die von "Beamten oder Personen öffentlichen Glaubens" begangene Fälschung als strafbar. Nicht alle Beamten sind Personen öffentlichen Glaubens und nicht alle Personen öffentlichen Glaubens sind Beamte. In Kantonen, welche das Notariat als wissenschaftlichen Beruf betrachten, ist der Notar nicht Beamter, aber Person öffentlichen Glaubens. Der Zivilstandsbeamte ist Beamter und Person öffentlichen Glaubens; die Amtssekretäre sind zwar im allgemeinen Beamte, aber als solche keine Personen öffentlichen Glaubens.

Zivilstandsbeamte unterstehen keiner besonderen Gerichts- oder Verfahrensordnung. Dies gilt, aufgrund des im Rahmen von Art. 366 Abs. 2 lit. b StGB erlassenen kantonalen Rechts, nicht immer auch für die Mitglieder der Aufsichtsbehörden. Zivilstandsbeamte sind zwar Beamte, aber keine Bundesbeamte im Sinne von Art. 340 Ziff. 1 Abs. 7 StGB. Obgleich ihre Aufgaben im wesentlichen vom Bundesrecht festgelegt sind, werden sie für die Erfüllung dieser Aufgaben nicht vom Bund, sondern von lokalen Behörden bestellt. Zivilstandsregister, Auszüge und Doppel sind zwar Urkunden, aber keine Urkunden des Bundes im Sinne von Art. 340 Ziff. 1 Abs. 6 StGB. Sie werden nach bundesrechtlichem Muster, aber von den Kantonen oder lokalen Körperschaften selber unter ihrem eigenen Wappen erstellt.

Das Strafrecht schützt den Zivilstand und seine Beurkundung vor Unternehmungen sowohl von Privatpersonen als auch von dessen eigenen Bediensteten, d. h. von Zivilstands- und anderen Beamten. Art. 216 StGB erklärte die "Unterdrückung und Fälschung" des Personenstandes als strafbar. Die von der Bestimmung als Beispiel erwähnte Unterschiebung "eines Kindes" setzte keine Fälschung von Unterlagen voraus. Zwei Kinder können ohne materielle oder formelle Fälschung absichtlich vertauscht werden. Das Vergehen konnte jedoch real oder ideell mit einer materiellen oder formellen Fäschung einhergehen und sowohl von Zivilstandsbeamten als auch von Privatpersonen begangen werden. Es wurde nicht als Dauerdelikt betrachtet[150]. Der Gesetzgeber hat diese Bestimmung im Jahre 1989 aufgehoben, wofür m. E. kein zwingender Grund bestand. Öffentliche Register, Auszüge und amtliche Doppel sind öffentliche Urkunden (Art. 110 Ziff. 5 StGB); diese Eigenschaft macht gewisse Vergehen, wie beispielsweise die Fälschung, schwerwiegender (Art. 251 Ziff. 2 StGB).

---

150   Rep 1958, S. 156 ff.

Die in Art. 182 ZStV umschriebenen Rechtsverletzungen können durch "andere Personen" als Zivilstandsbeamte und ihre Stellvertreter begangen werden. Die Bestimmung richtet sich an Privatpersonen und, bezüglich der vor der zivilen Trauung vorgenommenen kirchlichen Trauung, an Geistliche. Der Vorentwurf von 1992 für eine Revision des Zivilgesetzbuches stellt die Möglichkeit einer vorgängigen kirchlichen Heirat ohne zivile Auswirkungen und die Streichung des geltenden Art. 118 ZGB zur Diskussion[151]. Die in Art. 182 ZStV aufgezählten Rechtsverletzungen fallen unter das Verwaltungsstrafrecht. Die Kantone bestimmen die zu ihrer Beurteilung zuständigen Behörden (Art. 183 Abs. 3 ZStV); in den einen Kantonen handelt es sich um die ordentlichen für Übertretungen zuständigen Strafbehörden, in anderen um die kantonalen Verwaltungsbehörden. Offenbar haben die Kantone keine weiteren Übertretungstatbestände für Verletzungen zivilstandsamtlicher Pflichten eingeführt, welche nicht schon vom Bundesrecht strafbar erklärt werden. Es fragt sich, ob dies aufgrund von Art. 335 StGB möglich wäre. Dies ist m. E. zu verneinen. Das Zivilstandswesen wird vom Bundesrecht abschliessend geregelt und die privaten oder administrativen zivilstandsamtlichen Pflichten werden in ihrer Besonderheit durch einen zwar nicht systematischen, aber vollständigen Komplex von Bundesvorschriften geahndet[152].

III. Delegierte Aufgaben

Gemäss Art. 41 Abs. 3 ZGB kann der Bundesrat *"die Vertreter der Schweiz im Ausland mit den Obliegenheiten eines Zivilstandsbeamten betrauen"*. Art. 26 ZStV führt näher aus, dass solche Obliegenheiten "allgemein oder für einzelne Fälle" delegiert werden können, und dass einzige Aufsichtsbehörde der Bundesrat ist. Da diese Obliegenheiten aufteilbar sind, können sie auf unterschiedliche Weise übertragen werden. Die Delegation kann für einen einzelnen Fall und nur für diesen erfolgen. Sie kann eine unbestimmte Zahl von Fällen, aber nur eine besondere Handlung, beispielsweise die Anerkennung, betreffen. Sie kann aber auch allgemein sein. Mit einem Beschluss vom 30. April 1969[153] hat der Bundesrat das EJPD ermächtigt, die Errichtung oder die Aufhebung schweizerischer Auslandzivilstandsämter zu verfügen. Drei frühere, noch geltende Beschlüsse betrauen unsere Gesandtschaften in London, Ägypten, Beirut und pauschal in Syrien, Jordanien und Irak mit den Obliegenheiten eines schweizerischen Zivilstandsamtes[154]. Ein späterer Beschluss vom 9. Februar 1970, welcher teilweise aufgehoben wurde, überträgt unserer diplomatischen Vertretung in Iran diesbezüglich besondere Obliegenheiten, aber für Afghanistan[155].

---

151 Bericht S. 1, 15 und 16 (zit. Anm. 8).
152 BGE 104 IV 288 ff., insbes. Erw. 3a.
153 211.112.20.
154 SR 211.112.211, 213, 214 und 216.
155 SR 211.112.218.

Unabhängig von der Betrauung mit Zivilstandsobliegenheiten sind die schweizerischen Vertretungen ermächtigt zur Entgegennahme

a) der Erklärung der Braut, bei Trauung im Ausland, sie wolle nach der Eheschliessung ihren bisherigen Namen, gefolgt vom Familiennamen, weiterführen (Art. 177a* ZStV);

b) der Erklärung der Ehefrau, bei Auflösung der Ehe den angestammten Familiennamen wieder führen zu wollen (Art. 177b ZStV);

c) der Erklärung des Schweizers im Zusammenhang mit einem ausländischen Zivilstandsfall, welcher ihn persönlich betrifft, er wolle seinen Namen dem Heimatrecht unterstellen (Art. 177d ZStV).

In den beiden erstgenannten Fällen gilt die Erklärung als "professio iuris" (Art. 177d Abs. 3 ZStV).

Die schweizerische Eidgenossenschaft anerkennt die *Ausübung von Zivilstandsobliegenheiten durch ausländische Vertretungen in der Schweiz* nicht[156]. Geschieht dies trotzdem und erhält die Schweiz davon Kenntnis (was vorkommt), so richtet das EDA eine Höflichkeitsnote an den betreffenden Staat. Solche auf schweizerischem Staatsgebiet vorgenommene Handlungen können die Erfassung durch die schweizerischen Dienststellen weder ersetzen noch können sie von dieser Erfassung entbinden. Recht und Tatsache decken sich in diesem Falle nicht.

Der *Kapitän eines unter schweizerischer Flagge fahrenden Schiffes* sorgt für die Führung des Schiffstagebuches; dieses wird vom für die Eintragungen verantwortlichen Offizier unterzeichnet und vom Kapitän gegengezeichnet[157]. Er stellt darin die an Bord vorgefallenen Geburten und Todesfälle fest. Diese Feststellung ist eine öffentliche Urkunde. Ein Auszug der Feststellung wird "dem nächsten schweizerischen Konsulat" übergeben, welches ihn dem Schweizerischen Seeschiffahrtsamt zuhanden des Eidgenössischen Amtes für das Zivilstandswesen übermittelt. Geburten und Todesfälle von Schweizern werden in die Einzelregister (Geburts- oder Todesregister) des Heimatortes oder *eines* Heimatortes der Person eingetragen. Ausländer betreffende Ereignisse werden den ausländischen Dienststellen zur Eintragung mitgeteilt. Ist dieses Vorgehen unmöglich, werden solche Tatsachen in das entsprechende Einzelregister des Kantons Basel-Stadt eingetragen (Art. 56 SSG). Art. 7 der Seeschiffahrtsverordnung, vom 20. November 1956[158], beauftragt das EJPD, die "erforderlichen Weisungen" zu erlassen[159].

---

156 ARNALDO ALBERTI, La nouvelle loi fédérale sur le droit international privé, Implications dans le domicile, l'état civil et la nationalité, ZZW 1989, S. 293 ff., I/28 ff.: "Die Behörden von Konsulaten und diplomatischen Vertretungen sind nicht berechtigt, ihre Staatsangehörigen in der Schweiz zu trauen" (d.v.d.Ü.).

157 Art. 58 und 148 des BG vom 23. September 1953 über die Schiffahrt unter der Schweizer Flagge, SR 747.30.

158 SR 747.301.

Art. 18–20 der Verordnung über die *Rechte und Pflichten des Kommandanten eines Luftfahrzeuges*[160] unterscheiden danach, ob sich der Zivilstandsfall an Bord eines in der Schweiz oder im Ausland landenden Luftfahrzeuges ereignet. Im ersten Fall gelten die Bestimmungen für Zivilstandsfälle, welche in einem Fahrzeug auf der Reise stattfinden; der Kommandant hat das Ereignis dem Zivilstandsamt desjenigen Kreises zu melden oder melden zu lassen, wo das Fahrzeug verlassen wird. Im zweiten Fall ist vom Kommandanten bei der nächsten Landung ein Protokoll zu erstellen und dieses, ohne Rücksicht auf zivilstandsamtliche Handlungen ausländischer Behörden, an das Eidgenössische Amt für das Zivilstandswesen zu senden. Dieses gewährleistet die Mitteilung an den Kreis des Heimatortes für Schweizer und sorgt gegebenenfalls nach Möglichkeit für die Weiterleitung ins Ausland.

Kapitäne und Kommandanten üben keine anderen Zivilstandsobliegenheiten aus, auch nicht in Notfällen. Sie sind insbesondere weder zur Ausstellung von Vaterschaftsanerkennungsakten noch zum Vollzug von Trauungen zuständig. Bezüglich Anerkennungen liegt dies auf der Hand, da die Möglichkeit der testamentarischen Anerkennung besteht. Etwas anders steht es mit Trauungen, deren Vollzug auf See unter Umständen von Nutzen sein könnte, aber dennoch ausgeschlossen ist. Das Schiffstagebuch und das vom Flugkommandanten geführte Protokoll sind keine Zivilstandsinstrumente, sondern Beweismittel mit besonderer Beweiskraft wie gewisse am Boden erstellte Beweismittel, welche als Belege für die spätere Eintragung dienen. Diese Theorie wird noch durch die Tatsache erhärtet, dass Schiffstagebuch und Auszüge weder der zivilstandsmässigen Aufsicht des Bundesrates über ausländische Vertretungen noch der ordentlichen kantonalen und eidgenössischen Aufsicht im Zivilstandswesen unterstehen.

Die für *Mobilisations- und Kriegszeiten* vorgesehenen Massnahmen wurden beschlossen, aber nicht nach den üblichen für Bundesgesetze geltenden Vorschriften publiziert[161].

Sie wurden den interessierten Kreisen durch den Chef der Abteilung für Adjutantur mitgeteilt[162].

---

159   Weisungen des EJPD vom 20. Dezember 1966 an die Kapitäne schweizerischer Seeschiffe und an die Botschaften und Konsulate über Eintragungen und Mitteilungen der an Bord schweizerischer Seeschiffe vorkommenden Geburten und Todesfälle, BBl 1966 II, S. 1006 ff. Das Verschwinden während der Reise ist ebenfalls geregelt.

160   SR 748.255.1.

161   BRV über die Beurkundung der Todesfälle von Militärpersonen im Krieg, vom 6. September 1972; MDV betreffend gefallene, verstorbene, schwerverwundete, schwerkranke und vermisste Militärpersonen im Krieg, vom 2. Dezember 1975. – TONI SIEGENTHALER, Zivilschutz und Zivilstandswesen, ZZW 1984, S. 254 f.

162   Schweizer Armee, Dokumentation 51.6 dfi. Im Begleitschreiben heisst es: "In einem zukünftigen Krieg wäre auch mit grossen Verlusten zu rechnen. Tote müssten bestattet, Verwundete und Vermisste gemeldet, Behörden und Angehörige benachrichtigt werden. Bei Gefallenen und Schwerverwundeten stellen sich auch Probleme wie Nottestament, Nachlass, persönliche Effekten, Mel-

Der Bundesrat ordnet grundsätzlich ihre Publikation und ihr Inkrafttreten mit
der teilweisen oder generellen Kriegsmobilmachung der Armee an.

§ 11. Behörden

I. Bundesbehörden

Der *Bundesrat* übt im Rahmen der verfassungs- und gesetzmässigen Schranken
alle Zuständigkeiten aus, welche nicht einer anderen Behörde zugewiesen sind und
welche er nicht delegiert hat. Er erlässt die Vollziehungsbestimmungen und die
näheren Vorschriften über Formulare, Register, Auszüge und Mitteilungen[163]. In
streitigen Fällen erteilt oder verweigert er die Genehmigung kantonaler Gesetze,
Verordnungen und Gebührentarife[164]. Er übt die ''Oberaufsicht`` über das Zivilstandswesen aus, gewährleistet die Anwendung der geltenden Bestimmungen, entscheidet in letzter Instanz bei Beschwerden über ''Einschreiten von Amtes wegen``
der Behörden von Bund und Kantonen und er kann von der kantonalen Behörde die
Durchführung einer disziplinarischen Untersuchung verlangen[165]. Er betraut die
Vertreter der Schweiz im Ausland mit den Obliegenheiten eines Zivilstandsbeamten und ist in diesen Fällen Aufsichtsbehörde[166]. Die erste dieser beiden Zuständigkeiten übertrug er aufgrund von Art. 148 ZStV dem EJPD[167], ohne sich dabei über
die zweite Zuständigkeit zu äussern, welche er offenbar behalten hat. Gemäss Art.
26 Abs. 2 ZStV ist ''Aufsichtsbehörde und Beschwerdeinstanz in diesen Fällen einzig der Bundesrat``.

Das *Eidgenössische Justiz- und Polizeidepartement* genehmigt die kantonalen
Bestimmungen in nicht streitigen Fällen[168]. Es erlässt die erforderlichen Weisungen über die Mikroverfilmung der Register, die Form der Mitteilungen, die Verwendung von Kopier- und anderen Vervielfältigungsverfahren für Auszüge und die Ein-
schreibung ausländischer Urkunden bei mehreren Kantonsbürgerrechten[169]. Es übt

---

dungen. ... Was muss wem und wie gemeldet werden? Solche und weitere Fragen werden in der
vorliegenden Dokumentation beantwortet. In der Generaladjutantur laufen alle Meldungen des Ge-
fallenen- und Vermisstendienstes (GVD) zusammen; von dort werden sie an die zuständigen zivilen Behörden und an die Angehörigen weitergeleitet. Die Generaladjutantur kann diese Aufgabe
nur erfüllen, wenn die Vorschriften des GVD von allen zuständigen Stellen eingehalten werden.
Das setzt voraus, dass der Inhalt dieser Dokumentation bekannt ist``.

163   Art. 53 BV, Art. 39 Abs. 2, 119 ZGB, Art. 1 und 184 ZStV.
164   Art. 40 Abs. 2 ZGB, Art. 178 Abs. 2 ZStV, Art. 7a VWOG (SR 172.010).
165   Art. 17 Abs. 3, 21, 181 Abs. 2 ZStV.
166   Art. 41 Abs. 3 ZGB, Art. 26 ZStV.
167   BRB vom 30. April 1969, SR 211.112.20.
168   Art. 40 Abs. 2 ZGB, Art. 7a VWOG (SR 172.010.), Art. 9 a der V über die Zuständigkeit der Depar-
       temente und der ihnen unterstellten Amtsstellen zur selbständigen Erledigung von Geschäften (De-
       legationsverordnung), SR 172.011.
169   Art. 5 Abs. 3, 129 Abs. 2, 141 Abs. 3, 137a ZStV.

die gleiche Aufsicht über die kantonalen Aufsichtsbehörden aus, welche diese über ihre Zivilstandsämter ausüben (Art. 17 Abs. 2 ZStV).

Gewisse Aufgaben des EJPD wurden ihrerseits weiter übertragen. Der Vollzug der Erlasse über die öffentlichen Register, insbesondere die Zivilstandsregister, obliegt dem *Bundesamt für Justiz*[170] Dieses kann die Aufgaben des Eidgenössischen Amtes für das Zivilstandswesen im Verkehr mit schweizerischen Botschaften und Konsulaten und mit ausländischen Behörden, Amtsstellen und den Vertretungen ausländischer Behörden "evozieren"[171].

Die allgemeinen Aufgaben des *Eidgenössischen Amtes für das Zivilstandswesen* ergeben sich aus Art. 10 Abs. 2 lit. b der Delegationsverordnung, vom 28. März 1990[172]. Es wurde früher als *"Amt für den Zivilstandsdienst"* bezeichnet und untersteht der Justizabteilung. Es erlässt die erforderlichen Weisungen für die Ausstellung der von schweizerischen diplomatischen oder konsularischen Vertretungen im Ausland verlangten "Bürgerrechtsbestätigungen" durch die Zivilstandsbeamten[173]. Es erstellt die Weisungen betreffend die Registerführung, die Vorbereitung und den Vollzug von Trauungen und die Aufbewahrung der Register und Belege. Es regelt den Austausch und die Entgegennahme von Zivilstandsakten und dient als Vermittler für Mitteilungen an das Ausland[174]. Es bestätigt das Nichtbestehen eines Ehehindernisses für adoptierte Verlobte[175]. Es nimmt Inspektionen der Zivilstandsämter und -archive der Kantone vor[176] und nimmt die alljährlichen Berichte der kantonalen Aufsichtsbehörden entgegen, in welchen sich diese insbesondere auch über den Stand der elektronischen Datenverarbeitung und die in diesem Zusammenhang gemachten Erfahrungen äussern[177]. Es bewilligt, zu Versuchszwecken und im Einvernehmen mit der kantonalen Aufsichtsbehörde, die Übergabe von Mitteilungen oder Meldungen auf einem elektronischen Datenträger[178], die elektronische Übermittlung an andere Zivilstandsämter, an die Zivilstandsbehörden und an das Bundesamt für Statistik und legt deren Voraussetzungen fest[179].

II. Kantonale Behörden

Aufgrund von Art. 52 SchlT ZGB waren früher die *Kantonsregierungen* zum

---

170   Art. 7 Ziff. 2 lit. h der V vom 9. Mai 1979 über die Aufgaben der Departemente, Gruppen und Ämter, SR 172.010.15.

171   Art. 10 Abs. 3 der V vom 28. März 1990 über die Zuständigkeit der Departemente und der ihnen unterstellten Amtsstellen zur selbständigen Erledigung von Geschäften (Delegationsverordnung), SR 172.011.

172   SR 172.011.

173   Art. 145a ZStV.

174   Art. 122 Abs. 2 ZStV.

175   Art. 160 ZStV.

176   Art. 18 Abs. 3 ZStV.

177   Art. 177f ZStV.

178   Art. 177k Abs. 2 ZStV.

179   Art. 177i Abs. 3 und 4 ZStV.

Erlass des kantonalen Ausführungsrechts zum Bundesprivatrecht, einschliesslich der öffentlichen Register, befugt. Da die kantonalen Exekutiven von diesem Vorrecht keinen Gebrauch machten, wurde diese Bestimmung geändert, so dass heute die Kantone nur noch die ihnen bei der Anwendung des Bundesrechts naturgemäss zukommenden Befugnisse zur Reglementierung und Ausführung besitzen. Sie erlassen Reglemente, Gebührentarife für die nicht gebührenfreien Amtshandlungen (Art. 178 Abs. 2 ZStV) und üben weitere Zuständigkeiten aus, wie beispielsweise die Ernennung von Zivilstandsbeamten oder die Genehmigung der Ernennungen, welche gemäss dem kantonalen Recht den lokalen Behörden delegiert wurden. Nur wenige Kantone erliessen ein "Gesetz" im formellen Sinn über das Zivilstandswesen; alle haben aber entsprechende Bestimmungen in ihr "Einführungsgesetz" aufgenommen.

Das Bundesrecht schreibt den Grundsatz der eine oder zwei Instanzen umfassenden *kantonalen Aufsichtsbehörde* vor[180], welche von den Kantonen bezeichnet wird. Alle Kantone erfüllten diesen Auftrag, indem sie diese Aufsicht bestehenden Behörden, meistens Verwaltungs- und ausnahmsweise Gerichtsbehörden, übertrugen. Die nachfolgende mehr oder weniger aussagekräftige Tabelle zeigt, dass die Kantone das vom Bund vorgezeichnete Schema nicht wörtlich befolgen, indem sie teilweise mehr als zwei Instanzen kennen. Die Tabelle gibt keine Auskunft über mögliche Rechtsmittel ausserhalb der zwei Instanzen umfassenden Aufsichtshierarchie. Das Bestehen eines "Inspektorats" ist nicht unbedingt aussagekräftig, da der Verwaltungsdienst eines Kantons dem Inspektorat vergleichbare Leistungen erbringen kann, ohne dass diese als solches bezeichnet werden. Man kann sich deshalb fragen, ob der Plan realistisch sei, die kantonale Aufsicht im Zivilstandswesen, im Interesse einer höheren Effizienz, Aufgabenkonzentration und Spezialisierung, künftig auf eine Instanz zu beschränken[181].

Kanton	Inspektorat	Erste Instanz		Zweite Instanz
ZH	I	GR	BezR	DI
BE	–	Regierungsstatthalter		RR
LU	–	Regierungsstatthalter	JD	RR
UR	–	JD		RR
SZ	I	–		DI
– OW	I	–		RR
– NW	I	JD		RR
GL	I	DI		RR
ZG	–	Gemeinderat		DI
FR	–	JD		RR

180 Art. 40 Abs. 1 ZGB, Art. 17 Abs. 1 und 21 Abs. 3 ZStV.
181 Bericht mit Vorentwurf (Anhang) für eine Revision des Zivilgesetzbuches, Bern 1992, S. 91 ff., Anhang, S. 17 ff.

SO	–	–	RR
– BS	–	–	JD
– BL	–	–	JD
SH	–	–	Volkswirtsch.Dep.
– AI	–	–	Standeskommission
– AR	I	Gemeindedirektion	RR
SG	–	DI	RR
GR	–	–	JD
AG	–	Bezirksamt	RR
TG	–	JPD	RR
TI	–	JD	RR
VD		JPD	RR
VS[182]	I	JD	RR
NE	–	–	JD
GE	–	–	JPD
JU	–	Section de l'état civil	Cour administrative

Die kantonale Aufsichtsbehörde schreitet von Amtes wegen oder auf Gesuch, Klage oder Beschwerde ein[183]. Sie lässt jährlich die Zivilstandsämter, deren Disziplinarbehörde sie ist, inspizieren und erstattet, durch Vermittlung des Eidgenössischen Amtes für das Zivilstandswesen, dem EJPD Bericht[184]. Sie bewilligt die Einführung der elektronischen Verarbeitung von Personendaten und stimmt Versuchen über die elektronische Übermittlung an andere Zivilstandsämter, an die kantonale Aufsichtsbehörde und das Bundesamt für Statistik oder der Übergabe von elektronischen Datenträgern zu[185]. Sie anerkennt zur Eintragung in schweizerische Register ausländische Entscheidungen oder Urkunden[186], welche auf ihre Weisung oder allenfalls Verfügung in die schweizerischen Register eingetragen werden, und sie gewährleistet die erforderlichen Mitteilungen in den folgenden Fällen:

a) Eintragung von Personen, bei welchen weder eine bestimmte Staatsangehörigkeit noch die Staatenlosigkeit feststeht, Geburt, Tod oder Heirat eines Schweizer Bürgers im Ausland, für welche keine zivilstandsamtliche Urkunde vorliegt[187];

---

182 ZWR 1974, S. 164 ff.: "...das Dekret vom 31. Mai 1954 über den Zivilstandsdienst (Dec RL 41) legt fest (Art. 9 und 10), dass der Regierungsrat obere Aufsichtsbehörde ist, mit einer vom Justizdepartement bestimmten unteren Aufsichtsbehörde, und dass er, unter Vorbehalt anderslautender Gesetzesbestimmungen, zuständig ist, alle der Aufsichtsbehörde von der ZStV zugewiesenen Befugnisse auszuüben. Das vom Regierungsrat am 20. November 1956 erlassene Ausführungsreglement des DEC (RL 44) führt näher aus, dass das Justizdepartement die Aufsicht über die Zivilstandsbeamten durch den Zivilstandsinspektor ausüben lässt, welcher dem kantonalen Zivilstandsbüro vorsteht und welchem insbesondere die Kompetenz zur Bewilligung der Eintragung ausländischer Urkunden übertragen wurde (Art. 10 Abs. 2 REDEC)" (d.v.d.Ü.).
183 Art. 19–21, 133a ZStV.
184 Art. 43 ZGB, Art. 18, 177f Abs. 2, 181 Abs. 1 ZStV.
185 Art. 177e, 177i Abs. 3 und Abs. 4, 177k Abs. 2 ZStV.
186 Art. 32 IPRG, Art. 137, 137b ZStV.
187 Art. 45, 71, 87, 95 ZStV.

b) Kindesverhältnis als Folge der Adoption, im Ausland erfolgte Geburt eines Adoptivkindes[188];

c) verspätete Anzeigen[189], amtlich nicht mitgeteilte Zivilstandstatsachen[190]; Löschung der Eintragung am Auffindungsort und Eintragung am später festgestellten Geburtsort des Findelkindes[191]; Tod von Personen, deren Leiche nicht aufgefunden oder vor der Eintragung bestattet, kremiert oder transportiert wurde[192].

Die Aufsichtsbehörde bewilligt:

a) für Verlobte die Befreiung von der Vorlegung von Ausweisen, die nicht oder schwer erhältlich sind, die Abkürzung der Fristen und den Vollzug der Trauung ohne Verkündung, die Rückgabe von Ausweisen aus den Eheakten, die Eheschliessung zwischen nicht in der Schweiz wohnhaften Ausländern allenfalls nach ihrem Heimatrecht[193], die Eheschliessung zwischen Ausländern, für welche die Voraussetzungen nach schweizerischem Recht nicht gegeben sind[194];

b) für ausländische Ehegatten die Wiederannahme des angestammten Namens nach Auflösung der Ehe[195];

c) die Nachtragung im Ausland eingetretener belegter Änderungen im Familienbüchlein[196];

d) die Abgabe von Auszügen und Abschriften aus den früher geführten Registern "B"[197].

Die Aufsichtsbehörde kann beauftragt werden, die "Verkünddokumente" zu prüfen, wenn einer der Verlobten nicht Schweizer Bürger ist[198], und zu prüfen, ob ausländisches Recht auf einen Namen anwendbar ist[199]. Sie setzt sich mit anderen Aufsichtsbehörden ins Einvernehmen, wenn sie eine ausländische Urkunde über eine Person mit mehreren Kantonsbürgerrechten erhält und Zweifel über deren Eintragbarkeit hat[200]. Bei Meinungsverschiedenheiten zwischen Aufsichtsbehörden entscheidet die Behörde des Wohnsitzes im Sinne von Art. 22 Abs. 3 ZGB bezüglich Eintragbarkeit; dieser Grundsatz sollte auch für die Form der Eintragung gelten. Besteht bei der Ausstellung des Ehefähigkeitszeugnisses durch den Zivilstandsbeamten der Verdacht der Umgehung schweizerischer Gesetze oder erhält der Zivil-

---

188   Art. 73b Ziff. 6, 73c ZStV.
189   Art. 65 Abs. 2 und 3 ZStV.
190   Art. 133 ZStV.
191   Art. 73 Abs. 3 ZStV.
192   Art. 49 Abs. 1 ZGB, Art. 86 Abs. 3, 88 ZStV.
193   WILLI HEUSSLER, Das neue Internationale Privatrecht; erste Erfahrungen, ZZW 1989, S. 201 ff., F/226 ff.
194   Art. 150 Abs. 3, 164, 167 Abs. 2, 168a, 168b ZStV. WILLI HEUSSLER, Eheschliessungen mit Auslandberührung nach Inkrafttreten des IPR-Gesetzes, ZZW 1989, S. 2 ff., F/82 ff.
195   Art. 177b Abs. 3 ZStV.
196   Art. 147d ZStV.
197   Art. 188 Abs. 3 ZStV.
198   Art. 168 ZStV.
199   Art. 43a, 177d ZStV.
200   Art. 137a ZStV.

standsbeamte Kenntnis von Übertretungen, so hat er dies der Aufsichtsbehörde anzuzeigen[201].

Die *Kantone* übertragen *von ihnen bezeichneten Behörden* besondere zivilstandsamtliche Aufgaben, wie beispielsweise die Aufbewahrung von Zivilstandsbelegen[202], die Erteilung der Bewilligung zur Bestattung, zur Kremation oder zum Transport einer Leiche vor der Anzeige an den Zivilstandsbeamten[203], die Entgegennahme der Erklärung der Frau im Laufe des Jahres 1988, sie nehme das Bürgerrecht, das sie als ledig hatte, wieder an[204].

III. Lokale Behörden

Der Kanton kann den lokalen Körperschaften, abgesehen von den allgemeinen Verwaltungskompetenzen im Rahmen der Körperschaft, welcher sie vorstehen, auch zahlreiche zivilstandsamtliche Zuständigkeiten übertragen. Für in ihrem Bereich geschaffene Zivilstandsämter sind die lokalen Behörden Ernennungsbehörde, und das betreffende Zivilstandsamt ist einer ihrer Dienstbetriebe. Sie sind Eigentümer des Verwaltungsmaterials und bisweilen auch der Register, wobei es sich im letzten Fall um öffentlich-rechtliches Eigentum handelt. Die lokale Behörde kann zudem erstinstanzliche Aufsichtsbehörde sein und Aufgaben auch ausserhalb der Aufsicht im engeren Sinn erhalten.

§ 12. Hierarchie und Rechtsmittel

Die kantonalen Bestimmungen über die Zivilstandsorgane ergeben ein komplexeres Bild, als es das bundesrechtliche Schema vermuten lässt. Gemäss Bundesrecht fallen die Zuständigkeiten teils von Rechts wegen den dafür geschaffenen Aufsichtsbehörden zu, teils können sie aber auch anderen Behörden übertragen werden, was in einigen Kantonen zutrifft. Eintragungsaufgaben werden beispielsweise einer einzigen Behörde übergeben, obgleich sie gemäss Bundesrecht aufgeteilt werden könnten, oder aber sie werden von verschiedenen Behörden ausgeführt, obschon sie in einer Hand vereinigt werden könnten. Auf kantonaler Ebene muss zwischen der vom Bundesrecht festgelegten Organisation, welche der Aufbewahrung der Register in Übereinstimmung mit dem vereinheitlichten Recht dient, und der Verwaltungsorganisation unterschieden werden, welche in jeder amtlichen Hierarchie besteht – sogar im Rahmen der Gerichtsbarkeit, wo allerdings die Unab-

---

201   Art. 171, 183 ZStV.
202   Art. 57 ZStV.
203   Art. 86 ZStV. GVP (ZG) 1987–1988, S. 223 (Inspektorat): bezüglich der Eintragung in die Zivilstandsregister kann die Begräbniserlaubnis die Todesbescheinigung nicht ersetzen.
204   Art. 8b SchlT ZGB. ZZW 1991, S. 187 ff. (BG): kein Einbezug von Kindern in die Bürgerrechtswiederannahme gemäss Art. 8 SchlT ZGB.

hängigkeit der Behördenmitglieder gewährleistet sein muss – und welche die Kantone und lokalen Körperschaften mit einem gewissen Spielraum organisieren können. Die Gesamtheit der gesetzeskonformen und der in dieser Hinsicht fragwürdigen Kombinationen ergibt ein Bauwerk, in welchem sich Juristen und Praktiker oft nur mühsam zurechtfinden[205]. Dieser Umstand ist darauf zurückzuführen, dass sich verschiedenartige bundesrechtliche, kantonale und lokale Verwaltungsstrukturen überschneiden, unter Einbezug der Person, deren Zivilstand betroffen ist, der Rechte des Zivilstandsbeamten und der das Zivilstandswesen betreffenden administrativen oder gerichtlichen Interventionen.

I. Ausschliesslich hierarchisches Verhältnis

Die Beurkundung des Zivilstandes ist eine im öffentlichen Interesse liegende Aufgabe. Sie wird vom Bund, von den Kantonen und den lokalen Körperschaften übernommen und von Amtes wegen durchgeführt, unabhängig vom Willen der Privatpersonen, deren Zivilstand Gegenstand und Daseinsberechtigung dieses Aufgabenbereiches ist. Privatpersonen nehmen keinen Einfluss auf die Registerführung, können aber deren ungenügendes Funktionieren anzeigen. Da sie keinen Anspruch auf eine Beurteilung ihrer Klagen besitzen, welcher über die Beachtung des Grundsatzes hinausführt, dass jede Frage eine Antwort verdient, kann ihnen weder ihr Handeln oder Nichthandeln zum Nachteil gereichen, noch haben ihre Klagen Formvorschriften zu genügen, welche mehr verlangen als die Verständlichkeit ihrer Anliegen. Allerdings steht das Beurkundungswesen dennoch in gewisser Hinsicht dem Privaten zur Verfügung und ist teilweise eine Folge von dessen Begehren und Willensäusserungen. Sobald es um den Zivilstand, seine Beurkundung oder eine andere Dienstleistung geht, ist auch ein subjektives Recht gegeben. Wie jedes subjektive Recht erfordert auch dieses einen Entscheid und ein solcher Entscheid eine administrative und gerichtliche Überprüfung. Um solche Streitverfahren geht es im folgenden.

Art. 19 ZStV unterscheidet nicht ausdrücklich zwischen einerseits der Beschwerde bei der kantonalen Aufsichtsbehörde betreffend die Amtsführung als einer Art Verwaltungsklage, welche die Bezeichnung "Beschwerde" nicht eigentlich verdient, und anderseits der aus einem subjektiven öffentlichen Recht entstehenden

---

[205] Art. 12 des Neuenburger Reglementes über das Zivilstandswesen liefert ein Beispiel für den gewundenen Verlauf gewisser Delegationen: Der Regierungsrat konnte das Justizdepartement mit der Entscheidung über die Ehemündigkeit betrauen, jedoch unter Vorbehalt einer Beschwerde nicht beim Verwaltungsgericht, sondern wieder beim Regierungsrat, da Art. 96 Abs. 2 ZGB ausdrücklich die Kompetenz der Kantonsregierung vorsieht. Das Verwaltungsgericht erklärte sich in einem Entscheid von 1986 (RJN 1986, S. 44 f.) zurecht unzuständig, vergass aber, die falsch adressierte Beschwerde dem Regierungsrat zu überweisen, wie es seine Pflicht gewesen wäre. ... Viele Fehler um den "Fehler" eines siebzehnjährigen Mädchens!

Beschwerde, welche ein anderes subjektives Recht verteidigt. Auf den ersten Blick kann dieser Artikel den Eindruck erwecken, es handle sich in beiden Fällen um das gleiche Beschwerderecht, welches den gleichen Voraussetzungen unterstehe. Dies trifft aber keineswegs zu. Die Beschwerde zur Verteidigung eines subjektiven Rechtes des Privaten kann von Voraussetzungen betreffend Berechtigung und Ausübung, wie Interesse, Legitimation, Form und Frist, abhängig gemacht werden; dies gilt jedoch nicht für Beschwerden im Sinne einer Anzeige.

Die Rechtsverweigerung, wegen Antwortverweigerung oder ungerechtfertigter Verzögerung, kann, wie in allen Verwaltungsbereichen, auch hier jederzeit angefochten werden.

Im Gegensatz zur kantonalen Ebene wurde auf Bundesebene diese mangelnde Unterscheidung der Rechtsmittel mit der Einführung der Verwaltungsgerichtsbarkeit im Jahr 1929 beseitigt. Die Verfügungen der kantonalen Aufsichtsbehörde können beim Bundesrat als Oberaufsichtsbehörde im Sinne von Art. 21 ZStV angefochten werden; gegen die nicht die Amtsführung betreffenden Entscheide der gleichen Aufsichtsbehörden kann dagegen aufgrund von Art. 20 ZStV mit der Verwaltungsgerichtsbeschwerde beim Bundesgericht vorgegangen werden. Die Bedeutung der Art. 19–21 ZStV bleibt dem Leser verschlossen, wenn er weder die Marginalie "Einschreiten von Amtes wegen" noch den letzten Satz des letzten Absatzes von Art. 21 ZStV ("Art. 19 findet sinngemäss Anwendung") beachtet. Die Beurkundung des Zivilstandes und die Ausstellung von Zivilstandsurkunden führen zwar nur selten zum Aufeinandertreffen privater Interessen. Es gibt kaum Streitigkeiten, oder wo solche auftreten, werden sie auf einer früheren administrativen oder gerichtlichen Stufe gelöst. Somit sind in diesem Bereich Fälle selten, welche nach einem Gerichtsurteil verlangen, und wo sie auftreten, werden sie mit der undifferenzierten Beschwerde an die Aufsichtsbehörde erledigt. Aus diesen Gründen besteht in diesem Gebiet kaum eine Rechtsprechung, welche sich mit der Abgrenzung der Zuständigkeiten von Bundesrat und Bundesgericht befasst.

II. Arbeitsverhältnis

Das kantonale öffentliche Recht bezeichnet die kantonale und lokale Behörde, welche zur Wahl der Zivilstandsbeamten befugt ist. Das Bundesrecht behält diese Zuständigkeit nicht ausschliesslich der Aufsichtsbehörde vor. Unter Vorbehalt anderslautender kantonaler Bestimmungen verfügt die Wahlbehörde selbstverständlich auch über entgegengesetzte oder weniger weitgehende Zuständigkeiten. Diese Befugnis steht in Konkurrenz mit der Zuständigkeit der Aufsichtsbehörde gemäss Art. 22 ZStV zur Entlassung und Nichtwiederwahl von Zivilstandsbeamten. Gemäss Art. 22 ZStV kann die kantonale Aufsichtsbehörde von Amtes wegen oder auf Verlangen der eidgenössischen Aufsichtsbehörde, d. h. des EJPD, tätig werden.

Die Entscheide dieser Behörden ergeben sich aus ihrem Einschreiten von Amtes wegen, betreffen aber die Rechte des Beamten, so dass in solchen Streitigkeiten ein Urteil ergehen muss. Sind sich die Behörden über die Lösung eines solchen Falles einig, können Fragen bezüglich ihrer Kompetenzen offen bleiben. Dennoch sind Streitfälle möglich, und auch bei einer Einigung der konkurrierenden Behörden hat der Beamte Anspruch auf einen objektiven Schutz.

Diese Fragen berühren zwar das Zivilstandswesen, aber nur am Rand den Problemkreis der Beurkundung, mit welchem wir uns in erster Linie beschäftigen. Wir wollen hier lediglich darauf hinweisen, dass der Mehrzahl von Absetzungsbehörden und der damit verbundenen repressiven Möglichkeiten auf die Person des Zivilstandsbeamten eine entsprechende Mehrzahl von Mitteln oder Rechtsmitteln zur Lösung solcher Konflikte gegenüberstehen muss. Der Zivilstandsbeamte muss, kumulativ oder alternativ, über Rechtsmittel verfügen, welche eine hierarchische oder gerichtliche Überprüfung der ihn betreffenden Verfügungen erlauben. Gegen kantonale Entscheide stehen ihm die hierarchischen oder gerichtlichen lokalen, kantonalen oder bundesrechtlichen Beschwerden offen, je nachdem, welches Recht oder welche Rechte betroffen sind; auf Bundesebene sind es die Verwaltungsbeschwerde beim Bundesrat, die Verwaltungsgerichtsbeschwerde (falls es um Bundesverwaltungsrecht geht) oder die staatsrechtliche Beschwerde beim Bundesgericht und zudem die öffentlich-rechtlichen Klagen bei der zuständigen Instanz von Bund oder Kanton. Diese Rechtsmittel stehen auch gegen allfällige Bundesentscheide zur Verfügung; dabei gelten die üblichen Zulässigkeitsvoraussetzungen, weshalb die staatsrechtliche Beschwerde für solche Fälle grundsätzlich ausgeschlossen ist.

III. Verhältnis zur Privatperson

Die Handlungen und Handlungsverweigerungen der Zivilstandsämter unterstehen der "Beschwerde" bei der oder den kantonalen Aufsichtsbehörde(n). Sie wird von Art. 19 ZStV und allfälligen kantonalen Bestimmungen geregelt. Diese letzteren sind selten, da die Form der Beschwerde auf der Hand liegt. Strengere Formvorschriften widersprächen eindeutig dem Bundesrecht und wären Folge eines überspitzten Formalismus. Mit anderen Worten muss aus der frei ausgelegten Beschwerdeschrift hervorgehen, was der Beschwerdeführer will und die Behörde nicht will. Verspätete Beschwerden, die einen triftigen Nichtigkeitsgrund liefern, befähigen die kantonale Aufsichtsbehörde, sich als hierarchisch übergeordnete Behörde von Amtes wegen mit der Sache zu befassen.

Letztinstanzliche kantonale Entscheide, im gegebenen Fall der übergeordneten Aufsichtsbehörde, können mit der *Verwaltungsgerichtsbeschwerde beim Bundesgericht* angefochten werden. Am häufigsten werden kantonale Entscheide betreffend die Beurkundung, vor allem die Verweigerung der Beurkundung einer Zivilstandstatsache angefochten[206]. Solche Verfügungen betreffen nicht den Zivilstand als solchen, sondern seine Beurkundung oder deren Verweigerung[207]. Die den Zivilstand betreffenden Verfügungen fallen, unter Vorbehalt besonderer Bestimmungen, welche diese Zuständigkeit einer anderen Behörde zuweisen, unter die Zivilgerichtsbarkeit. Deren Entscheide, einschliesslich der Anordnung zur zivilstandsamtlichen Beurkundung, können mit zivilrechtlichen Rechtsmitteln, allenfalls in Konkurrenz oder subsidiär mit der staatsrechtlichen Beschwerde, angefochten werden. Gegen die Verweigerung der Eintragung und die falsche oder die einer zivilgerichtlichen Entscheidung widersprechende Eintragung kann Beschwerde erhoben werden; der Beschwerdeentscheid der kantonalen oberen Aufsichtsbehörde untersteht der Verwaltungsgerichtsbeschwerde beim Bundesgericht.

Für die Beschwerde gelten die üblichen Vorschriften gemäss Art. 97 ff. OG. Im Gegensatz zu den zivilrechtlichen Beschwerden beim Bundesgericht kann mit der Verwaltungsgerichtsbeschwerde auch die Verletzung von verfassungsmässigen Rechten geltend gemacht werden[208]. Somit müssen nicht zwei parallele Beschwerden erhoben werden. Die staatsrechtliche Beschwerde ist unzulässig, ohne dass dadurch der Rechtsschutz des Bürgers merklich geschwächt wird. Die falsche Bezeichnung der Beschwerde gereicht dem Beschwerdeführer nicht zum Nachteil, falls seine Beschwerdeschrift, abgesehen von diesem Mangel, die Zulässigkeitsvoraussetzungen der Verwaltungsgerichtsbeschwerde erfüllt. Da nicht das Bundesgericht, sondern der Bundesrat die Oberaufsicht über das Zivilstandswesen ausübt, hat das Bundesgericht, wenn es mit einer unzulässigen oder verspäteten, aber einen erwiesenen Nichtigkeitsgrund bezüglich Beurkundung beinhaltenden Verwaltungsgerichtsbeschwerde befasst wird, diese nicht (wie beispielsweise im Bereich von Schuldbetreibung und Konkurs) zu behandeln, sondern muss deren Überweisung an den Bundesrat oder allenfalls an die übergeordnete kantonale Aufsichtsbehörde anordnen, deren Entscheid unbeholfen angefochten wurde.

---

206   BGE 85 I 289 ff.: die kurzgefasste Begründung der Verwaltungsgerichtsbeschwerde genügt; der Ehegatte ist zur Beschwerdeführung gegen eine Eintragung in das Familienbüchlein, seine Frau betreffend, legitimiert.

207   BGE 95 I 384 ff.: das Kind eines nicht verheirateten Mannes und einer verheirateten Frau kann auch nach der Unehelicherklärung anerkannt werden, Art. 304 aZGB. Zweifellos befindet hier die Verwaltungsgerichtsbarkeit über eine Frage, welche zwar die öffentliche Ordnung berührt, aber dennoch eindeutig zivilrechtlich ist. Das 1978 in Kraft getretene Recht hat zumindest die Lücke zwischen dem Zeitpunkt der Aberkennung der Vaterschaft und der Feststellung eines anderen Vaterschaftsverhältnisses gefüllt. Die Vaterschaft, welche gemäss Bundesgericht vor der Aberkennung nicht bedingt beurkundbar ist, wird zivilrechtlich durch die Vaterschaftsklage gewährleistet, BGE 107 II 403 ff., insbes. Erw. 2b, SJ 1982, S. 311 ff., RJN 1980–81, S. 151 ff. – Die Verweigerung der Eintragung einer Zivilstandstatsache in die schweizerischen Register bedeutet nicht unbedingt die Nichtanerkennung des dem Begehren zugrunde liegenden Rechtsverhältnisses in der Schweiz. Die Verweigerung der Eintragung einer in Bulgarien ausgesprochenen einfachen Adoption als Volladoption in der Schweiz schliesst nicht aus, dass in der Schweiz Erbansprüche geltend gemacht werden können, welche das bulgarische Recht mit dieser Adoption verbindet, BGE 113 II 106 ff.

208   BGE 117 II 340 ff., insbes. Erw. 5.

Zweites´Kapitel

Zivilgerichtsbarkeit[209]

Die Verwaltungsorgane im Zivilstandswesen sorgen für die Beurkundung. Sie haben nicht über den Zivilstand als solchen zu befinden[210]. Das gleiche gilt für Behörden, welche über hierarchische oder gerichtliche Beschwerden gegen Verfügungen dieser Organe befinden. Ihre Entscheide betreffen Streitverfahren über die Erfassung des Zivilstandes, nicht aber über den Zivilstand als solchen, welcher unter die Zivilgerichtsbarkeit fällt. Eine falsche Beurkundung schafft einen falschen Anschein. Sowohl der Betroffene als auch die Behörde, im Namen der öffentlichen Ordnung, können an die Zivilgerichtsbarkeit gelangen, welche allein zur Lösung solcher Streitfälle befugt ist. Im Dienst der Rechtssicherheit kann der Gesetzgeber einen Personenstand oder eine Beurkundung als solche mit zivilstandsrechtlichen Auswirkungen verknüpfen. Dies ändert nichts an der Kompetenzausscheidung zwischen den für die Erfassung des Zivilstandes verantwortlichen Verwaltungsbehörden und der mit deren Gewährleistung beauftragten Zivilgerichtsbarkeit. Wir gehen im folgenden zuerst auf die freiwillige Gerichtsbarkeit (§ 13), dann auf die streitige Gerichtsbarkeit (§ 14) und schliesslich auf die erwähnte Kompetenzausscheidung ein (§ 15).

§ 13. Freiwillige Gerichtsbarkeit

Die organisierte Gesellschaft ersetzt das private Faustrecht durch eine Gerichtsbarkeit. Die freiwillige Gerichtsbarkeit erfüllt die gleiche Ersatzaufgabe in Verhältnissen, in denen die Tatsache, dass sich zwei Parteien gegenüberstehen, weniger deut-

---

209 MARCO BOTTA, Die Rechtsprechung des Bundesgerichtes (1976–1982) in Zivilstandsfragen, ZZW 1983, S. 2 ff., 39 ff., F/110 ff.

210 BGE 83 I 27ff.: eine Aufsichtsbehörde bestimmte 1942 für alle entsprechenden Namensträger die amtliche Schreibweise des Namens "Husi" mit "i"; anlässlich einer Eintragung in das Familienbüchlein im Jahr 1955 stellte ein Namensträger diese Änderung fest; seine Beschwerde mit dem Begehren nach Beibehaltung der angestammten Schreibweise "Husy" wurde, unter Beilegung eines Doppels des Beschlusses von 1942, abgewiesen; die Verwaltungsgerichtsbeschwerde gegen die Ablehnung eines Wiedererwägungsgesuches wurde gutgeheissen: die Aufsichtsbehörde ist nicht zuständig, unter dem Vorwand eines offensichtlichen Irrtums die Schreibweise eines Namens zu ändern. – VERW (AR), Heft X 1959–60, 1960–61, 1961–62, S. 236, Nr. 185: Unzuständigkeit der Verwaltungsbehörden zur Vereinheitlichung der Schreibweise eines Familiennamens im Zivilstandsregister.

lich in Erscheinung tritt. Sie bringt eine Vormachtstellung zum Ausdruck, welche sich der Souverän dort vorbehält, wo seines Erachtens die Freiheit zur Bedrohung der Gesellschaftsordnung führt. Die auf den ersten Blick überraschende französische Bezeichnung "juridiction *gracieuse*" weist darauf hin, dass es sich um den Ausdruck einer "Gnade" (grâce) des Souveräns handelt; er versetzt den ihm Unterstellten in eine Lage, welche dieser proprio motu nicht erlangen kann. Dies erklärt den betont rechtsgestaltenden Charakter dieser Gerichtsbarkeit, durch welchen sie, im Gegensatz zur streitigen Gerichtsbarkeit, nicht eigentlich als Gerichtsbarkeit in Erscheinung tritt. Noch mehr als die streitige Gerichtsbarkeit ist sie Ausdruck von Macht, weshalb ihre Ausübung oft einem nicht gerichtlichen Staatsorgan übertragen wird, welches dem Souverän näher steht als die eigentliche Gerichtsbarkeit. Sie wird vom Bundesrecht und subsidiär vom kantonalen Recht einem Organ zugewiesen und umfasst das Recht, verschiedene Zivilstandselemente wie Kindesverhältnis, Name, Geschlecht, vielleicht bald auch die eheliche Bindung und sogar die Existenz zu ändern.

I. Kindesverhältnis

Das *Kindesverhältnis zur Mutter* entsteht nach schweizerischem Recht durch die Geburt. Wir kennen keine Anerkennung der Mutterschaft, bieten aber Hand dazu, falls das anwendbare ausländische Recht die Entstehung des Kindesverhältnisses von einer solchen Anerkennung abhängig macht (Art. 108 ZStV). Obgleich es in der Schweiz grundsätzlich keine Mutterschaftsgestaltungsklage und keine entsprechenden Streitfälle gibt, kann die Mutterschaft Gegenstand eines Feststellungs- oder Anfechtungsverfahrens sein. Es ist schon vorgekommen, dass ein unfruchtbares Paar "Abmachungen" mit einer Hausangestellten traf, um auf diese Weise Nachkommen zu erhalten. Diese Praxis scheint heute in leicht veränderter Form wieder Bedeutung zu erlangen. Die einen Paare greifen auf ausgeklügelte Techniken zurück[211], andere ziehen handfestere Methoden vor, indem beispielsweise eine Frau die Schwangerschaft vortäuscht, welche von einer anderen Frau ausgetragen wird. Die einen treten in eine Klinik ein und verlassen sie als Mütter, die anderen ziehen sich diskret zurück. Solche Vorgehensweisen führen zwar rascher und verschwiegener zum Ziel und ahmen die biologische Fortpflanzung besser nach als die Adoption, werden aber zivil- und strafrechtlich geahndet. Die Klage auf Feststellung der Mutterschaft ist, wie jede Feststellungsklage, grundsätzlich unverjährbar. Dennoch ist wohl davon auszugehen, dass dort, wo eine solche "Kriegslist" als "offenes Geheimnis" während Jahren oder vielleicht über Generationen hinweg gelungen ist, die gerichtliche Feststellung und die Berichtigung des Zivilstandes

---

211   Arnaldo Alberti, Des parents à tout prix, ZZW 1985, S. 226 ff.

und der Register nicht mehr herbeigeführt werden kann; nach sehr langer Zeit wiegt die gefestigte Stellung schwerer als die historische Wahrheit. Seit der Aufhebung von Art. 260 aZGB ist das Kindesverhältnis zur Mutter nicht mehr unmittelbarer Gegenstand der freiwilligen Gerichtsbarkeit; dieser Artikel ermöglichte die "Legitimation" des vorhandenen, aber "illegitimen" Kindesverhältnisses. Die Legitimation durch nachfolgende Heirat, direkt durch den Zivilstandsbeamten, als Akt der freiwilligen Gerichtsbarkeit im weiten Sinne, sowie das am 31. Dezember 1977 geschlossene Legitimationsregister wurden aufgehoben. Seither stammen Kinder entweder von einem verheirateten oder einem unverheirateten Paar ab, und im zweiten Fall besteht ein Kindesverhältnis zum Vater oder nicht.

Das *Kindesverhältnis zum Vater* entsteht grundsätzlich durch Gesetz oder durch die Ehe mit der Mutter[212]. Es kann Gegenstand mehrerer gerichtlicher Klagen sein, welche ein solches Kindesverhältnis schaffen, auflösen, feststellen oder sein Nichtbestehen feststellen; es handelt sich um die Vaterschaftsklage, die Beseitigung, Feststellung und Anfechtung der Vaterschaft (Aufhebung der Anerkennung). Seit der Aufhebung des Art. 260 aZGB, betreffend die Ehelicherklärung nach dem Tod, fällt keine dieser Klagen mehr unter die freiwillige Gerichtsbarkeit. Die vor dem Zivilstandsbeamten erklärte Anerkennung gehört – wie beispielsweise das Notariatswesen – zur freiwilligen Gerichtsbarkeit im weiten Sinne. In solchen Fällen beurkundet der Zivilstandsbeamte eine rechtsgestaltende Erklärung, wobei aber die Erfassung nicht endgültig ist und sich unter Umständen die Zivilgerichtsbarkeit über ihre Gültigkeit noch zu äussern hat.

Die durch die zuständige kantonale Behörde ausgesprochene *Adoption* (Art. 268 ZGB) lässt das bisherige Kindesverhältnis zur Mutter und/oder zum Vater erlöschen, ausgenommen das Kindesverhältnis zum Elternteil, der mit dem Adoptierenden verheiratet ist (Art. 267 Abs. 2 ZGB), und ersetzt es durch ein neues Verhältnis. Dieser zivilstandsrechtliche Ersatz erfolgt mit dem Inkrafttreten der Adoptionsverfügung. Die nachfolgende Erfassung beendet diese Umwandlung, indem sie das bisherige Kindesverhältnis hinter dem neuen verbirgt. Die Aufhebung der Adoption (Art. 269 ff. ZGB) fällt unter die streitige Gerichtsbarkeit.

Aus dem Kindesverhältnis ergeben sich gesetzlich der Familienname[213], die Verwandtschaft und teilweise[214] das (die) Bürgerrecht(e) und das (die) Heimatrecht(e).

---

212   Art. 255, 257 ZGB. CYRIL HEGNAUER, Quand la paternité du deuxième mari est-elle présumée?, ZZW 1983, S. 140 f.
213   BGE 96 I 425 ff. (staatsrechtliche Beschwerde): das Recht auf den Namen und seine Änderung ist privatrechtlich; der Familienname ist keine Institution des öffentlichen Bundesrechts; "die Namensanmassung (Art. 29 Abs. 2) und die bewilligte Namensänderung (Art. 30 Abs. 3) können Gegenstand eines Verfahrens zwischen Privatpersonen sein. Hingegen gibt es keine bundesrechtliche öffentliche Sanktion für das Tragen eines anderen als des eigenen Namens. Die den Kantonen. ... erteilte Kompetenz berechtigt sie nicht zur Beurteilung der Rechtsnatur der Institution. Das Zivilgesetzbuch ermächtigt die gleiche Behörde im Bereich der Ehemündigkeit, die unbestrittenermassen überwiegend privatrechtlichen Charakter hat, von der Vorschrift abzuweichen (Art.

Die freiwillige Gerichtsbarkeit befasst sich auch mit der *Befreiung von Ehehindernissen*[215]; solche Entscheide beeinflussen den Zivilstand und seine Beurkundung nur mittelbar. Art. 103 ZGB unterstellt die Abkürzung der Wartefrist für die Frau, deren Ehe aufgelöst wurde, der Zuständigkeit des Richters[216]; heute wird die Aufhebung dieses Artikels unter dem Gesichtspunkt der Gleichberechtigung der Geschlechter gefordert[217]. Art. 96 Abs. 2 und 100 Abs. 2 ZGB behalten der Regierung des Wohnsitzkantons die Erklärung der Ehemündigkeit[218] und die Bewilligung der Ehe zwischen Adoptionsverwandten vor; auch diese Bestimmungen werden möglicherweise aufgehoben[219].

II. Änderung von Merkmalen

Heimatort und *Bürgerrecht* sind gewissermassen die beiden Seiten einer Medaille[220]; der Heimatort stellt die private Seite dar. Abgesehen vom einem Ausländer verliehenen Ehrenbürgerrecht, welches nicht die Wirkungen einer Einbürgerung hat und keinen Heimatort verschafft[221], gilt der Grundsatz: Kein Bürgerrecht ohne Heimatort – kein Heimatort ohne Bürgerrecht. Der Heimatort hängt somit vollstän-

---

96 Abs. 2)" (d.v.d.Ü.); die Verweigerung der Bewilligung für ausserehliche Kinder, welche von ihren natürlichen Eltern erzogen werden, den Namen des Vaters zu tragen, ist willkürlich. Siehe auch BGE 95 II 503 f., SJ 1970, S. 225 ff.

214   Bürger- und Heimatrecht können durch Geburt, Einbezug aus Kindesverhältnis in eine Einbürgerung, Einbürgerung oder Heirat entstehen, BGE 105 Ib 49 ff., ZZW 1980, S. 48 ff.

215   MARTIN STETTLER, Die Schwägerschaft als Ehehindernis, ZZW 1984, S. 197 ff., F/144 ff.; CYRIL HEGNAUER, Plädoyer für die Abschaffung der Frauenwartefrist gemäss Artikel 103 ZGB, ZZW 1983, S. 65 ff., F/255 ff.; JOSEF OCHSNER, Ehehindernis der Schwägerschaft, ZZW 1983, S. 106 f.; ANDRÉ CALAME, Autorité compétente pour abréger le délai de 300 jours imposé à une Suissesse domiciliée à Berlin, ZZW 1975, S. 128 f.

216   ZZW 1989, S. 129 ff. (BezG AG): Notzuständigkeit zur Abkürzung der Frauenwartefrist; ZZW 1981, S. 101 f., F/219 (Untersuchungsrichter VS): Abkürzung der Frauenwartefrist (Art. 103 Abs. 3 ZGB).

217   Botschaft vom 17. Februar 1993 über die Änderung des Zivilgesetzbuches (Herabsetzung des zivilrechtlichen Mündigkeits- und Ehefähigkeitsalters, Unterhaltspflicht der Eltern), BBl 1993 I, S. 1169. – Bericht mit Vorentwurf (Anhang) über eine Revision des Zivilgesetzbuches (Eheschliessung und Scheidung, Personenstand, Verwandtenunterstützungspflicht, Vormundschaft, Heimstätten und Ehevermittlung), 1992, 2.2.2.4.

218   GRER 1969, S. 65, Nr. 28 (RR).

219   Bericht mit Vorentwurf (Anhang) für eine Revision des Zivilgesetzbuches, 1992, 2.2.2.1, 2.2.2.2.

220   MICHELINE CENTLIVRES-DEMONT, Einbürgerung in der welschen Schweiz – örtliche und regionale Aspekte, ZZW 1991, S. 370 ff.; ROLAND SCHAERER, Die neue Revision des Bürgerrechtsgesetzes, ZZW 1990, S. 197 ff., F/1991/164 ff., I/1990/235 ff.; DERSELBE, Droit de cité communal et droit suisse de la nationalité, ZZW 1991, S. 367–377; BRUNO SCHMID, Entstehung und Entwicklung des Gemeindebürgerrechts, ZZW 1991, S. 359 ff.; RAINER J. SCHWEIZER, Verfassungsfragen einer Abschaffung des Gemeindebürgerrechts, ZZW 1991, S. 380 ff.; TONI SIEGENTHALER, Erwerb und Verlust des Bürgerrechts durch Eheschliessung. Eine Übersicht unter Berücksichtigung der Spezialfälle (Art. 161 ZGB), ZZW 1990, S. 369 ff., F/1991/55 ff. (Abteilung für Zivilstandswesen und Kantonsbürgerrecht des Kantons Bern); DERSELBE, Zur Vermittlung der Zugehörigkeit zu Bürgergemeinden und Korporationen durch das Bürgerrecht, ZZW 1991, S. 378 ff.; MARIO TAMINELLI, Possibili implicazioni della nuova Legge federale sull'acquisto e la perdita della cittadinanza svizzera nei confronti della futura Legge sull'acquisto e la perdita delle cittadinanza ticinese e

dig vom Bürgerrecht ab und wird mit diesem zusammen verloren und erworben. Deshalb gibt es Klagen der freiwilligen oder streitigen Gerichtsbarkeit betreffend den Heimatort nicht als solche, sondern nur als Bestandteil von Verwaltungsgerichtsbeschwerden betreffend das Bürgerrecht.

Die *Änderung des Namens*[222] und/oder *des Vornamens* oder *der Vornamen*[223] stellt einen Akt der freiwilligen Gerichtsbarkeit dar, welchen Art. 30 ZGB den Kantonsregierungen vorbehält. Deren Entscheide konnten früher lediglich mit der staatsrechtlichen Beschwerde angefochten werden; heute steht gegen Verweigerungen auch die Berufung offen[224].

Die Bewilligung der Namensänderung betrifft die öffentliche Ordnung, fällt aber nicht unter das öffentliche Recht. Die Regierung behält zwar diese Zuständigkeit für sich, übt sie aber nur annäherungsweise aus. Man kann sich fragen, ob nicht eine andere Behörde des Zivilstandswesens, beispielsweise die kantonale Aufsichtsbehörde (insofern sie nicht mit dem Regierungsrat zusammenfällt), für diese Aufgabe besser geeignet wäre. Gerichtliche Behörden kommen dafür allerdings nicht in Frage, da sie mit späteren Klagen der streitigen Gerichtsbarkeit auf Anfechtung der Namensänderung befasst werden können. Die *Beibehaltung und die Wie-*

---

dell'attinenza comunale, ZZW 1991, S. 173 ff. und 205 ff.; FRANZISKA VOGEL MANSOUR, Beurkundung des Bürgerrechts, der Abstammung und der familienrechtlichen Verhältnisse, ZZW 1991, S. 382 ff.; WILLI HEUSSLER, Wiederverheiratung der Schweizerin mit einem Schweizer; Bürgerrechtsschlüssel, ZZW 1989, S. 97 f.; ROLAND SCHAERER, Das neue eidgenössische Bürgerrechtsgesetz und die Anschlussgesetzgebung der Kantone ZZW 1990, S. 2 ff., F/1989/332 ff., I/1990/60 ff.; RAINER J. SCHWEIZER, Bürgerrecht und Korporationen, ZZW 1989, S. 337 ff.; ROLAND DUBOUX, Le droit de cité de la femme séparée, veuve ou divorcée, acquis personnellement par naturalisation, se perd-il lors d'un remariage?, 1988, S. 173 f.; M. PERRET, Interprétation du mode d'acquisition du droit de cité, ZZW 1988, S. 373 f.; CYRIL HEGNAUER, Das Kantons- und Gemeindebürgerrecht der Ehefrau im neuen Eherecht, ZBl 1987, S. 251 ff.; DERSELBE, Heimatschein für Ausländer, ZZW 1987, S. 68 f., F/85; ROLAND SCHAERER, Das Bürgerrecht der mit einem Ausländer verheirateten Schweizerin und ihrer Kinder (Übersicht über die Rechtsentwicklung), ZZW 1986, S. 33 ff.; DERSELBE, La révision partielle de la loi sur la nationalité (nationalité de l'enfant de père ou de mère suisse), ZZW 1985, S. 392 ff., I/238 ff.; DERSELBE, La révision de la loi sur la nationalité, ZZW 1984, S. 332 ff., I/1985/53 ff.; MARIO TAMINELLI, La legge sull'acquisto e la perdita della cittadinanza ticinese e dell'attinenza comunale, ZZW 1985, S. 302 ff.; ERIKA DREHER, Traitement dans le registre des familles des personnes ne possédant pas le droit de cité de la commune, ZZW 1985, S. 186 f.; I/41 ff.; MARIO GERVASONI, Zur Revision des Bürgerrechts nach der Volksabstimmung vom 4. Dezember 1983, ZZW 1984, S. 9 f., F/46 ff.; I/25 ff.; DERSELBE, Nuova legge sulla cittadinanza sull'art.9 LC, ZZW 1984, S. 27 ff., 277 ff.; WERNER STUBER, Nationalité suisse selon l'article 5 al.1 lit.a LN, ZZW 1984, S. 83 f.; R. ANGELONI, Die höchstrichterliche Rechtsprechung in Bürgerrechtsfragen, ZZW 1983, S. 9 ff.; RUTH REUSSER, Name und Bürgerrecht, wo stehen wir heute?, ZZW 1983, S. 242 ff.; TONI SIEGENTHALER, Réintégration de l'épouse selon l'article 19 al.1 lit.b LN; inclusion des enfants sous certains conditions, ZZW 1983, S. 53 f.; MARIO TAMINELLI, Le nom et la nationalité de l'épouse et des enfants; statut juridique de ces derniers selon la législation des principaux Etats européens, ZZW 1983, S. 79 ff., I/1982/262 ff.; ROBERTO ANGELOTI, Questions relatives au droit de cité, ZZW 1982, S. 340 ff.; A. HARTWIG, Wirkung des Bürgerrechtsverlustes der Mutter gemäss Art. 9 Abs. 1 BüG, ZZW 1982, S. 8 f., F/84 f.; TONI SIEGENTHALER, Von der Entstehung und Entwicklung des Heimatrechtes im Kanton Bern, ZZW 1982, S. 164 ff.; HANS HALTER, Bürgerrecht der Frau nach Eheschliessung, ZZW 1981, S. 374 f.; H. ANTON KELLER, Vorrangige Bürgerrechtskompetenzen der Kantone, ein Diskussionsbeitrag (NZZ, 10. September 1981), ZZW 1981, S. 281 ff.; CYRIL HEGNAUER, Erwirbt das von einer Schweize-

derannahme des vorehelichen Namens (siehe hinten, Dritter Teil, § 23) unterscheiden sich von der Namensänderung durch ihre Freiwilligkeit; sie sind definitionsgemäss gesetzmässig und nicht anfechtbar, da sie sich nicht auf einen neuen, sondern auf einen schon früher getragenen Namen beziehen. Deshalb mussten sie nicht dem Änderungsverfahren gemäss Art. 30 ZGB unterstellt werden. Die übrigen Fälle von Wiederannahme des Namens sind nicht freiwillig, sondern bewilligungsbedürftig[225].

Auch wenn die Natur schon immer ihre Launen hatte, war doch bis in die jüngste Vergangenheit das *Geschlecht*[226] ein angeborenes und unveränderliches Merkmal des Menschen. Bis vor kurzem stellte sich deshalb im Zusammenhang mit der Beurkundung diesbezüglich nur die Frage der Geschlechtsbestimmung bei mit Anomalien behafteten Menschen. Die Wissenschaft kannte nur die körperlich transsexuellen Personen, bei welchen man sich an die morphologischen Kennzeichen oder an die vorherrschenden Merkmale hielt; denn beurkundbar ist das erkennbare Geschlecht. Personen, welche bei genauer Analyse auch gegengeschlechtliche Merkmale aufweisen, müssen nicht gemäss einer allfälligen anderen seelischen Verfassung oder Neigung, sondern gemäss ihrer körperlichen Erscheinung einge-

---

rin und ihrem ausländischen Ehemann adoptierte Kind das Schweizer Bürgerrecht?, ZZW 1980, S. 39 ff., F/139 ff.; ADY INGLIN, Bürgerrechtsgesetz Artikel 5 Absatz 1 Buchstabe a und Artikel 57 Absatz 6; Auslegung, ZZW 1979, S. 4 ff., F/82 ff.; BEDA BAUMGARTNER, Ein paar kritische Bemerkungen zum neuen Artikel 5 BüG, ZZW 1977, S. 283, F/1978/52 ff.; ERNST GÖTZ, Neue kantonale Bürgerrechtsverordnung im Kanton Zürich, ZZW 1978, S. 342 ff.; CYRIL HEGNAUER, Wann ist eine Mutter "von Abstammung Schweizerbürgerin"?, ZBl 1978, S. 385 ff.; DERSELBE, Das Bürgerrecht des nach Artikel 12b SchlT/ZGB dem neuen Recht unterstellten Adoptionskindes, ZZW 1978, S. 188 ff., F/273 ff.; ANDREAS NABHOLZ, Die neuen Bestimmungen über Erwerb und Verlust des Schweizer Bürgerrechts, ZZW 1978, S. 184 ff., F/242 ff., I/1979/25 ff., S. 57 ff.; ERIKA DREHER, Namensänderung mit gleichzeitiger Bürgerrechtsänderung, ZZW 1977, S. 355; OTTO HENGGELER, Die bürgerrechtlichen Bestimmungen des neuen Kindesrechts, ZZW 1977, S. 280 f.; PIERGIORGIO MORDASINI, Il comune ticinese: realità e prospettive, ZZW 1976, S. 210 ff.; GUSTAV CALUORI, Registre des familles et droits de cité, ZZW 1975, S. 84 ff.; FLAVIO COMETTA, Loi du 10 octobre 1961 sur l'acquisition et la perte du droit de cité tessinois, modifications du 7 janvier 1974, ZZW 1974, S. 384 ff.; ERNST GÖTZ, Die Bürgerrechtsbestätigung, ZZW 1972, S. 147 f., F/1973/22ff.; OTTO HENGGELER, Die Revision des Bürgerrechtsgesetzes, ZZW 1973, S. 295 ff.; ORLANDO TASCHETTA, Aspetti e problemi di vita comunale, ZZW 1973, S. 174 ff.; J. GLAETTLI, L'acte d'origine, ZZW 1972, S. 57 ff.; ANDRÉ CALAME, La question des actes d'origine, ZZW 1971, S. 15 ff., 33 ff.; ADY INGLIN, Kanton Schwyz – Neues Bürgerrechtsgesetz, ZZW 1971, S. 65 ff., F/192 ff.; ERNST RUEGG, Reform des Heimatscheins, ZZW 1971, S. 68 ff., 98 ff., F/311 ff.; ROLAND DUBOUX, Acquisition d'une nationalité par le mariage (liste de pays), ZZW 1970, S. 263 f.; MARIO GERVASONI, Das Bürgerrecht des Adoptivkindes, ZZW 1970, S. 98 ff., F/144 ff.; ERNST GÖTZ, Schaffhouse, la nouvelle loi sur le droit de cité, ZZW 1970, S. 55 ff.; Redaktion ZZW, Le problème des actes d'origine, ZZW 1970, S. 305 ff., 354 ff.; HANS WALTHER, Il problema degli atti d'origine, ZZW 1970, S. 266 ff.; DERSELBE, Heimat- oder Familienschein für die Einwohnerkontrolle?, ZZW 1970, S. 74 ff., F/186 ff.; ANDRÉ GRISEL, L'autorité des décisions prises au sujet du droit de cité, in: Festschrift G. Sauser-Hall, Neuenburg 1952, S. 87 ff.

221   Art. 16 des BG über Erwerb und Verlust des Schweizer Bürgerrechts, SR. 141.0.

222   CYRIL HEGNAUER, Zum amtlichen Gebrauch des Allianznamens, ZZW 1991, S. 271 ff.; DERSELBE, Sind Behörden zum Gebrauch des Doppelnamens gemäss Art.160 Abs. 2 ZGB verpflichtet?, ZZW 1990, S. 289 ff.; DERSELBE, Zum Allianznamen der verheirateten Rechtsanwältin und Notarin, ZZW 1990, S. 100 ff.; DERSELBE, Begrenzung der gesetzlichen Namensänderung für Kinder,

Klage auf Berichtigung der Beurkundung, sondern um eine Personenstandsklage. Sie gleicht in allen Punkten der *Klage auf Geschlechtsänderung* nach einem chirurgischen Eingriff. Sie geht wahrscheinlich auf den Anfang dieses Jahrhunderts zurück und ist ein Sonderfall der allgemeineren Klage, auf eine künstliche oder natürliche körperliche Umwandlung der Person[227]. Körperliche Veränderungen in diesem Sinne können alle auch durch nicht-chirurgische medizinische Behandlungen hervorgerufen werden. Unabhängig von der kantonalen Zuordnung fällt die Klage auf Geschlechtsänderung gemäss Bundesrecht unter die freiwillige Gerichtsbarkeit[228]. Die Klage auf Geschlechtsänderung, genauer auf Feststellung der Geschlechtsänderung und auf entsprechende Berichtigung der Beurkundung,

---

1989–90, S. 198: Das Kind einer früheren Ehe trug den Namen seines mit der Mutter zusammenlebenden Vaters; nach Auflösung des Konkubinats Gesuch der Mutter für das Kind zur Führung des Familiennamens der vor dem Konkubinat verwitweten Mutter; Bewilligung erteilt, da die Situation des Kindes faktisch genau gleich wie diejenige eines Kindes geschiedener Eltern ist; GVP (ZG) 1985–1986, S. 182: Namensänderung bewilligt, um die amtliche mit der privaten Schreibweise in Einklang zu bringen; GRER 1954, S. 60, Nr.13: Verweigerung der Bewilligung, den Adelspartikel "von" wieder aufzunehmen; GRER 1951, S. 31, Nr.13: verweigerte Bewilligung der Namensänderung des Kindes zur Vertuschung des Konkurses des Vaters; GRER 1951, S. 29, Nr.12: Verweigerung der Bewilligung zur Namensänderung zur "Legalisierung" des Konkubinats und der Geburt spätergeborener Kinder; ZZW 1987, S. 142 ff. (RR SG): Das neue Eherecht bildet keinen wichtigen Grund für die Namensänderung der Ehefrau; ZZW 1988, S. 272 ff. (RR AG): Namensänderung eines Scheidungskindes unter dem neuen Eherecht; ZZW 1983, S. 184 f. (JD TI): Namensänderung für einen "nasciturus".

225 ZZW 1985, S. 211, 386 (BG): verweigerte Bewilligung für ein Kind, den wiederangenommenen Mädchennamen seiner Mutter zu tragen; ANDREAS NABHOLZ, Anerkennung einer in Österreich erwirkten Adoption, ZZW 1984, S. 170 f., F/259–260. – BGE 108 II 1 ff.: der erwachsene Adoptierte erwirbt nicht das Bürgerrecht des Adoptierenden und kann seinen früheren Namen unter den ordentlichen Voraussetzungen der Namensänderung wieder annehmen; BGE 105 II 65: Verweigerung der Bewilligung für ein Ehepaar, den vom Stiefvater des Ehemannes vor der Adoption getragenen Namen zu tragen. – BGE 98 Ia 449 ff. (Zusammenfassung): "Die der verheirateten Frau durch Art. 161 Abs. 1 ZGB auferlegte Pflicht, den Familiennamen ihres Ehemannes zu tragen, verbietet es ihr, wie ohne Willkür angenommen werden kann, für sich eine Änderung des Familiennamens zu verlangen"; S. 452: die vom Ehemann der Ehefrau erteilte Bewilligung, nach der Scheidung weiterhin seinen Namen zu tragen, ist lediglich sein Verzicht, ihr dies gerichtlich verbieten zu lassen, hat aber keine weiteren Wirkungen, insbesondere nicht gegenüber den Staatsorganen betreffend die Führung des Zivilstandsregister (BGE 38 II 56).

226 WILLI HEUSSLER, Geschlechtsänderungen im Familienregister, ZZW 1990, S. 166 ff., F/1991/284 ff.; PIERRE AUBERT/HELENE REICH, Der Eintrag der Geschlechtsänderung in die Zivilstandsregister, ZZW 1987, S. 2 ff., F/1986/369 ff.; Geschlechtsänderung für eine Ausländerin, ZZW 1986, S. 83 ff.

227 ZZW 1985, S. 374 ff., F/1986/83 ff. (BezG BS): Geschlechtsänderung einer Ausländerin; RJN 1980–81, S. 38: Gerichtsstand der Klage auf Geschlechtsänderung; BJM 1980, S. 68: Geschlechtsänderung; ZZW 1979, S. 281 ff., F/1980/80 ff. (BezG BS): Geschlechtsänderung. Grundsätzliche Überlegungen, Zuständigkeit und Registereintrag; ZZW 1975, S. 3 ff. (BezG ZH): Geschlechtsänderung; ZZW 1974, S. 307 ff. (BezG VD): Geschlechtsänderung; ZZW 1971, S. 129 f. (BezG BE): Geschlechtsänderung; BZR 1965, S. 102, Nr. 60: Zeigt sich beim Heranwachsen eines Menschen, dass er dem anderen Geschlecht angehört als dem, welchem er zugeteilt wurde, so kann der Richter auf sein Gesuch eine Berichtigung des Zivilstandsregisters anordnen; RJTC VIII, S. 536 ff.: Berichtigung des Zivilstandes nach einer Geschlechtsänderung.

228 BGE 92 II 128 ff.: die Klage auf Geschlechtsänderung unterscheidet sich von der Berichtigungsklage gemäss Art. 45 Abs. 1 ZGB und gehört, wie diese, zur freiwilligen Gerichtsbarkeit; JT 1960 III, S. 28: die Klage auf Geschlechtsänderung fällt nicht unter die Berichtigungsklage.

unterscheidet sich von der Klage als Folge eines ursprünglichen ärztlichen oder administrativen Beurkundungsfehlers. Diese gehört ebenfalls zur freiwilligen Gerichtsbarkeit, ist aber ein Sonderfall der Klage auf Berichtigung des Zivilstandes, welche eigentlich als Klage auf Berichtigung der Beurkundung des Zivilstandes oder auf Berichtigung des beurkundeten Zivilstandes bezeichnet werden sollte.

Der Vorentwurf von 1992 für eine Revision des Zivilgesetzbuches, insbesondere betreffend die Scheidung, schlägt die Einführung eines *freiwilligen Verfahrens zur Auflösung der Ehe auf " gemeinsames Begehren"* vor, wenn sich beide Ehegatten grundsätzlich über eine Scheidung einig sind. Dieser Vorschlag bestätigt die Praxis der einverständlichen Scheidung (Konventionalscheidung), das heisst der Scheidung im gegenseitigen Einvernehmen, unter der unvermeidlichen gerichtlichen Kontrolle[229]. Das Verfahren auf gemeinsames Begehren setzt entweder die umfassende Einigung über die Scheidung und ihre Folgen oder die auf den Grundsatz der Auflösung beschränkte Einigung voraus, wobei im zweiten Fall der Richter "die Folgen zu beurteilen hat, über die sie (die Ehegatten) sich nicht einig sind" (Art. 115, 116 VE ZGB). Da die Voraussetzungen der unter die freiwillige Gerichtsbarkeit fallenden Klage nicht gegeben sind, wird die das eheliche Verhältnis betreffende Klage weiterhin als einseitige Klage unter die streitige Gerichtsbarkeit fallen (Art. 117 VE ZGB).

III. Verschwinden, Anzeichen des Todes und Verschollenerklärung[230]

Der Tod ist – wie auch die Geburt – eine "klassische" Zivilstatsache. Seine Erfassung ist Sache der Staatsorgane und unproblematisch, wenn er durch eine Leiche bewiesen ist. Bei fehlender Leiche ergeben sich Schwierigkeiten[231].

Kann der *Tod, trotz Verschwindens der Leiche, als sicher angenommen* werden, kann die Eintragung administrativ erfolgen[232]. Trotzdem schaltete der Gesetzgeber die Aufsichtsbehörde ein. Der Zivilstandsbeamte handelt nicht von sich aus. Die Beurkundung bei Anzeichen des Todes ist nicht rechtsgestaltender als die sonstige Beurkundung; dennoch führt die Eintragung des Todes zur administrativen Sicherheit und ermöglicht die nachfolgenden Vorgänge. Die Beurkundung des als sicher angenommenen Todes zeitigt keine stärkeren Wirkungen als die sonstige Beurkun-

---

229 Bericht mit Vorentwurf (Anhang) für eine Revision des Zivilgesetzbuches, 1992, S. 1, 41, 46.
230 JEAN-PAUL BOURDIN, La déclaration d'absence et ses conséquences, ZZW 1990, S. 22 f.; La déclaration d'absence, ZZW 1985, S. 228 f.
231 ZZW 1976, S. 250 ff., F/1977/19 ff. (RR SO): administrative Feststellung des Todes; ZZW 1976, S. 74 ff., F/226 ff. (RR SO): administrative Feststellung des Todes; ZZW 1975, S. 439 ff., F/1976/ 157 ff. (RR UR): Eintragung des Todes einer verschwundenen Person im Zivilstandsregister abgelehnt; GRER 1951, S. 33, Nr. 14: Todesfeststellung einer Person, welche sich höchst wahrscheinlich in die Aare gestürzt hat, abgelehnt; Rep 1950, S. 145: obschon der Tod beim Verschwinden eines Flugzeuges sicher erscheint, ist er nicht so sicher, dass er das Verfahren der Verschollenerklärung auslöst; ZZW 1949, S. 48, 66 ff., 134 ff.: Verschwinden in Todesgefahr; RPR 1931–1950, S. 536, Nr. 5786: Eintragung des Todes aufgrund einer Todesvermutung nach Verschwinden.
232 Art. 34, 49 ZGB, Art. 88 ZStV.

dung. Der Gesetzgeber schliesst eine spätere gerichtliche Feststellungsklage nicht aus[233]. Die Feststellung des Lebens nach dem Ereignis ist zwar höchst unwahrscheinlich, jedoch nicht völlig ausgeschlossen. Bisweilen wird die Vorstellung von der Wirklichkeit übertroffen und Personenverwechslungen lassen sich nicht immer ganz ausschliessen. Unter Umständen bestätigen aber auch spätere Informationen den Tod und erlauben Schlüsse auf die näheren Umstände und insbesondere auf die genaue Todeszeit. Spätere Feststellungsklagen fallen unter die streitige Zivilgerichtsbarkeit, welche von jedem Betroffenen befasst werden kann.

Lassen die Umstände nicht auf den sicheren Tod schliessen, muss das Verfahren der *Verschollenerklärung* befolgt werden[234]. Die Verschollenheit wird "erklärt", d. h. eigentlich von der Zivilgerichtsbarkeit rückwirkend aufgestellt. Nach ihrem Inkrafttreten wird sie vom Zivilstandsbeamten eingetragen. Mit dieser Erklärung wird aber das Ableben lediglich vermutet. Eine Rückkehr ist zwar denkbar, aber höchst unwahrscheinlich. Die gerichtliche Aufhebung der Verschollenerklärung wird eingetragen (Art. 91 ZStV). Es handelt sich um ein Verfahren der freiwilligen Gerichtsbarkeit, das in die Zuständigkeit desjenigen Richters fällt, welcher die Erklärung ausgesprochen hatte. Vermitteln spätere Informationen lediglich Angaben über die näheren Umstände und insbesondere die genaue Todeszeit, ist die Zivilgerichtsbarkeit zuständig. In einem solchen Fall handelt es sich nicht um freiwillige Gerichtsbarkeit; zuständig ist die für Zivilstandssachen kompetente Instanz. Die Kompetenzfrage stellt sich nur in denjenigen Kantonen, in welchen nicht die gleiche Instanz über Verschollenheit und Zivilstandssachen befindet.

§ 14. Streitige Gerichtsbarkeit

I. Gegenstand und Befugnis

Die Zivilgerichtsbarkeit befasst sich nicht mit der Beurkundung (sie ist Sache der Zivilstandsorgane und wird in letzter Instanz durch die Verwaltungsgerichtsbarkeit des Bundesgerichtes überprüft), sondern in der Hauptsache mit dem Zivilstand und nur als Nebensache mit dessen Beurkundung.

Je nachdem, ob das Urteil rechtsgestaltend oder feststellend ist, gestaltet es einen Zivilstand oder stellt ihn fest. Rechtsgestaltende und feststellende Zivilstandsurteile führen zur Beurkundung, wenn der veränderte oder festgestellte Zivilstand in der Schweiz beurkundbar ist. Wird er in der Schweiz nicht eingetragen, muss er dem Ausland durch die schweizerischen Gerichtsbehörden mitgeteilt werden. Unter Umständen hat der Betroffene selber dafür zu sorgen, dass das schweizerische Urteil im Ausland anerkannt und eingetragen wird.

---

233   Art. 49 Abs. 2 ZGB, Art. 88 Abs. 2 ZStV.
234   Art. 35 ff., 50 ZGB, Art. 91 ZStV.

Die Kantone weisen ihren Instanzen die Befugnisse im Bereich der Zivilstandsgerichtsbarkeit in Übereinstimmung mit dem Bundesrecht zu. Deshalb müssen
diese Befugnisse so verteilt werden, dass gegen das letztinstanzliche kantonale
Urteil die Berufung beim Bundesgericht offensteht. Die Übertragung der gesamten
oder teilweisen Zivilstandsgerichtsbarkeit an eine untere einzige, vom Bundesrecht nicht vorgesehene kantonale Instanz wäre mit dem Bundesrecht unvereinbar;
denn gegen Urteile eines aufgrund des kantonalen Rechtes als untere einzige
Instanz befindenden Gerichtes kann keine Berufung erhoben werden. In einem solchen Fall müsste der Beklagte die Unzuständigkeit der einzigen Instanz geltend
machen oder Beschwerde bei einer zweiten Instanz erheben. Gegen das die Zuständigkeit bestätigende Urteil im ersten Fall und gegen das die Zuständigkeit vernei-
nende Urteil im zweiten Fall stünde die Nichtigkeitsbeschwerde wegen Anwendung von kantonalem Recht anstelle des anwendbaren Bundesrechts offen. Gegen
das mittels Berufung nicht anfechtbare materielle Urteil der einzigen kantonalen
Instanz könnte auch mit der staatsrechtlichen Beschwerde wegen Verletzung des
Grundsatzes der derogatorischen Kraft des Bundesrechtes vorgegangen werden.

II. Gestaltungsurteile

Im Rahmen der abschliessenden Regelung des Zivilstandswesens sieht das Bundesrecht auch Klagen zu dessen Änderung vor. Die Gesetzgebungskompetenz der Kantone beschränkt sich auf die Gerichtsorganisation und das Verfahren der Zivilstandsklagen. Rechtsgestaltende Zivilstandsurteile betreffen die Auflösung der
Ehe (Scheidung, Aufhebung, Nichtigkeit[235], Auflösung wegen Verschollenheit),
die Vaterschaft (Beseitigung, [rechtsgestaltende] Feststellung, Aufhebung der
Anerkennung) und die Aufhebung der Adoption. Stillschweigend miteingeschlos-
sene Gestaltungsklagen sind im Zivilstandswesen äusserst selten. Als früheres Beispiel ist das dem Kind durch die Rechtsprechung gewährte Klagerecht zur Anfech-

---

235 MARIO GERVASONI, Nullité du mariage contracté pour éluder les règles sur la naturalisation, juge-
ment rendu par la "Pretura" de Bellinzone, ZZW 1985, S. 178 ff., I/1984/381 ff.; TONI SIEGENTHA-
LER, Wenn "unerwünschte" Ausländer heiraten wollen, ZZW 1984, S. 248 ff., F/1985/12 ff.; BLAI-
SE KNAPP, Die Bürgerrechtsehe, ZZW 1984, S. 277 ff., F/1983/331 ff., I/1984/90 ff.; ANDREAS
NABHOLZ, Mariages boiteux, ZZW 1983, S. 56 ff.; DERSELBE, Über die Heilung hinkender Ehen,
ZZW 1982, S. 241 ff. – ZZW 1988, S. 157 (BG): Nichtigerklärung einer Bürgerrechtsehe auf An-
trag des Ehemannes wegen Rechtsmissbrauch abgelehnt.; Beschwerde an BG wegen öffentlichem
Interesse am Nichtweiterbestand einer solchen Ehe gutgeheissen; ZZW 1988, S. 83, I/233 ff.
(AppG BE): Nichtigkeit einer Bürgerrechtsehe; ZZW 1987, S. 169 ff.(OG BL): doch eine nichtige
Bürgerrechtsehe; ZZW 1987, S. 252 ff. (BezG BS): Anfechtung einer im Ausland geschlossenen
Ehe durch den Vormund; ZZW 1972, S. 129 f. (BezG Pays-d'Enhaut): nichtige Ehe (Art. 120 Ziff.
3 ZGB). – ZZW 1988, S. 44 (BG): im Hinblick auf die Erlangung einer Aufenthaltsbewilligung
eingegangene Ehe; die Waadtländer Behörden lehnen Beschwerde ab; Verwaltungsgerichtsbeschwerde gutgeheissen; die Beweggründe zur Ehe sind nicht entscheidend, falls der Wille der Verlobten zum Zusammenleben besteht; ZZW 1987, S. 225 (BG): Ehe zur Erlangung einer Niederlas-
sungsbewilligung.

tung der Vaterschaft[236] zu erwähnen; diese Gesetzeslücke wurde durch Art. 256 ZGB gefüllt.

Gestaltungsurteile ändern mit ihrem Inkrafttreten den Zivilstand von Rechtes wegen (formelle Rechtskraft im Gegensatz zur materiellen Rechtskraft) und werden in die Zivilstandsregister eingetragen. Sie entfalten ihre Wirkung "ex nunc" mit ihrem Inkrafttreten und "ex tunc", falls ihnen rückwirkende Kraft zukommt. Der diesbezügliche Unterschied zwischen Scheidungs-, Beseitigungs- und Vaterschaftsurteilen liegt auf der Hand.

Klagen, welche auf ein Gestaltungsurteil abzielen, werden als Gestaltungsklagen bezeichnet, obgleich sie als solche keine rechtsgestaltende Wirkung besitzen; zudem sind nicht alle, sondern nur ein Teil der in solchen Klagen ergehenden Urteile rechtsgestaltend. Die Scheidungsklage ist eine Gestaltungsklage, doch ausschliesslich das Scheidungsurteil besitzt die rechtsgestaltende Eigenschaft. Das die Scheidung abweisende Urteil ist ein Feststellungsurteil. Die Abweisung der Klage führt weder zu einer Änderung des Zivilstandes noch zu einer Änderung der Beurkundung und wird deshalb nicht mitgeteilt.

III. Feststellungsurteile[237]

Feststellungsklagen und -urteile sind nicht unbedingt von einer ausdrücklichen Gesetzesbestimmung vorgesehen. Eine Liste solcher Klagen und Urteile kann nicht erstellt werden, da jedes Rechtsverhältnis und sogar jedes angefochtene Element eines Rechtsverhältnisses, an dessen Klärung und gerichtlicher Feststellung ein Rechtsträger Interesse hat, Gegenstand eines Urteils sein kann. Somit können die Feststellungsklagen und -urteile weder im allgemeinen noch im besonderen für den Zivilstand aufgezählt werden. Die Feststellungsklagen wurden vom Bundesgericht nicht immer auf die gleiche Weise umschrieben. Zuerst betrachtete das Gericht sie als integrierenden Bestandteil der Gesetzgebungskompetenz der Kantone; später kam es zum Schluss, das Bundesrecht lege ihre Mindestvoraussetzungen fest. Unter diesem Blickwinkel konnten die kantonalen Gerichte das Eintreten auf solche Klagen nicht verweigern und mussten ein Klagerecht anerkennen, falls die vom Bundesrecht – zumeist stillschweigend – aufgestellten Voraussetzungen gegeben waren; hingegen konnten die Kantone grosszügiger sein als der Bund und für solche Klagen weniger strenge Voraussetzungen schaffen; damit verstiessen die in

---

236 BGE 88 II 477 ff.; ZZW 1963, S. 225.
237 GUY FLATTET, L'action en constatation de mariage, JT 1947 I , S. 258 ff. – ZZW 1989, S. 297 (BG): Feststellungsklage gemäss Art. 49 BüG; Prüfung des Grundsatzes von Treu und Glauben beim Erwerb des Bürgerrechts durch ein anderes Mittel als die Ehe; ZZW 1986 S. 97 ff., F/182–183, I/307–308 (Pol.Dir. BE): Bürgerrechtsfeststellung gemäss Artikel 49 BüG; ZZW 1985, S. 207 ff., F/1986/14 ff., I/1986/91 ff. (RR SG): Feststellung des Schweizer Bürgerrechts gemäss Art. 49 BüG; ZZW 1984, S. 101 f., F/373 ff.; Feststellung eines Bürgerrechtsverlustes gemäss Artikel 49 BüG; ZZW 1982, S. 100 ff., F/1983/54 ff. (RR BE): Feststellung des Schweizer Bürgerrechts.

solchen Klagen ergehenden Urteile nicht gegen das Bundesrecht. In einer erneuten Praxisänderung liess sich das Bundesgericht von seinen für die Rechtshängigkeit und die materielle Rechtskraft getroffenen Lösungen leiten und erklärte, die Voraussetzungen der Feststellungsklagen betreffend die materiellen bundesrechtlichen Verhältnisse würden zumindest stillschweigend vom Bundesrecht festgesetzt; seither ist die Feststellungsklage integrierender Bestandteil des Bundesrechts.

Mehrere Bundesvorschriften beziehen sich auf Feststellungsklagen, welche den Zivilstand betreffen, beispielsweise die Klage auf Feststellung des Namens[238], des Lebens oder des Todes[239], der Tatsache oder der fehlenden Tatsache der Geburt[240], des erfolgten Todes[241], der Tatsache oder der fehlenden Tatsache der Eheschliessung[242], des nicht erfolgten Eintretens eines in das Familienregister eingetragenen Zivilstandsfalles[243]. Dies ist aber nur die Spitze des Eisberges. Als Beispiele von vom Bundesrecht stillschweigend vorgesehenen Feststellungsklagen sind zu erwähnen die Klage zur Feststellung der Todeszeit, des Zeitpunktes der Eheschliessung, der Ehe[244], des Kindesverhältnisses zum Vater und/oder zur Mutter[245], der Adoption oder der nicht erfolgten Adoption, des Geschlechts, des Geburtsortes und der Geburtszeit. Das auf die Feststellungsklage erfolgte Urteil kann das Vorspiel zu einer Eintragung oder der Änderung einer Eintragung sein, unabhängig davon, ob eine Änderung verlangt wurde oder nicht. In diesem Zuammenhang stellen sich verschiedene Fragen: Sind solche Urteile nur auf ausdrückliche Anweisung des Richters oder auch ohne solche eintragbar? Beim Vorliegen einer solchen Anordnung ist die Frage beantwortet. Kann im andern Fall, und wenn die Behörde die richterliche Anordnung voraussetzt, eine solche nachträglich noch verlangt werden und wenn ja, bei welchem Richter? Ist es der Richter, welcher zuständig war für die Zivilstandsklage, oder derjenige, welcher sich mit Berichtigungsbegehren zu befassen hat? Es ist der mit der Zivilstandsklage befasste Richter, und zwar gemäss dem Grundsatz, dass die mit der Hauptsache befasste Instanz sich auch mit der Nebensache zu befassen hat. Wenn kein solcher Antrag gestellt wurde und das Gericht nicht von Amtes wegen tätig werden darf – was das kantonale Verfahrensrecht vorsehen kann –, muss unter Umständen in einem zweiten Schritt die Berichtigung der Eintragung aufgrund des im ersten Schritt ergangenen Zivilstandsurteils beantragt werden. Die Berichtigung der Beurkundung kann somit das Ergebnis einer streitigen Zivilstandsklage oder einer nichtstreitigen Berichtigungsklage sein.

Von Privatpersonen im eigenen Interesse erhobene Zivilstandsklagen sind privat-

---

238   Art. 29 Abs. 1 ZGB.
239   Art. 49 Abs. 2 ZGB, übernommen von Art. 88 Abs. 2, 87 Abs. 3 ZStV.
240   Art. 71 Abs. 3 ZStV.
241   Art. 89 Abs. 1 ZStV.
242   Art. 95 Abs. 3 ZStV.
243   Art. 118 Abs. 2 ZStV.
244   BGE 114 II 1 ff., SJ 1988, S. 473 ff.; BGE 105 II 1 ff.
245   RJTC VIII, S. 193 ff.; vorfrageweise Feststellung der Mutterschaft.

rechtlich, von der Behörde im allgemeinen Interesse erhobene Zivilstandsklagen sind öffentlich-rechtlich. Beide können Gestaltungs- oder Feststellungsklagen sein. Obgleich uns kein entsprechendes Beispiel bekannt ist, könnte eine solche Klage auch als "Verbandsklage", beispielsweise von einem Verein, erhoben werden, welcher das kollektive Interesse seiner Mitglieder vertritt. Eltern totgeborener Kinder, welche die Tatsache, dass in solchen Situationen keine rechtliche Möglichkeit für eine Namenseintragung besteht[246], als mangelnde "Totenpflege" beanstanden, könnten sich in einem Verein zusammenschliessen; dieser könnte zur Vertretung des kollektiven Interesses solcher Personen an einer Änderung dieser Praxis (wohl eher in einer Verordnung als in einem Gesetz) legitimiert sein. Für solche Fälle müssten das Verfahren und die anzustrengende Klage oder Beschwerde noch bestimmt werden.

§ 15. Schranken der Zuständigkeiten

I. Anerkennung zwecks Eintragung[247]

Art. 32 IPRG und Art. 137 ZStV befähigen die Aufsichtsbehörden und in letzter Instanz das Bundesgericht, über die Eintragung ausländischer Urkunden zu entscheiden. Damit wird die Beherrschung eines heiklen Gebietes gewährleistet. Der Ausdruck "Urkunde" in Art. 137 ZStV ist im weiten Sinne zu verstehen. Er umfasst nicht nur die streitigen und nichtstreitigen administrativen und gerichtlichen Entscheide, sondern alle ausländischen privatrechtlichen Urkunden, welche den in der Schweiz erfassbaren Zivilstand beeinflussen; ausgenommen sind Tatsachen "stricto sensu", welche von ausländischen Behörden mitgeteilt wurden, sowie direkt beim Zivilstandsamt erklärte Willensäusserungen. Dieses System ist Ausdruck der Territorialität der Beurkundung.

Aufsichtsbehörden und Bundesgericht besitzen diesbezüglich eine ausschliessliche Kompetenz. Die übrigen Verwaltungs- und Gerichtsbehörden können in diesem Bereich auch aufgrund ihrer Zuständigkeiten im Bereich von Anerkennung und Vollstreckung ausländischer Entscheide nicht befinden. Somit ist die Anerkennung durch die Beurkundungsbehörden besonders geartet. Weder kann sie durch ordentliche Anerkennungs- und Vollstreckungsverfügungen ersetzt werden, noch kann die Anerkennung durch die Beurkundungsbehörden an die Stelle des ordentlichen Anerkennungs- und Vollstreckungsverfahrens treten. Dies gilt, obgleich beide Verfahren den gleichen Voraussetzungen gemäss Art. 32 IPRG unterstehen. Somit befassen sich die Beurkundungsbehörden in der Hauptsache ausschliesslich

---

246   Siehe hinten, Dritter Teil, § 19 II).
247   HENRI-ROBERT SCHÜPBACH, Essai panoramique de définition de la reconnaissance et de l'exequatur en matière civile, RJN 1992, S. 1–60.

mit Beurkundungsfragen und allenfalls nur vorfrageweise mit der Anerkennung. Eine ordentliche, als Hauptsache von der zuständigen Behörde erlassene Anerkennungsverfügung bindet die Beurkundungsbehörde, welche lediglich noch die Beurkundung anzuordnen hat; die vorfrageweise ergangene Anerkennung durch die Beurkundungsbehörde bindet dagegen nur die Beurkundungsorgane. Dieses System entspricht dem Grundsatz, wonach sich die Rechtskraft des in der Vorfrage getroffenen Entscheides auf die Entscheidung in der Hauptfrage beschränkt.

Es folgt eine Zusammenfassung der Rechtsprechung, welche zu einer verfeinerten Auslegung von Art. 137 ZStV geführt hat:

BGE 117 II 340 ff.: eine im Ausland ausgesprochene Adoption kann im Familienregister des schweizerischen Heimatortes des Adoptierenden als Volladoption eingetragen werden, wenn sie gemäss dem ausländischen Recht, nach welchem die Adoption ausgesprochen wurde, das ursprüngliche Kindesverhältnis zu den natürlichen Eltern zum Erlöschen bringt. Dies trifft auf eine in den Philippinen ausgesprochene Adoption nicht zu, welche einer einfachen Adoption entspricht; als solche kann sie aber in der Schweiz durchaus ihre Folgen haben.

BGE 117 II 1 ff., SJ 1991, S. 347 f. (bestätigt BGE 110 II 7, Erw. c 1b und weitere zit. Entscheide, entkräftet BGE 87 I 464 ff., welcher als überholt betrachtet wird, und präzisiert BGE 99 Ib 240 ff.): die Aufsichtsbehörde verfügt über eine uneingeschränkte Überprüfungsbefugnis, welche alle Fragen des internationalen Privatrechts umfasst; diese Befugnis schliesst zwar ein kantonales Exequaturverfahren aus, nicht aber eine Klage auf Löschung oder Änderung der Eintragung; die Verfügung der Beurkundungsbehörde ist nur die Voraussetzung für die Eintragung; sie beweist nicht unwiderlegbar Tatsachen, welche gemäss Art. 9 Abs. 1 ZGB widerlegt werden können; sie schliesst die Kompetenz des Richters nicht aus, über die Gültigkeit des Gegenstandes der Eintragung zu befinden: der Scheidungsrichter kann vorfrageweise das Bestehen der Ehe prüfen, auch wenn diese durch ein Urteil aufgelöst worden zu sein scheint, dessen Eintragung angeordnet worden war.

BGE 114 II 1 ff., SJ 1988, S. 473 ff.: der Scheidungsrichter kann die im Ausland vorgenommene Eheschliessung vorfrageweise prüfen und anerkennen, wenn das Zivilstandswesen wegen Kriegswirren gestört war.

BGE 113 II 106 ff.: Ablehnung der Anerkennung und Eintragung der Adoption eines Bulgaren in Bulgarien, durch einen in der Schweiz wohnhaften Schweizer, welche unserer früheren einfachen Adoption entspricht; der Adoptierte ist klageberechtigt; die einfache Adoption steht im Einklang mit dem schweizerischen ordre public; die Aufsichtsbehörde kann eine ausländische Adoption anerkennen; die Verweigerung der Eintragung beeinträchtigt die Wirkungen der einfachen Adoption in der Schweiz nicht; die Eintragung ist nicht rechtsgestaltend und die schweizerische Gerichtsbarkeit muss im Rahmen beispielsweise der Geltendmachung von Nachlassrechten des Adoptierten vorfrageweise über diese Wirkungen befinden.

ZZW 1987, S. 140 (BG): keine Anerkennung einer italienischen Adoption.

ZZW 1986, S. 346 (BG), LGVE 188 I, Nr.3: Anerkennung einer ausländischen (bolivianischen) Ehescheidung.

BGE 110 II 5 ff. (Pra 73, Nr. 130): Ablehnung der Anerkennung und Eintragung einer Ehe, mangels Auflösung der früheren Ehe durch die in der marokkanischen Botschaft in der Schweiz ausgesprochene Verstossung; die Zuständigkeit der kantonalen Beurkundungsbehörden ist allgemein und ausschliesslich, beschränkt sich nicht auf die Prüfung von Formfragen und lässt keinen Raum für kantonale Exequaturverfahren; "ebensowenig wie eine in der Schweiz von einem geistlichen Gericht ausgesprochene Nichtigerklärung einer Ehe (BGE 106 II 180) kann daher vor den schweizerischen Behörden eine Scheidung geltend gemacht werden, die in der Schweiz von einer ausländischen Botschaft ausgesprochen wurde"; die im Ausland geschlossene Ehe muss "durch die Zivilstandsbehörde" anerkannt" werden, welche die Eintragung verweigern darf, wenn die Voraussetzungen des schweizerischen Rechts nicht erfüllt sind". Gemäss IPRG ist die Erlangung eines exequatur oder einer Anerkennung unabhängig von der Eintragung möglich; zwar kann von einer Person, welche einen Zivilstandssachverhalt anerkennen lassen will, die vorgängige Eintragung verlangt werden, falls die Tatsache in der Schweiz eintragbar ist; Anerkennung und exequatur sind aber ebengerade dort von Nutzen, wo eine Tatsache nicht eintragbar ist. Im gegebenen Fall schloss wahrscheinlich der gleiche Grund, welcher die Eintragung verhinderte, auch jede Form der Anerkennung aus.

BGE 106 II 180 ff.: in der Schweiz fällt die Ehe ausschliesslich in die Zuständigkeit der Zivilbehörden; der Entscheid einer kirchlichen Behörde in der Schweiz, welche eine Ehe ungültig erklärt, wird von den schweizerischen Behörden nicht anerkannt; der ordre public-Charakter von Art. 58 Abs. 2 BV verbietet seine ausschliessliche Anwendung auf Schweizer.

BGE 104 Ib 6 ff.: Ablehnung der Anerkennung und Eintragung einer Adoption in Sri Lanka durch in der Schweiz wohnhafte schweizerische Ehegatten; ausschlaggebend für die Eintragung in das Familienregister ist, ob die Adoption in der Schweiz anerkannt wird.

ZZW 1978, S. 277 ff. (RR VD): verweigerte Bewilligung zur Eintragung eines tschechischen Scheidungsurteils.

BGE 99 Ib 240 ff.: ausschliessliche Zuständigkeit der kantonalen Aufsichtsbehörde zur Anordnung der Eintragung ausländischer Zivilstandsurteile; die brasilianische "desquite" hat tiefergreifende Wirkungen als die Trennung, kommt aber der Scheidung nicht gleich.

ZZW 1973, S. 62 ff. (BG): Anerkennung und Eintragung einer ausländischen Ehescheidung im Familienregister der schweizerischen Heimatgemeinde; neue Ehe des Ehemannes ebenfalls anerkannt und im Familienregister eingetragen; Ersuchen der geschiedenen Ehefrau auf Löschung der Scheidungseintragung, weil das Scheidungsurteil in der Schweiz nicht anerkannt werden könne, da sie sich vor dem ausländischen Gericht nicht habe vertreten lassen können; Aufsichtsbehörde verweist die Gesuchstellerin auf den Weg der gerichtlichen Klage.

BGE 97 I 389 ff.(Dal Bosco): Ablehnung der Eintragung ins Familienregister der in Dänemark erfolgten Eheschliessung zwischen einer Schweizerin und einem in der Schweiz durch ein in Italien nicht anerkanntes Urteil geschiedenen Italiener; Verwaltungsgerichtsbeschwerde des italienischen "Ehemanns" unzulässig; Beschwerde der Frau gutgeheissen; ausländi-

sche Eheschliessungen können nur eingetragen werden, wenn die Voraussetzungen für eine Anerkennung in der Schweiz gegeben sind; die mit einem Eintragungsgesuch befasste Behörde kann die Betroffenen nicht anweisen, die anstehenden Fragen des internationalen Rechts vom Richter beantworten zu lassen; die Nachteile der Nichtanerkennung der Ehe überwiegen deutlich diejenigen der Anerkennung; der Kritik am Entscheid Caliaro muss vom menschlichen und sozialen Gesichtspunkt aus recht gegeben, die dänische Eheschliessung muss anerkannt und im Familienregister der Heimatgemeinde der Ehefrau eingetragen werden, ohne Rücksicht auf die Tatsache, dass die früher in der Schweiz ausgesprochene Scheidung in Italien nicht anerkannt wird.

ZZW 1973, S. 40 f., F/249 ff. (DI AG): Verstossung der schweizerisch-marokkanischen Ehefrau nach islamischem Recht anerkannt.

BGE 88 I 48 ff.: die Verstossung einer schweizerischen Ehefrau durch den ägyptischen Ehemann nach ägyptischem Recht wird in der Schweiz nicht anerkannt und eingetragen, selbst wenn die Frau mit der "Scheidung" einverstanden war und die Eintragung verlangt.

GRER 1971, S. 47, Nr.15: Anerkennung einer jugoslawischen Adoption.

BGE 94 I 235 ff.: die Eintragung einer ausländischen Scheidung in die Schweizer Register ist ausschliesslich Sache der Aufsichtsbehörden; die Anerkennungsverfügung kann mit der Verwaltungsgerichtsbeschwerde angefochten werden; früher war die Beschwerde nach der Eintragung unzulässig, und es musste eine administrative oder gerichtliche Berichtigung vorgenommen werden; die neuere Rechtsprechung lässt die fristgerecht eingereichte Beschwerde trotz Eintragung zu; wird die Beschwerde gutgeheissen, muss die Aufsichtsbehörde aufgrund von Art. 51 Abs. 2 ZStV die Löschung der Eintragung anordnen (BGE 91 I 364 ff.); der letztere Entscheid hat die Frage der Eintragung mit Vorbehalt aufgeworfen; die Zivilstandsbehörden haben darauf verzichtet; das BG erachtet als wünschenswert, dass die Eintragung erst nach dem endgültigen Entscheid vorgenommen wird, doch muss der Entscheid mitgeteilt worden sein, damit die Frist zu laufen beginnt; das BG empfiehlt eine Änderung von Art. 137 ff. ZStV

BGE 91 I 364 ff.: auf Art. 137 ZStV beruhende Entscheide können mit der Verwaltungsgerichtsbeschwerde auch angefochten werden, nachdem sie vollzogen und eingetragen worden sind (BGE 87 I 464 ff.); solche Entscheide sollten nur unter Vorbehalt vollzogen werden, wenn sie anfechtbar sind; wird die Beschwerde gutgeheissen, müssen die Eintragung aufgrund von Art. 51 Abs. 2 ZStV gelöscht und die ausgestellten Auszüge berichtigt werden; die Eintragung kann auch bis zum Vorliegen des Beschwerdeentscheides aufgeschoben werden; in beiden Fällen muss die Unsicherheit aus allfälligen Auszügen ersichtlich sein; die auf Art. 137 ZStV beruhenden Anordnungen werden nicht zugestellt und die Beschwerdefrist beginnt mit der Mitteilung an den Zivilstandsbeamten zu laufen; die Eintragungsbewilligung beeinflusst das Schicksal einer Klage wegen Nichtigkeit der eingetragenen Ehe nicht.

BGE 89 I 316 ff., Rep 1963, S. 245: Kind eines italienischen Ehepaars; Unehelicherklärung durch das zuständige Turiner Gericht; im Jahre 1955 Anerkennung des Kindes durch einen Schweizer, vom Zivilstandsbeamten beurkundet und eingetragen: Einspruchverfahren eingeleitet, aber nicht benutzt; die kantonale Aufsichtsbehörde erfährt von der Anerkennung verspätet, informiert das Zivilstandsamt über die Unmöglichkeit der Anerkennung (Art. 104

*aZGB) und ordnet die Löschung der Eintragung an. Beschwerde auf Wiederherstellung des
gelöschten Anerkennungseintrags, mit der Begründung, dass nicht die Aufsichtsbehörde, sondern nur das Gericht die Löschung anordnen kann, gutgeheissen; die Beschwerdefrist wird
durch die Mitteilung der Verfügung der Aufsichtsbehörde ausgelöst, auch wenn der
Beschwerdeführer schon vorher von der Löschung Kenntnis hatte; die Anerkennung, welche
dem schweizerischen Recht am Heimatort des Anerkennenden untersteht, hätte vom Zivilstandsbeamten wegen Unzulässigkeit abgewiesen werden müssen; indem Anerkennung und
Eintragung unbeanstandet erfolgt sind, haben die Registereinträge Beweiskraft erlangt (Art.
9 ZGB und Art. 28 ZStV); das Kind hat den sich aus der Eintragung ergebenden Zivilstand
während mehrerer Jahre besessen; die Aufsichtsbehörde kann die Eintragung nicht löschen;
die Sache fällt unter die Zuständigkeit der Zivilgerichtsbarkeit; das BG "lässt" die Frage der
Wahl zwischen dem Berichtigungsverfahren und der gerichtlichen Anfechtung des Personenstandes "offen".*

*BGE 80 I 427 ff., Rep 1955, S. 210 (Caliaro): Ablehnung der Eintragung einer in England
geschlossenen Ehe zwischen einer Schweizerin und einem aufgrund eines schweizerischen
Urteils getrennt lebenden Italiener. Die Erwägungen über die Kognition der Aufsichtsbehörde gelten heute nicht mehr, doch hätte die heutige Rechtsprechung ebenfalls zur Ablehnung
geführt.*

II. Eintragungsberichtigung[248]

Ursprünglich unrichtige Angaben, welche nicht die rechtliche Wirklichkeit zum
Ausdruck bringen, müssen *berichtigt* werden[249].

Spätere Abweichungen zwischen Wirklichkeit und Aussage der Eintragung verlangen eine *Anpassung* entweder der Erfassung oder des Zivilstandes[250]. *Unvollständige Erfassungen* müssen *ergänzt* werden, wenn die fehlenden Angaben beige-
bracht sind (Art. 50 Abs. 4 ZStV).

Die erste der hier erwähnten Möglichkeiten ist Gegenstand einer besonderen
Regelung, die übrigen ergeben sich aus der Beurkundung.

---

248   Literatur: siehe Dritter Teil, § 21 III und Anm. 326.
249   BlZR 1965, S. 102, Nr. 60: richterliche Berichtigung des eingetragenen Geschlechts, wenn das bei
         der Geburt eingetragene Geschlecht später von den körperlichen Geschlechtsmerkmalen und der
         seelischen Geschlechtszugehörigkeit abweicht. – Rep 1963, S. 12: begründetes gerichtliches Be-
         richtigungsbegehren, anschliessend erneutes, ebenfalls begründetes Begehren auf Berichtigung
         der Berichtigung und Wiederherstellung der ursprünglichen Eintragung.
250   GVP (ZG), 1985–1986, S. 189 (I): Ablehnung der administrativen Berichtigung der üblichen
         Schreibweise "Lutiger" in "Luthiger". – ZWR 1979, S. 271 (Begehren nach Berichtigung des Fa-
         miliennamens Kalbermatter in Kalbermatten): "In die nach dem Bundesgesetz vom 24. Christmo-
         nat 1874 über Zivilstand und Ehe angelegten Zivilstandsregister waren die Familiennamen in der-
         jenigen Fassung einzutragen, wie sie zur Zeit der Einführung dieser Register anerkannt war. Eine
         Berichtigung ist daher nur vorzunehmen, wenn der Familienname eines Mannes und seiner eheli-
         chen Nachkommen seit der Einführung des Zivilstandsregisters bzw. des wichtigen Familienregi-
         sters von einem Zivilstandsbeamten zu Unrecht eingetragen oder abgeändert wurde". – BGE 81 II
         249 ff.: Begehren auf Feststellung des Familiennamens von Tobel (statt Vontobel) und auf Berich-
         tigung der Kirchenbücher und der Zivilstandsregister; Ablehnung; die Berichtigungsklage gegen
         frühere Kirchenbücher ist unzulässig; dem Betroffenen steht hingegen die Namensänderungskla-
         ge offen.

Der Zivilstandsbeamte berichtigt die *vor Abschluss der Eintragung*, d. h. vor der Unterzeichnung entdeckte *Unrichtigkeit* von sich aus (Art. 50 Abs. 1 ZStV). Das Vorgehen ergibt sich von selbst und entspricht dem notariellen Gebrauch.

Die nach *Abschluss der Eintragung entdeckte Unrichtigkeit*[251] wird, von sich aus oder auf Antrag, durch Verfügung der Aufsichtsbehörde berichtigt, wenn sie *"auf offenbarem Versehen oder Irrtum"* beruht (Art. 50 Abs. 2 ZStV)[252].

Das Verfahren ist administrativ, da der Zivilstand als solcher nicht betroffen ist. Die unrichtige Schreibweise von Namen wird ebenfalls nach diesem Verfahren berichtigt, wenn die Rechtschreibung nicht fraglich ist. Kann hingegen ein Name auf verschiedene Arten geschrieben werden und bestehen im gegebenen Fall Zweifel über die richtige, noch zu ermittelnde Schreibweise[253], hat sich damit weder die Verwaltung noch die Verwaltungsgerichtsbarkeit, sondern die *Zivilgerichtsbarkeit* zu befassen (Art. 50 Abs. 3 ZStV)[254]. Keine andere Gerichtsbarkeit, insbesondere auch nicht die Strafgerichtsbarkeit, ist dafür zuständig[255].

Fällt die *Eintragsberichtigung* nicht in die Zuständigkeit der Verwaltung, sondern in diejenige der *Zivilgerichtsbarkeit*, stehen dem Betroffenen zwei Möglich-

---

251   AGVE 1948, S. 361: Berichtigung einer abgeschlossenen Registereintragung.

252   GVP (ZG), 1989–90, S. 200 f. (I): Neugeborener erhält den Namen Denis; das Spitalpersonal verlangt einen zweiten Vornamen, der das Geschlecht des Knaben eindeutig erkennen lässt; Eintragung von Cedric; die Eltern erfahren, dass im Vornamenbüchlein Denis als eindeutig männlicher Name anerkannt ist und wünschen, dass das Kind den einzigen Namen Denis trägt; administrative Berichtigung gutgeheissen; GVP (ZG), 1987–88, S. 224 (I): Blankounterschrift der Geburtsanzeige; Anbringen eines falschen Namens; administrative Berichtigung verweigert; Verweis auf das Namensänderungsverfahren; GVP (ZG), 1985–1986, S. 188 f. (I): Zulässigkeit des administrativen Begehrens auf Umkehrung der Reihenfolge der Vornamen, wenn es kurz nach Ausstellung des Geburtsscheins eingereicht wird und der Vater geltend macht, es sei ihm bei den Angaben im Meldeschein ein Versehen unterlaufen; GVP (ZG), 1983–1984, S. 187 (I): richterliche oder administrative Berichtigung von Severine in Séverine und von Theresa in Theresia oder umgekehrt; die Tatsache, dass das Versehen nicht dem Zivilstandsdienst, sondern den Eltern unterlaufen ist, schliesst die administrative Berichtigung nicht aus; GVP (ZG), 1983–1984, S. 188 (I): Zulässigkeit der von den Eltern unmittelbar nach der Ausstellung des Familienbüchleins begehrten administrativen Berichtigung zur Beifügung eines zweiten Vornamens; ZZW 1978, S. 228 f., F/276–277 (RR UR): Berichtigung im Geburtsregister; BGE 76 I 229 ff.: Begriff des offenbaren Irrtums oder Versehens.

253   GVP (ZG) ,1985–1986, S. 188: Anwendungsbereich der richterlichen und administrativen Berichtigung; die erstere muss bei Ungewissheit angewandt werden.

254   LGVE 1988, S. 1, Nr. 3, ZZW 1986, S. 364 (BG): Berichtigungsklage und Personenstandsklage bei der Eintragung in der Schweiz einer in Bolivien ausgesprochenen Scheidung; ZZW 1975, S. 111 f., F/202–203 (BezG Moutier): gerichtliche Berichtigung des Vornamens Elisabeth in Isabel, da vom Heimatstaat Spanien der Vorname Elisabeth des in der Schweiz geborenen Kindes nicht akzeptiert wird; ZZW 1974, S. 295 ff., F/1975/56 ff. (BezG LU): richterliche Berichtigung des Bürgerrechts und des Kindesverhältnisses eines als ehelich und mit französischer Staatsangehörigkeit eingetragenen Mädchens, welches nach französischem Recht ausserehelich und wie die Mutter Schweizerin war; die Berichtigung ermöglichte die Ehelicherklärung durch nachfolgende Heirat ohne Ehelichkeitsanfechtung; ZZW 1974, S. 8 ff., F/82–83 (RR SZ): Änderung des Familiennamens "Kenel" in "Kennel" im gerichtlichen Namensberichtigungsverfahren abgelehnt, im Namensänderungsverfahren gutgeheissen; SJ 1951, S. 225 (BG): Berichtigung von Zivilstandsregistereintragungen; Zuständigkeit des Richters und der Aufsichtsbehörde.

keiten zur Verfügung, nämlich die auf die Eintragung begrenzte freiwillige Gerichtsbarkeit[256] oder die streitige Gerichtsbarkeit zur endgültigen Feststellung des Zivilstandes[257].

Wird der Zivilstand nicht von Dritten angefochten, stimmt er mit dem angeführten und besessenen Zivilstand überein und ist er deshalb durch die Aufsichtsbehörde nicht anfechtbar, steht der Weg der *freiwilligen Gerichtsbarkeit* offen; im andern Fall muss die *streitige Gerichtsbarkeit* befasst werden.

Diese Wahl kann sich schwierig gestalten[258]. In Kantonen, welche die Aufsichtsbehörde eher nur theoretisch mit der Überprüfung des Zivilstandes beauftragen, wird der Betroffene wahrscheinlich, in Ermangelung eines persönlichen Gegners, weder an den Staatsanwalt noch an die zuständige Behörde gelangen, sondern den Weg der freiwilligen Gerichtsbarkeit wählen. Im Kanton Neuenburg wurde beispielsweise eine der ersten chirurgischen Geschlechtsumwandlungen durch Berichtigungsverfügung erfasst, obgleich der richtige Weg ein Zivilstandsurteil mit Anordnung der Eintragungsänderung gewesen wäre. In einzelnen Kantonen unterscheiden sich diese beiden Rechtsmittel weder hinsichtlich Kompetenz noch hin-

---

255 BGE 101 Ib 9 ff., SJ 1976, S. 207, Zusammenfassung: "Auch wenn ein zu Unrecht bestehender Legitimationseintrag durch eine strafbare Handlung veranlasst wurde, darf er nicht auf dem Verwaltungsweg gelöscht werden; die damit im Widerspruch stehenden Weisungen des Eidgenössischen Justiz- und Polizeidepartementes sind mit der gesetzlichen Ordnung nicht vereinbar"; es ging um ein voreheliches Kind, welches fälschlicherweise als Kind des zweiten Mannes bezeichnet wurde; die Eheleute wurden aufgrund von Art. 216 (heute aufgehoben) und 253 StGB verurteilt.

256 RJN 1987, S. 43: merkwürdiger Entscheid, welcher davon ausgeht, dass ein Gerichtsstand der gerichtlichen Berichtigungsklage nicht ausschliesslich am Ort des zu berichtigenden Registers, sondern auch am Wohnsitz besteht. – RB (UR), 1978–79, S. 42, Nr.2: die Berichtigung wird vom Richter von Amtes wegen angeordnet, sobald die Schreibweise des Namens feststeht; der Richter kann sich nicht mit dem Rechtsprechen begnügen, sondern es ist zudem seine Aufgabe, den in Betracht fallenden Zivilstandsämtern Weisungen zu erteilen; die Berichtigung erfolgt in den verschiedenen Registern, jedoch nicht für Träger des gleichen Namens, welche nicht Gesuchsteller sind; es handelt sich um ein Verfahren der nichtstreitigen Gerichtsbarkeit; deshalb kann der Staat nicht kostenpflichtig erklärt werden; zudem haben festgestelltermassen Angehörige dieser Familie selber durch unterschiedliche Schreibweisen das heutige Durcheinander wesentlich mitverursacht.

257 BlZR 1966, S. 287, Nr. 130: Berichtigung des Zivilstandsregistereintrages; Gerichtsstand; nichtstreitiges Verfahren. – BGE 87 I 464 ff.: eine Eintragung, insbesondere einer ausländischen Scheidung, kann durch eine richterliche Berichtigung (Art. 52 Abs. 1 ZGB), eine administrative Berichtigung (Art. 45 Abs. 2 ZGB) oder eine Klage auf Feststellung oder Änderung des Zivilstandes (Personenstandsklage) in Frage gestellt werden; gemäss Art. 137 ZStV kann die kantonale Aufsichtsbehörde die Eintragung einer ausländischen Scheidung verfügen und ist ein kantonales Exequaturverfahren ausgeschlossen; es ist nicht Sache der Verwaltungsbehörde, in einem Berichtigungsverfahren die Gültigkeit der in Venezuela ausgesprochenen Scheidung und ihre Anerkennung in der Schweiz zu prüfen; insbesondere kann sie nicht beurteilen, was der Ehemann unternommen hat, um ein Kontumazialurteil zu erlangen; offen bleibt die Frage, ob eine ausländische Scheidung noch in Frage gestellt werden kann, nachdem die Eintragung erfolgt ist und die Eheleute weder gegen das Urteil noch gegen die Eintragung vorgegangen sind. – BlZR 1951, S. 315, Nr. 205: richterliche Berichtigung gutgeheissen, wenn Unklarheiten bestehen, aber weder die Interessen des Gemeinwesens noch das Interesse eines Privaten verletzt werden.

258 ZZW 1984, S. 84 ff. (BE): Eintragung eines Zivilstandes aufgrund voneinander abweichender ausländischer Urkunden, Berichtigung durch den Richter; BGE 89 I 316 ff., Rep 1963, S. 245; BGE 86 II 437 ff., SJ 1962, S. 33 ff.

sichtlich Verfahren. Jedenfalls führt das Urteil der streitigen Gerichtsbarkeit endgültig zum Abschluss des konkreten Verfahrens, wohingegen der Entscheid der
freiwilligen Gerichtsbarkeit später durch ein Zivilstandsurteil erneut in Frage
gestellt werden kann[259].

III. Öffentlich-rechtliche Streitfälle

Die Beurkundung des Zivilstandes kann zu verschiedenartigen Streitfällen führen;
sie können die zivilstandsrechtlichen Aufgaben betreffen, wobei sich der Zivilstandsbeamte und die ihn beschäftigende Körperschaft gegenüberstehen, oder es
kann um die aus falsch beurkundeten Tatsachen entstehende Haftung oder auch um
das Bürgerrecht und die Staatsangehörigkeit gehen[260]. Der öffentlich-rechtliche
Charakter solcher Streitfälle ist unbestritten; ihre Verwandtschaft mit privatrechtlichen Institutionen liegt jedoch ebenfalls auf der Hand.

Die Ausübung eines öffentlichen Amtes fällt in den Bereich des Arbeitsrechts,
und die aus falsch beurkundeten Tatsachen entstehende Haftung ist verwandt mit der
zivilrechtlichen Haftung. Aus diesen Gründen wird deren gerichtliche Beurteilung
in den Kantonen unterschiedlichen Instanzen übertragen. Die einen Kantone betrachten diesen Bereich als "erweiterte Zivilgerichtsbarkeit" und übergeben sie der Zivilgerichtsbarkeit. Andere übertragen sie der Verwaltungsgerichtsbarkeit, welche mit
der verwaltungsrechtlichen Klage befasst wird. Insoweit das ZGB die Haftung materiell regelt, stehen die zivilrechtlichen Rechtsmittel beim Bundesgericht unter den
ordentlichen Zulässigkeitsvoraussetzungen offen. In allen anderen Fällen handelt es
sich nicht um zivilrechtliche Streitigkeiten. Zudem kann das Bundesgericht unter
den Voraussetzungen von Art. 41–42 und 116 ff. OG befasst werden.

Streitigkeiten im Zusammenhang mit der Erfassung in anderen Registern als den
Zivilstandsregistern gehören nicht zu unserem Thema[261]; deshalb wird hier nicht
weiter darauf eingegangen.

---

259 RJTC VIII, S. 536 FF; ZZW 1986, S. 140 f., F/1987/24–25, I/59–60 (BezG Brugg): Aufhebung
     der Ehelichkeitsvermutung – Berichtigung.
260 BGE 114 II 404 ff., REC 1989, S. 65 ff., 1991, S. 55 ff.: Art. 161 ZGB gehört zum Privatrecht,
     auch wenn sein Inhalt eher das öffentliche Recht betrifft; ZZW 1988, S. 114 (BG): Gesuch zur An-
     erkennung der Staatsangehörigkeit durch die Mutter, welche ihr Schweizer Bürgerrecht durch Hei-
     rat verloren hat (Art. 57 Abs. 8 lit. a BüG); die Tatsache, dass sich die Mutter nicht um ihr Schwei-
     zer Bürgerrecht gekümmert hat, rechtfertigt die Abweisung von Gesuch und Beschwerden; BGE
     89 I 224 ff: Klage auf Feststellung des Schweizer Bürgerrechts aufgrund von Art. 49 BüG; BGE 75
     I 284 f.: der Besitz des Schweizer Bürgerrechts in guten Treuen während mehrerer Jahre, aufgrund
     einer ordnungsgemäss bewilligten Eintragung im Familienregister, verlangt die Anerkennung des
     Schweizer-und Kantonsbürgerrechtes.
261 EGV 1987, S. 101, Nr.26: Klage zur Berichtigung des Geburtsdatums eines Flüchtlings, nach eides-
     stattlicher Erklärung vor dem Zivilstandsamt des Wohnsitzes; es wird nicht auf das Begehren einge-
     treten, weil keine Eintragung in einem schweizerischen Register vorliegt; das Begehren entspricht
     einem Interesse, kann jedoch nur als Standesfeststellungsklage betrachtet werden, falls eine Eintra-
     gungsänderung beabsichtigt wird; da im gegebenen Fall nur die Berichtigung des Zentralen Auslän-
     derregisters bezweckt wird, welches gemäss BRV vom 20. Oktober 1982 (SR 142.215) geführt
     wird, muss der Verwaltungsweg eingeschlagen werden. Siehe auch BBl 1994 II, S. 444 ff.

Drittes Kapitel

Zivilstandsmässige Rechte und Pflichten

§ 16. Obligatorische Anzeigen[262]

I. Anzeigepflicht

Die Anzeige von Zivilstandstatsachen beim Zivilstandsamt ist die Erfüllung einer Bürgerpflicht, vergleichbar mit der Zeugnispflicht, der Dienstpflicht, der Pflicht zur Aufbewahrung und Herausgabe von Fundgegenständen, der Pflicht zur Hilfeleistung der Polizei usw. Art. 46 und 48 ZGB sehen diese Pflicht vor, ohne die verpflichteten Personen zu nennen oder das Verfahren zu bestimmen. Die Pflicht wird durch die Geburt, das Finden eines ausgesetzten Kindes und den Todesfall ausgelöst; sie wird im einzelnen von der ZStV geregelt.

Die Geburt umfasst in diesem Zusammenhang, ausser dem Geborenwerden, auch die rechtlich nicht als Geburt zu verstehende Fehlgeburt nach dem sechsten Monat der Schwangerschaft. Diese ist Gegenstand einer besonderen Erfassung; die Eintragung in Ermangelung einer Persönlichkeit im rechtlichen Sinne stellt eine Polizeimassnahme dar. Sie geht auf die allmähliche Vereinheitlichung des Privatrechts zurück, wobei sie auch im Rahmen des Bundesrechts unterschiedlich gehandhabt wurde.

Das Finden eines ausgesetzten Kindes[263] führt nicht zu einer zivilstandlichen Anzeigepflicht, sondern zur Pflicht, sich um das Kind zu kümmern und die vom kantonalen Recht bezeichnete zuständige Behörde zu informieren. Das weitere Verfahren, insbesondere bezüglich der Anzeige, ist Sache dieser Behörde, welche zudem das Kind möglichst zu identifizieren oder ihm allenfalls eine Identität zu ver-

---

262 Jean Paul Bourdin, L'enfant trouvé, ZZW 1990, S. 152 f.; Fritz Sturm, Die Wahl des Vornamens. Die elterliche Phantasie und ihre Grenzen, ZZW 1987, S. 201 ff., F/294 ff.; Schweizerischer Verband der Zivilstandsbeamten, Vornamenbüchlein, Brugg 1986; Werner Stuber, Eintragung im Todesregister, Unterschrift des Anzeigenden, ZZW 1981, S. 250 f.; Bruno Werlen, Das schweizerische Vornamensrecht, Diss. Basel 1981; A. Hartwig, Wer bestimmt den Vornamen des Kindes?, ZZW 1977, S. 278 f.; Mathias Wirz, Qui choisit les prénoms de l'enfant légitime, naturel ou reconnu?, ZZW 1977, S. 295 f.; Louis Bosshart, Wege der Vornamensgebung, ZZW 1973, S. 2 ff., 38 ff., 61 f.; A. Hartwig, Die Beurteilung diskutabler Vornamen, ZZW 1972, S. 150 ff., F/267 ff.; Ernst Götz, Über Vornamen. Aufgabe der Zivilstandsbeamten, ZZW 1971, S. 102 ff., F/196 ff.; Fritz Leuenberger, A propos du nouveau livret des prénoms, ZZW 1971, S. 254 f.; Hans Merz, Anfang und Ende der Persönlichkeit, ZSR 1957, S. 321 ff.

263 ZZW 1976, S. 23 ff. (DI TI): Kindesverhältnis eines im Ausland geborenen Findelkindes, Eintragung im Geburtsregister.

schaffen hat. Gesetzlich nicht geregelt ist die Amnesie des Erwachsenen, dessen Zivilstand ungeklärt bleibt. Solche Fälle sind bekannt, werden jedoch im allgemeinen nach kurzer Zeit geklärt. Andernfalls müsste dem Unbekannten zumindest vorübergehend ein Zivilstand geliehen werden, durch analoge Anwendung der Grundsätze, welche für die Aussetzung und für Personen mit Flüchtlingsstatus gelten.

Der Tod ist im von der Rechtsprechung im Kielwasser der Medizin definierten Sinne zu verstehen.

II. Zur Anzeige verpflichtete Personen

Sie werden in Art. 61–65 und 76–78 ZStV aufgezählt. Mehrere Personen sind in einer bestimmten Reihenfolge zur Anzeige verpflichtet. Ist die Anzeige auch durch die zuletztgenannte Person nicht erfolgt, hat die Polizeibehörde sowohl Geburt als auch Tod anzuzeigen.

Die Pflicht umfasst nicht nur die Anzeige der Tatsache, sondern beinhaltet auch deren Beweis (Art. 13 Abs. 3 ZStV). In den meisten Fällen handelt es sich um das Beibringen einer vom Arzt ausgestellten Bescheinigung, welche als Beleg gilt. Fehlt ein solcher Beleg, kann der Zivilstandsbeamte, zu Lasten der Betroffenen, tätig werden. Ist er nicht befugt, die öffentliche Gewalt zu beanspruchen, wird diese dennoch insbesondere bei Widerspenstigkeit im Zusammenhang mit einem Todesfall eingreifen. Solche Schwierigkeiten sind selten. Die Spitäler, welche ihrerseits zur Anzeige verpflichtet sind, nehmen die nötigen Formalitäten vor, bei Todesfällen in Zusammenarbeit mit den Bestattungsunternehmen. Für Hausgeburten schreibt das Bundesrecht das Beibringen einer Bescheinigung nicht vor[264].

Zur Anzeigepflicht gehört im weiteren die Anzeige des Vornamens oder der Vornamen des Kindes. Im Gegensatz zu den eben erwähnten Tatsachen entstehen daraus Rechtsfälle der streitigen Gerichtsbarkeit[265]. Die Verweigerung des Zivilstandsamtes, den oder die von den Eltern gewählten Vornamen einzutragen, kann mit Beschwerde bei der Aufsichtsbehörde und beim Bundesgericht angefochten wer-

---

264   Handbuch Zivilstandswesen, 1.0114, Anm.6, 1.1204, Anm.2.
265   BGE 116 II 504 ff., ZZW 1991, S. 181 ff., F/236 ff.: Zulässigkeit des "middle name" "Van Vleck" als zweiter Vorname nach "Julia"; BGE 109 II 95 ff., SJ 1983, S. 647: Ablehnung des einzigen Vornamens Amel, welcher das Geschlecht des Kindes nicht eindeutig erkennen lässt; die Verfassungsmässigkeit von Art. 69 Abs. 2* ZStV ist unbestritten; die Freiheit der Eltern zur Wahl der Vornamen ihrer Kinder wird durch das Verbot des Rechtsmissbrauches beschränkt; BGE 107 II 26 ff.: Unzulässigkeit des Vornamens "Wiesengrund" mit Rücksicht auf das Kindeswohl und die Interessen Dritter; ZZW 1979, S. 290 f.: zur Zulässigkeit des Vornamens "Pan", Beschluss vom 14. März 1978; ZZW 1978, S. 120 f.: Eintragbarkeit der Vornamen "Toby" und "Charly"; ZZW 1977, S. 125, 1976, S. 225 (BG): Ablehnung der Eintragung von Vornamen, welche das Geschlecht des Kindes nicht eindeutig erkennen lassen; GRER 1975, S. 73, Nr. 19: Eltern wollen ihrer Tochter den Vornamen "Ganga Israela" geben; mehrtägige Diskussionen mit Klinik und Zivilstandsbeamten, um die Mutter davon abzubringen; Eintragung unter dem Vornamen Giordana; einige Wochen später Beschwerde der Mutter mit der Begründung, der von ihr gewünschte Name sei ihr von der Behörde ausgeredet worden; Beschwerde zulässig, aber abgewiesen; BlZR 1966, S. 287,

den. Merkwürdigerweise befinden somit Verwaltungsbehörde und Verwaltungsgerichtsbarkeit in einer primär privatrechtlichen Angelegenheit. Eigentlich sollte
gegen eine solche Verweigerung, wie im Bereich der Namensänderung, Berufung
eingelegt werden können. Da es um eine privatrechtliche Streitigkeit geht, sollten
die Träger des Rechts auf Namengebung zivilrechtlich auf Feststellung klagen können, was aber meines Wissens nie vorgekommen ist. Hingegen scheinen Eltern in
keinem Fall abgelehnt zu haben, ihrem Kind einen oder mehrere Vornamen zu
geben oder den oder die Vornamen anzuzeigen. Als Begründung wäre die Ansicht
denkbar, das Kind sollte seinen Vornamen selber wählen können, sobald es dazu
fähig sei. Ein solches Vorgehen würde der quasi-Verletzung einer Pflicht gegenüber dem Kind gleichkommen und das Eingreifen der Vormundschaftsbehörde
rechtfertigen. Die Zivilstandsbehörden sind nicht berechtigt, an Stelle der Eltern
selber Vornamen zu wählen.

III. Ausübung

Die Anzeigepflicht untersteht keinen Fähigkeitsvoraussetzungen. Mindestens die
Urteilsfähigkeit ist wohl erforderlich, doch werden sich die Ereignisse, welche zu
einer zivilstandsrechtlichen Anzeigepflicht führen, meistens unter urteilsfähigen
Erwachsenen abspielen. Andernfalls müssten die für Übertretungen zuständigen
Behörden über Verantwortlichkeit und Zurechenbarkeit befinden.

    Die Anzeige wird je nachdem mündlich und persönlich oder schriftlich erstattet.
Für die in erster Linie zur Anzeige verpflichteten Personen ist die Stellvertretung
vorgesehen. Die Form der Bevollmächtigung ist besonders geregelt. Die Polizeibehörde zeigt die Tatsachen schriftlich an. Das ZGB sieht eine Anzeigefrist von drei
Tagen für Geburten, von zwei Tagen für Todesfälle vor. Die verspätete Anzeige
führt zur Eintragung auf Verfügung der Aufsichtsbehörde. Jeder Beteiligte kann
bei der Aufsichtsbehörde Meldung erstatten (Art. 133 ZStV).

    Die Verletzung der Pflicht zur Anzeige einer Zivilstandstatsache und die verspä-
tete Anzeige sind gemäss Art. 182 Ziff. 3 und 183 ZStV strafbar.

§ 17. Kenntnis des persönlichen Zivilstandes

I. Recht auf Kenntnis des Inhaltes einer Eintragung

Privatpersonen haben weder das Recht auf direkte Einsicht in die Register noch auf

---

Nr. 130: die Eintragung von sieben Vornamen ist ungebräuchlich, aber zulässig; BGE 82 I 32 ff.:
Zulässigkeit des Vornamens "Ursula Andrea" für ein Mädchen; GRER 1951, S. 27, Nr. 11: Ablehnung des Vornamens "Gaby", weil er nicht mit Sicherheit auf das Geschlecht schliessen lässt und
als Kurzform von "Gabriel" oder "Gabriele" betrachtet wird; BGE 71 I 366 ff.: Unzulässigkeit des
Vornamens "Mayor".

deren Herausgabe (Art. 29 Abs. 2, 30 ZStV). Diese Vorsichtsmassnahme dient der Unversehrtheit, der Bewahrung und der Verschwiegenheit der Register. Die Regel gilt für die hier besprochene Frage der Kenntnis des eigenen Zivilstandes und selbstverständlich noch in grösserem Masse für die Kenntnis des Zivilstandes Dritter.

Die Aufsichtsbehörde kann Privatpersonen ausnahmsweise die Einsichtnahme einräumen, wenn sie dies im gegebenen Fall als begründet erachtet. Sie kann die Herausgabe an Behörden aus zwingenden Gründen bewilligen. Einsichtnahme und Herausgabe werden nach Massgabe des ihnen zugrunde liegenden Interesses eingeräumt. Das Recht wird durch die betroffene Person oder einen ermächtigten, beruflich beauftragten oder sonst glaubwürdigen Stellvertreter ausgeübt. Das Interesse kann insbesondere in der Begutachtung von Unterschriften oder verdächtigen Schriftzügen oder in genealogischen Forschungen bestehen; letztere bedürfen zudem der Einwilligung der Betroffenen, falls sie nicht ausschliesslich historisch oder akademisch begründet sind.

II. Recht auf Bescheinigung des Inhaltes einer Eintragung

Der nicht-öffentliche Charakter der Register schützt die Personen, deren Zivilstand beurkundet ist, grundsätzlich vor der Neugierde Dritter. A contrario ist es angezeigt, ihnen Zugang zwar nicht direkt zu den sie betreffenden Eintragungen, aber zu deren wesentlichem Inhalt zu gewähren, indem ihnen Auszüge der Eintragungen ausgestellt werden (Art. 29 Abs. 3 ZStV).

Die Legitimation zum Verlangen von Auszügen ist in Art. 138 Abs. 2 ZStV geregelt[266]. An erster Stelle steht die persönlich betroffene Person. Wer immer seinen Zivilstand rechtfertigen muss, soll auch die dazu erforderlichen Unterlagen erhalten können.

Das Recht betrifft grundsätzlich nur den Zivilstand im Zeitpunkt des Begehrens. Auszüge von gelöschten, überdeckten oder teilweise gelöschten Eintragungen werden nur mit der Bewilligung der Aufsichtsbehörde abgegeben, für welche selbstverständlich der Nachweis eines Interesses an der Ausstellung Voraussetzung ist (Art. 138 Abs. 3 ZStV).

III. Schranken des Rechts auf Auskunft[267]

Die durch die *Volladoption* geschaffene Fiktion muss mit allen ihren Folgen verwirklicht werden. Das ursprüngliche Kindesverhältnis besteht nicht mehr, und jeg-

---

266 Hans Rudolf Schnyder, Application de l'art. 138 al. 2 OEC, ZZW 1966, S. 129 ff., I/236 ff.
267 Cyril Hegnauer/M. Perret, L'enfant adopté peut-il obtenir des extraits de l'inscription originale de sa naissance (art. 138 OEC), ZZW 1988, S. 2 ff., 347 ff.; Simone Bischof, Recherche des parents de sang par un enfant adopté, ZZW 1987, S. 261 ff.; Paul Martignoni, Zivilstandswesen und Familienforschung am Beispiel des Kantons Bern, ZZW 1987, S. 37 ff.; Thomas Cottier, Kein Recht auf Kenntnis des eigenen Vaters? Urteilsanmerkung, ZZW 1986, S. 374 ff.; Wagner, Sinn und Grenzen des Adoptionsgeheimnisses, ZZW 1979, S. 8 ff., F/150–151.

licher Versuch, dieses weiterbestehen oder wiederaufleben zu lassen, muss unterbunden werden. Das blutsverwandtschaftliche Verhältnis bleibt unberücksichtigt[268]. Dies gilt auch ausserhalb der Adoption[269]. Die Blutsverwandtschaft existiert jedoch, auch wenn sie nicht berücksichtigt wird. Dies führt im Bereich der Adoption zu einem dreifachen Problem, welches durch die Beurkundung gelöst werden kann. Hat erstens der Adoptierte das Recht auf Kenntnis seiner eigentlichen Herkunft? Diese schwerwiegende Frage wurde vom Gesetzgeber durch die Art der Beurkundung zuerst verneint. Der von Art. 24[novies] Abs. 2 lit. g BV gewährleistete Zugang einer Person zu den Daten ihrer Abstammung sieht aber heute das Recht des Adoptierten vor, seine Erzeuger zu kennen (vorn, Einführung, III B 1). Haben zweitens die leiblichen Eltern ein Recht auf Kenntnis des Schicksals ihres Nachkommen? Art. 265a Abs. 3 und 268b ZGB erteilen ihnen die Möglichkeit, die Adoptiveltern, jedoch nur mit deren Einverständnis, zu kennen[270]. Haben drittens die Adoptiveltern das Recht, die leiblichen Eltern zu kennen? Ihr berechtigtes Interesse an solchen Abklärungen ist nicht einzusehen, wenn sie nicht vor der Adoption und als Voraussetzung derselben vorgenommen wurden. Somit werden alle diese Fragen vom primären materiellen Recht beantwortet. Das sekundäre Beurkundungsrecht hat sich zu fügen und darf nicht dazu dienen, das Geheimnis der Blutsverwandtschaft oder der früheren Bindungen unter Missachtung der Bestimmungen des positiven Rechtes zu lüften. Die Zukunft wird zeigen, ob in dieser Frage eine humanistische und realistisch offenlegende Haltung vorzuziehen wäre. Diese Frage betrifft nicht die Beurkundung, sondern das materielle Recht.

Eine Eintragung betrifft grundsätzlich eine einzige Person, kann aber *weitere Personen* miteinbeziehen. Sie kann eine frühere Ehe, eine Anfechtung, eine Anerkennung, eine voreheliche Schwangerschaft, einen früheren Namen usw. enthalten; dies sind alles Elemente, welche der hauptsächlich erfassten Person vielleicht unbekannt sind und an deren Geheimhaltung die betroffenen Personen unter Umständen ein Interesse haben. Ist die erste Person berechtigt, informiert oder zumindest in ihrer Neugierde befriedigt zu werden? Diese Frage kann nicht allgemein beantwortet werden. Es muss in erster Linie untersucht werden, ob der verlangte Auszug nicht so ausgefertigt werden kann, dass die Bedürfnisse der Hauptperson befriedigt und Elemente nicht berührt werden, welche nicht zufällig preisgegeben werden sollten. Wo ein solcher Kompromiss nicht möglich ist, muss man in Kauf nehmen, dass die Wahrheit ans Licht kommt. Die Geheimnisse der Herkunft

---

268　BGE 108 II 344 ff., SJ 1983, S. 385 ff. – ZZW 1981, S. 179 (BG), 1982. S. 216 ff. (RR VD): Recht des urteilsunfähigen Kindes, über seine Situation vor der Adoption informiert zu werden.

269　ZZW 1986, S. 283 (BG): das Kind einer unverheirateten Mutter hat kein Recht auf Auskünfte über seinen Vater.

270　SJ 1983, S. 566 (BG): "Das Bundesrecht schreibt die Mitteilung des Adoptionsentscheides an die leiblichen Eltern, welche nicht die gesetzlichen Vertreter des Adoptierten sind, nicht vor... Es muss ihnen nur, getrennt, die Verfügung mitgeteilt werden, laut welcher von ihrer Zustimmung abgesehen wird ..." (d.v.d.Ü.).

des Menschen führen weit hinter seine persönliche Existenz und sein Bewusstsein zurück. Er muss zwar nicht alles wissen, aber es kann ihm auch nicht alles verborgen bleiben.

Der Zivilstandsbeamte entscheidet über das Verlangen von Auszügen. Die Verweigerung kann angefochten werden, ist aber dazu angetan, das Misstrauen des Betroffenen und seinen vielleicht unberechtigten Verdacht auf das Vorliegen irgendwelcher Geheimnisse zu wecken. Die Beschwerde ist somit nicht unbedingt das angemessene Mittel. Die hierarchische Verwaltungsstruktur ermöglicht es dem Zivilstandsbeamten, vor der Ausstellung eines heiklen Auszuges die Aufsichtsbehörde zu Rate zu ziehen.

§ 18. Kenntnis des Zivilstandes Dritter[271]

I. Beschaffenheit des Zivilstandes

Insoweit Zivilstandselemente nicht dem Gemeinbereich angehören, sind sie Teil des Geheim- und Privatbereichs der Person. Die Theorie der "drei Lebensbereiche", welche das Bundesgericht von der Lehre übernommen hat[272], gilt auch für den Zivilstand und seine Erfassung.

Die Geheimnisse, um welche es im Rechtsleben geht, sind im allgemeinen mit oder ohne Willen ihres Trägers geteilte Geheimnisse, welche ebengerade deshalb geschützt werden müssen, weil sie Dritten bekannt sind. Der Übergang zwischen echten und offenen Geheimnissen ist fliessend. Auch die letzteren werden vor Bestätigungen geschützt, welche die Kenntnis der Beurkundung vermitteln kann. Der Verheirateten- oder Ledigenstand, die Zugehörigkeit zum einen oder anderen Geschlecht und das ungefähre Alter sind öffentliche Elemente, welche der Person gewissermassen äusserlich anhaften. Dies muss aber nicht immer zutreffen. Andere Zivilstandselemente wie beispielsweise kein bestehendes Kindschaftsverhältnis, die Eigenschaft des nicht anerkannten Kindes, des Kindes geschiedener Eltern, der Geschiedenenstand, die unbekannte Abstammung, die Zugehörigkeit zum anderen Geschlecht entgegen dem äusseren Anschein usw. sind geheim oder vertraulich oder können es sein. Zwischen beiden Extremen bleibt Raum für das

---

271   Bundesamt für Justiz, Peut-on communiquer l'heure de la naissance?, ZZW 1990, S. 57 ff.; ANDREAS NABHOLZ, Zur Bezugsberechtigung von Registerauszügen, ZZW 1986, S. 74 f.; ROBERT LANG, Persönlichkeitsschutz im Zivilstandswesen/Praktische Fälle, ZZW 1985, S. 252 ff.; JEAN-PHILIPPE WALTER, Der Schutz von Personendaten und die Zivilstandsregister, ZZW 1985, S. 33 ff.; ANDREAS NABHOLZ, Spionage im Zivilstandswesen, ZZW 1983, S. 70 f., F/258–259; ERNST GÖTZ, Délivrance gratuite du certificat de capacité matrimoniale (accord germano-suisse du 6 juin 1956), ZZW 1974, S. 54 f.; ANDRÉ MARTIN/J. A. WIRTH, Publicité des actes d'état civil, ZZW 1970, S. 161 ff.; ERNST RUEGG, Auskunft der Behörden und Adressenverkauf, ZZW 1970, S. 65 ff.

272   BGE 97 II 97 ff., insbes. Erw. c 3.

Ermessen. Der geheime oder private Charakter kann nicht abstrakt oder theoretisch, sondern nur unter Berücksichtigung der Umstände beurteilt werden. Geburtsdatum, Heiratsdatum, früher getragene Namen, Namensänderungen[273] oft als Folge persönlicher Schwierigkeiten, Kindesverhältnis usw. sind je nach den Umständen und dem von solchen Elementen gemachten Gebrauch geheim oder privat. Man kann durch die Geheimhaltung enger oder lockerer Verbindungen zu einer im positiven oder negativen Sinn bekannten Persönlichkeit sein Privatleben schützen wollen. Das ungefähre Alter und das genaue Geburtsdatum sind zwei verschiedene Dinge. Die Kenntnis des letzteren zum Zweck einer Gratulation oder Überraschung ist nicht das Gleiche wie dessen Nutzung zu Geschäftszwecken.

Private im Besitz der Kenntnis von Zivilstandstatsachen sind aufgrund ihrer Pflicht zur Achtung der Persönlichkeit des anderen zum Schweigen oder zur Diskretion verpflichtet. Sind sie zufällig oder durch den Willen des Geheimnisinhabers zu "Geheimnisträgern" geworden, haften sie für eine Verletzung dieser Pflicht durch Öffentlichmachen der ihnen anvertrauten Tatsachen gegen den erklärten oder vermuteten Willen des Geheimnisinhabers. Personen, welche beruflich oder von Amtes wegen Zugang zum geheimen oder privaten Lebensbereich anderer haben, sind a fortiori zum Schweigen oder zur Diskretion verpflichtet, nicht nur aufgrund der allgemeinen, für jedermann geltenden Bestimmungen, sondern auch durch spezielle, meistens mit Sanktionen verbundene Vorschriften, welche für sie im besonderen gelten.

II. Beschaffenheit der Beurkundung

Besondere Bestimmungen schützen den Zivilstand; im gleichen Sinne müssen auch die Einsicht in die Register und die Kenntnis ihres Inhaltes geregelt werden. Damit der Schutz des Zivilstandes wirksam ist, muss er sich präventiv auch auf die Register erstrecken. Diese müssen vor jedem möglichen Zugriff Dritter geschützt sein. Der Schutz muss auch gegenüber denjenigen Personen gewährleistet sein, welche sich im Rahmen ihrer Arbeit mit den Registern zu befassen haben, sei es als Zivilstandsbeamte, Weibel oder Buchbinder. Der zivil- und verwaltungsrechtliche Schutz wird zudem meistens strafrechtlich verstärkt.

Da die Eintragungen Beweiskraft haben, müssen sie zugänglich sein; ihre Einsicht muss jedoch genau geregelt werden. Beweiskraft heisst nicht Öffentlichkeit. Die Zivilstandsregister müssen insoweit vertraulich oder privat sein, als sie Zivilstandstatsachen enthalten, und sie müssen vertraulich oder privat bleiben. Da die Zivilstandselemente nicht nach ihrer geheimen, privaten oder öffentlichen Beschaffenheit eingeteilt werden können, müssen sie grundsätzlich als nicht öffentlich erklärt und müssen die Grenzen dieses Grundsatzes festgelegt werden. Diesen Auf-

---

273   ZZW 1970, S. 146 ff. (RR SZ): Veröffentlichung der Namensänderung, Art. 30 aZGB.

trag erfüllte der Bundesrat in Art. 29 ZStV im privaten und im öffentlichen Interesse. Die Bestimmung gilt selbstverständlich auch für die elektronischen Daten (Art. 177g ZStV).

Die Tatsache, dass Zivilstandsregister "öffentliche" Register im Sinne von Art. 9 ZGB sind, kann zu Missverständnissen führen. Sie sind nicht in dem Sinne öffentlich, dass sie, wie öffentliche Sachen, allgemein zugänglich sind[274], sondern sie sind öffentlich als Eigentum der Körperschaft, welche ihre Aufbewahrung gewährleistet, und infolge ihres daraus entstehenden amtlichen Charakters. Die italienische Fassung des Art. 9 ZGB verwendet den Ausdruck "publici", welchen sie auch für "öffentliche" Urkunden gebraucht, die französische Fassung bezeichnet die Register als "publics". Diese Ausdrücke bedeuten genau genommen "amtlich", womit die Stellung der Register zutreffend umschrieben wird, unter Vorbehalt ihrer Zugänglichkeit, welche für jedes Register anders geregelt ist; einer besonderen Regelung unterstehen vor allem auch das Handelsregister und das Grundbuch, welche gewissermassen den "Zivilstand" der Handelsgesellschaften und Kaufleute sowie der Grundstücke beurkunden. Entsprechend der unterschiedlichen Beschaffenheit und Aufgaben dieser drei Register ist das Zivilstandsregister am wenigsten öffentlich und seine Einsicht am strengsten geregelt. Das Handelsregister ist frei zugänglich; die Einsicht in das Grundbuch liegt naturgemäss dazwischen.

III. Grundsatz und Ausnahmen

Das Gesetz gewährt Aufsichtsbehörden und Gerichten direkte Einsicht. Die Einsicht der Aufsichtsbehörde in die Register gehört zu deren Aufgabe, da die Register Gegenstand der Aufsicht sind. Die kantonale Aufsichtsbehörde kann diese Befugnis anderen Behörden einräumen, wenn sie deren Interesse an der Einsichtnahme als begründet erachtet (Art. 29 Abs. 2 ZStV). Die Erwähnung anderer Behörden ist sinnvoll, da die Gerichts- und Verwaltungsorganisation nicht einheitlich ist; eine bestimmte Behörde, beispielsweise die Vormundschaftsbehörde, ist im einen Kanton eine Gerichtsbehörde, gehört im andern Kanton zur Verwaltung und untersteht im dritten Kanton der lokalen Körperschaft. Die Gerichte nehmen entweder an Ort und Stelle Einsicht in die Register, oder durch Vorlage in der Verhandlung, mit oder ohne Teilnahme der Parteien und ihrer Vertreter, oder ausserhalb der Verhandlung oder durch bewilligte Herausgabe der Register (Art. 30 Abs. 2 ZStV). Die schweizerischen Gerichtsbehörden können auch vollständige Abschriften verlangen, welche den gesamten Text wiedergeben, unter Vorbehalt

---

274   Die niederländischen Zivilstandsregister sind wirklich öffentlich: ERNST PETERS, Nouveau droit néerlandais régissant les familles et les personnes, ZZW 1971, S. 57, lit.f. Dies war auch in der Schweiz vor Inkrafttreten der ZStV vom 1. Juni 1953 der Fall; Der Zivilstandsbeamte, 1932, S. 995 f.: La notion de l'"intéressé" pour la délivrance des extraits de registre (art. 134 ord. féd.).

der Todesursache, welche bis 1929 in den Todesregistern angegeben war, obgleich sie kein Zivilstandselement darstellt (Art. 143* ZStV). Mit durchgestrichener Todesursache können auch Photokopien ausgestellt werden.

Das Interesse an der Einsicht kann wissenschaftlich, akademisch, statistisch oder pädagogisch begründet sein. Wir behalten die Besichtigung der Zivilstandsämter durch unsere Studenten im Rahmen der Vorlesungen und Seminare in guter Erinnerung. Den statistischen Bedürfnissen kann im allgemeinen durch die Mitteilung von Zahlen ohne Namen genügt werden. Gewisse Studien können jedoch Nachforschungen erfordern, welche man am besten durch den Betroffenen selber vornehmen lässt. Die Befriedigung berechtigter Interessen an der Kenntnis von Zivilstandstatsachen im weiten Sinn ist problemlos, da die Berechtigten zivil-, straf- und sogar verwaltungsrechtlich zur Geheimhaltung verpflichtet sind. Missbräuche könnten dem Verständnis der Behörden und insbesondere der Zivilstandsbeamten für ein berechtigtes Interesse der Öffentlichkeit an ihrem Amt schaden.

Das Bundesrecht ermächtigt die Kantone zur Veröffentlichung abschliessend aufgezählter Zivilstandstatsachen[275], d. h. der Geburten mit Ausnahme der Adoptionen, der Todesfälle, der im allgemeinen lediglich durch Anschlag veröffentlichten Verkündungen sowie der Trauungen (Art. 29 Abs. 5 ZStV). Die diesbezüglichen Mitteilungen können durch Datenträger erfolgen, welche nur den vorgeschriebenen Inhalt aufweisen (Art. 177k lit. b ZStV). Die kantonale Aufsichtsbehörde kann einzelne Zivilstandsfälle von der Veröffentlichung ausnehmen. Die Veröffentlichung beraubt solche Tatsachen ihres privaten Charakters. Allerdings kann eine veröffentlichte Tatsache oder Urkunde im Laufe von Monaten oder Jahren wieder in Vergessenheit geraten und ihre vorübergehende Öffentlichkeit verlieren. Zudem bedeutet die einer Zivilstandstatsache verliehene Öffentlichkeit nicht, dass die Zivilstandsämter zusätzlich private Mitteilungen, insbesondere zu geschäftlichen Zwecken, vornehmen dürfen. Geschäfte, Versicherungsgesellschaften, Banken, Anbieter vom Aussteuern usw. müssen sich ihre Informationen selber anhand der Veröffentlichungen verschaffen. Andere Praktiken kommen vor. Auch wenn sie weder den geheimen noch den privaten Lebensbereich verletzen, sind sie dennoch mit der amtlichen Aufgabe nicht vereinbar[276].

---

275   BGE 114 II 307 ff.: das Genfer Verfahrensrecht sah die Veröffentlichung von rechtskräftigen Scheidungen durch den kantonalen Zivilstandsdienst vor; die Aufsichtsbehörde wies ein Nicht-Veröffentlichungsbegehren ab; Verwaltungsgerichtsbeschwerde beim BG zulässig; die kantonale Bestimmung widerspricht dem Bundesrecht, welches die Veröffentlichung von Zivilstandstatsachen nur in den von ihm abschliessend aufgezählten Fällen zulässt, und verstösst gegen Art. 53 Abs. 2 BV; die Frage der Verletzung von Art. 28 ZGB wird offen gelassen, da Art. 29 ZStV einen Anwendungsfall dieser Bestimmung darstellt.

276   ZZW 1985, S. 377 f. (AB BL): Veröffentlichung von Zivilstandsfällen – Adressvermittlung, Weisungen an die Zivilstandsämter, vom 6. September 1985; GRER 1970, S. 67, Nr. 19: Anordnungen der Aufsichtsbehörde über die Mitteilung von Zivilstandstatsachen zu geschäftlichen und anderen Zwecken.

DRITTER TEIL
Vorgänge im einzelnen

Erstes Kapitel

Erfassung[277]

Die Eintragungen werden in chronologischer Reihenfolge nach dem Zeitpunkt des Eingangs der Anzeigen beim Zivilstandsamt (Art. 46 ZStV) und gemäss genauen Vorschriften vorgenommen, betreffend insbesondere die Rechtschreibung von Namen und Ort, die Zeitangabe[278], das Unterstreichen[279], das Setzen von Klammern[280], von Sternchen[281], das Beifügen von Erklärungen[282] und die Bestätigung,

---

277 TONI SIEGENTHALER, Zur Präzisierung des Geschlechts durch den Zusatz M oder F, ZZW 1986, S. 99 ff., F/185 ff., I/1987/26 ff.; ERNST GÖTZ, Etendue de l'interdiction de mentionner la profession dans les registres de l'état civil, ZZW 1978, S. 76 f.; JAKOB BENZ, Beruf in den Registern. Zur Eintragung des Berufes der Frau in das Eheregister, ZZW 1972, S. 252 f., F/1973/17–18; ERNST GÖTZ, Beruf der Frau in den Registern, ZZW 1972, S. 253 ff., F/1973/18 ff.; ANDRÉ MARTIN, Akademikertitel-Eintragung in die schweizerischen Zivilstandsregister, ZZW 1972, S. 43 ff.; ANDREAS NABHOLZ/TONI SIEGENTHALER, Die Entstehung des Kindesverhältnisses und seine Registrierung in den schweizerischen Zivilstandsregistern. ZZW 1980, S.171 ff., F/184 ff.; GUSTAV SCHIELLY, Wie sind spanische Familiennamen zu registrieren?, ZZW 1978, S. 4 ff., F/72 ff.; DERSELBE, Portugiesische Familiennamen – wie werden sie gebildet?, ZZW 1977, S. 196 ff., F/260 ff.; ERNST GÖTZ, Article 138 alinéa 2 OEC, ZZW 1975, S. 208; DERSELBE, Familiennamen der Witwe und der geschiedenen Frau, die den Ehenamen weiterführen darf, im Eheregister und im nachfolgenden Familienregister sowie im Familienbüchlein, ZZW 1975, S. 265 ff., F/276–277; HANS KUPFER, Aktuelle Formularfragen, ZZW 1975, S. 424 ff.

278 Art. 39 ff. ZStV. – ZZW 1989, S. 382 ff., Kreisschreiben des EJPD über Bestimmung und Eintragung des Namens in die Zivilstandsregister in Fällen mit Auslandberührung; MARIO TAMINELLI, Sur l'interdiction de substituer deux voyelles (ae, oe, ue) aux voyelles avec tréma (ä, ö, ü), Questions pratiques relatives à la nouvelle loi fédérale sur le droit international privé et au droit matrimonial, ZZW 1990, S. 53 ff., I/1989/190 ff.; ZBJV 1986, S. 76: Eintragung fremdsprachiger Familiennamen in ein Familienregister mit Akzenten, wenn sie auch in den Amtssprachen erscheinen; BGE 110 II 324 ff., ZZW 1985, S. 97, 257: Fremdsprachige Familiennamen sind mit den Akzenten in das Familienregister einzutragen, wenn die Akzente auch im Schriftbild schweizerischer Amtssprachen erscheinen; BGE 106 II 103 ff.: Die in einer fremden Sprache erfolgende Abwandlung des Familiennamens nach dem Geschlecht, wie Temelkova für die Ehefrau des Temelkovski, wird in der Schweiz nicht berücksichtigt; das Eheversprechen lautet auf den männlichen Namen des Verlobten; die Rechtsgrundlage dieses Entscheides ist m. E. dürftig; es ist nicht ersichtlich, inwiefern die Verkündung und Eintragung des Namens Temelkova "den Grundsätzen des schweizerischen Namensrechtes widerspricht"! – BGE 102 Ib 245 ff.: Gesuch des deutschen Verlobten und der schweizerischen Verlobten, welche das Schweizer Bürgerrecht beibehielt, um Eintragung ihres Namens im Familienregister (Art. 115 Ziff. 1 lit. b ZStV) nicht als "von Andrian-Werburg" sondern, gemäss dem deutschen Recht, als "Freiherr von Andrian-Werburg", bzw. "Freifrau von. . ."; Abweisung durch alle Instanzen; zwar untersteht der Name grundsätzlich dem Heimat-

dass das Blatt über gewisse Punkte keine Auskunft gibt[283]. Dennoch können gewis-
se Eintragungen den Laien täuschen: das Streichen einer ausländischen Staatsange-
hörigkeit bedeutet nicht deren Verlust[284]; beispielsweise kann die Eintragung der
Adoption zur unwahren Aussage führen, dass eine Ehe kinderlos [285] oder dass ein
Kind, welches in Wirklichkeit vom nachfolgenden Ehemann adoptiert wurde, von
"Dritten" adoptiert worden sei[286]!

Der Zivilstandsbeamte hat sich über die Identität der Personen, die vor ihm
erscheinen und die ihm nicht bekannt sind, zu vergewissern (Art. 13 Abs. 2 ZStV).
Schriftliche Erklärungen werden von der legitimierten Person unterschrieben.
Dokumente im Original oder in Form der beglaubigten Ausfertigung oder Kopie
sind Belege. Die Unterschriften auf den Dokumenten sind im allgemeinen nicht
beglaubigt; der Zivilstandsbeamte hat jedoch, wenn er darum ersucht wird, die
Unterschrift der Personen zu beglaubigen, die vor ihm Erklärungen in Zivilstandssachen abgegeben haben (Art. 14 ZStV). Im Rahmen dieser Befugnis kann der
Zivilstandsbeamte auch vor einem Vorgänger oder Kollegen angebrachte Unterschriften beglaubigen. Die Beglaubigung bezieht sich auf die Tatsache, dass die
Unterschrift im Zivilstandsamt auf dem betreffenden Dokument angebracht worden ist, nicht aber auf den Wahrheitsgehalt des Inhaltes des Dokumentes.

Die Eintragung erfolgt in der oder den Amtssprache(n) des Kantons, bei Bedarf
unter Beiziehung eines Dolmetschers[287]. Ein solches Vorgehen wird "im Register

---

recht des Beschwerdeführers; trotz der bei der Namensführung grundsätzlichen Massgeblichkeit
des Heimatrechtes des Beschwerdeführers stehen der Eintragung des nach Heimatrecht zugelasse-
nen und zum Teil des Namens erklärten Standesprädikates zwingende Vorschriften des schweizerischen Bundesstaatsrechtes entgegen; dabei wird dem Beschwerdeführer die Führung seines
nach Heimatrecht gebildeten Namens nicht untersagt; verweigert wird nur dessen Eintragung in
die schweizerischen Zivilstandsregister, BGE 40 II 431 ff.; die schweizerische Ehefrau kann nicht
mit einem aus dem Familiennamen des Mannes und dem Mädchennamen gebildeten Doppelna-
men in die schweizerischen Zivilstandsregister eingetragen werden; wollen die Beschwerdeführer
nicht lediglich mit dem Partikel "von" eingetragen werden, weil sie unter dieser Bezeichnung
nicht bekannt sind, bleibt es ihnen unbenommen, die Berichtigung der Eintragung durch die Aufsichtsbehörde oder durch den Richter zu verlangen; ZZW 1975, S. 105 ff., F/203 ff. (RR SZ): Gesuch um Namensänderung; Namenspartikel "von"; ZZW 1965, S. 375 (BG): Der schweizerische
ordre public verbietet die Eintragung von Adelstiteln in die Zivilstandsregister (Art. 4 BV); der Familienname "von Branca" wird als "Branca" eingetragen; Beschwerde des Betroffenen vom BG
abgewiesen, welches verneint, dass Adelsprädikate Teil des Namens sind; dies trifft im gegebenen
Fall zu, da das Prädikat anlässlich der Verleihung des Titels "Freiherr" beigefügt wurde (d.v.d.Ü.).
– VERW (AR), Heft VII, 1953–54, 1955–56, S. 135, Nr. 88: vereinfachte Führung der Zivilstandsregister.

279   Handbuch Zivilstandswesen, 6.1202.
280   Handbuch Zivilstandswesen, 6.1211.
281   Handbuch Zivilstandswesen, 6.1722.
282   Handbuch Zivilstandswesen, 6.1411.
283   Handbuch Zivilstandswesen, 6.6802.
284   Handbuch Zivilstandswesen, 6.6242., Anm.5.
285   Handbuch Zivilstandswesen, 6.7211.
286   Handbuch Zivilstandswesen, 6.7311, 6.7322, 6.7702.
287   Art. 9 Abs. 2, 163 Abs. 6 ZStV.

erwähnt"; es handelt sich dabei nicht um eine Anmerkung im technischen Sinne. In einer fremden Sprache mitgeteilte Dokumente werden auf Anordnung der Aufsichtsbehörde ganz oder teilweise übersetzt, und die Übersetzung wird beglaubigt (Art. 137 ZStV).

§ 19. Erfassung in den Einzelregistern[288]

I. Eintragungen und Anmerkungen

Es kann zwischen der Eintragung im engeren und im weiteren Sinn unterschieden werden. Die Eintragung im engeren Sinn ist die hauptsächliche, ursprüngliche Eintragung, bestehend aus Text und Unterschriften, auf dem Blatt eines Spezialregisters. Das Blatt wird durch diese Eintragung eröffnet, die Unterschriften werden angebracht und die letzte Unterschrift, d. h. diejenige des Zivilstandsbeamten, schliesst die Eintragung ab[289]. In den Einzelregistern erfolgt somit die Schliessung unmittelbar oder kurz nach der Eröffnung. Die abgeschlossene Eintragung kann keine weitere Eintragung im engeren Sinn erhalten. Die Angaben unterhalb der Unterschrift des Zivilstandsbeamten bilden nicht Bestandteil der Urkunde[290].

Spätere Eintragungen, Änderungen, Ergänzungen und Berichtigungen haben, ungeachtet der Bedeutung ihres Inhaltes, formell nebensächlichen Charakter und

---

288   CYRIL HEGNAUER, Zum Stand des vor Ablauf von 300 Tagen seit Auflösung der Ehe geborenen Kindes, ZZW 1991, S. 157 ff.; PAUL PIOTET, Kindesverhältnis zum Vater eines innerhalb von 300 Tagen seit Eheauflösung gezeugten und geborenen Kindes und eines während der Ehe gezeugten, aber erst nach Ablauf von 300 Tagen seit Eheauflösung geborenen Kindes, ZZW 1991, S. 152 ff., F/90 ff., I/323 ff.; WILLI HEUSSLER, Zweierlei 300–Tage Kinder. Nicht jedes innerhalb von 300 Tagen seit der Auflösung der Ehe der Mutter geborene Kind ist während der Ehe gezeugt worden. Zu einem Entscheid des Gerichtspräsidiums Rheinfelden vom 17. November 1989, ZZW 1990, S.33 ff. (Übersetzung von Michel Perret), F/119 ff.; PIERRE WIDMER, Procreazione artificiale, genetica e diritto, ZZW 1988, S. 51 ff.; TONI SIEGENTHALER, Enfant commun décédé avant le mariage des parents, ZZW 1986, S. 302 ff., I/1987/60 ff.; DERSELBE, Statusänderung vor der Geburt des Kindes, ZZW 1987, S. 35 ff., F/263, I/60; ANDREAS NABHOLZ, Anerkanntes Kind ehemaliger Ehegatten, ZZW 1986, S. 144 f., F/1987/49–50; CHRISTIAN BRÜCKNER, Künstliche Insemination beim Menschen, ZZW 1985, S. 137 ff., F/219 ff.; ANDREAS NABHOLZ, Wie ist der Zivilstand Verschollener im Todesregister einzutragen?, ZZW 1983, S. 250 f., F/1984/45–46; DERSELBE, Eheliche oder nichteheliche Geburt?, ZZW 1983, S. 283 f.; HERMANN RIETMANN, Eheliche Geburt trotz Abkürzung der Wartefrist, ZZW 1982, S. 194 f., F/1983/50; ARNALDO ALBERTI, Principes et articles de loi régissant la reconnaissance, ZZW 1980, S. 83 ff.; JAKOB BENZ, Beruf in den Registern. Zur Eintragung des Berufes der Frau im Eheregister, ZZW 1972, S. 252 f., F/1973/17–18; WERNER STUBER, Reconnaissance conditionnelle, ZZW 1979, S. 53 ff.; P. ANTONIN, La reconnaissance, ZZW 1978, S. 200; JACQUES ROY, Des effets de la reconnaissance prénatale reçue avant le 1er janvier 1978, ZZW 1978, S. 21 f.; SALVATORE ARENA, Reconnaissance et légitimation, ZZW 1974, S. 379 ff., I/281 ff.; ANDRÉ CALAME, A propos de la "reconnaissance simulée", ZZW 1973, S. 16 f.; ADALBERT CAMENZIND, Das Kindesverhältnis, Legitimation und Anerkennung, ZZW 1972, S. 97 ff., F/261 ff.; JACQUES-MICHEL GROSSEN, L'inscription des enfants morts-nés dans les registres de l'état civil, SJZ 1958, S. 193 ff.

289   Art. 49, 177h ZStV.
290   Handbuch Zivilstandswesen, 3.3711, Anm.8.

sind keine Eintragungen im engeren Sinn, sondern "Anmerkungen". Sie werden als "Randanmerkungen" bezeichnet, womit zum Ausdruck gebracht wird, dass sie hinzugefügt werden[291]. Dennoch sind sie den ursprünglichen Eintragungen gleichwertig, welche mit den Anmerkungen gelesen werden müssen. Als Bestandteil der Eintragung erhalten sie einen Randtitel[292] und werden unterzeichnet und mitgeteilt wie diese[293]. Neue Angaben (Änderungen, Ergänzungen und Berichtigungen) werden ebenfalls am Rand der Eintragung in Fortführung der schon vorliegenden Anmerkungen angemerkt. Die Löschung einer Eintragung im weiten Sinne ist Gegenstand einer "Löschungsanmerkung"[294]. Die Anmerkung kann, wie die Eintragung, gelöscht werden und ist Gegenstand einer "Anmerkungslöschungsanmerkung". Die Anmerkung wird datiert und mit der Unterzeichnung durch den Zivilstandsbeamten geschlossen.

Der Ausdruck "Streichung"[295] ist eher ungebräuchlich und bezeichnet die Löschung eines oder einiger weniger Worte, einer Rubrik, einer Auslassung, einer Anmerkung oder des Teils einer Anmerkung (Art. 119a ZStV). Sie untersteht den gleichen Bestimmungen wie die Eintragungsänderung.

II. Eintragbare Zivilstandselemente und Belege

Einzutragende Tatsachen sind *Geburt und Tod.*

Der *Nachweis der Geburt* wird entweder durch die Anzeige der Geburt durch einen Berechtigten, beispielsweise den Arzt, oder durch eine Bescheinigung erbracht. Mehrlinge werden als solche bezeichnet und in der Reihenfolge ihrer Geburt eingetragen[296]. Das Kindesverhältnis zur Mutter entsteht nach Schweizer Recht allein aus der Geburt, das Kindesverhältnis zum Vater dagegen aus der Ehe mit der Mutter, der Anerkennung oder dem Vaterschaftsurteil (Art. 252 ZGB). Das Adoptionsverhältnis ist ein ordentliches Kindesverhältnis; da es aus Verfügung entsteht, wird es aber gesondert behandelt.

Der *Nachweis des Todes* wird durch die Todesbescheinigung, für das totgeborene Kind durch eine Bescheinigung des Arztes oder der Hebamme erbracht[297]. Nach dem 6. Monat der Schwangerschaft erfolgte Fehlgeburten werden angezeigt und ohne Vornamen im Geburtsregister[298], jedoch weder im Familienregister noch im Todesregister eingetragen[299].

291　Art. 52*, 53 ZStV.
292　ERNST GÖTZ, Von der Randanmerkung (Art.50 bis, 55 ZVO), ZZW 1964, S. 225 ff.; Handbuch Zivilstandswesen, 1.0252, 1.1204, 1.1724, 1.4314, 1.7014, 1.8514.
293　Art. 53, 123 ZStV.
294　Handbuch Zivilstandswesen, 2.6442.1.
295　Handbuch Zivilstandswesen, 6.0222, Anm.12.
296　Handbuch Zivilstandswesen, 1.3714, 6.3711.
297　Art. 82, 66 ZStV.
298　Art. 46 ZGB, Art. 59 ZStV.
299　Art. 69 Abs. 3, 74 Abs. 2, 117 Abs. 1 Ziff. 6 ZStV.

Einzutragende Handlungen sind *Trauung, Anerkennung der Vaterschaft,* seltener der *Mutterschaft.* Die Willenserklärung wird vor dem Zivilstandsbeamten abgegeben, welcher sie direkt abnimmt. Richterliche und testamentarische Anerkennungen werden nicht im Anerkennungsregister, sondern, wie die nachfolgende Ehe, im Geburtsregister eingetragen.

Die Zuständigkeit der Zivilstandsbeamten im Bereich der *Trauung*[300] umfasst die Abnahme des Eheversprechens, die Durchführung des Verkündverfahrens und den Vollzug der Trauung. Unter Vorbehalt der Nottrauung mit abgekürzten Fristen oder ohne Verkündung[301] hat der Trauung die Verkündung des "Eheversprechens" vorauszugehen[302]. Diese Massnahme spielt infolge der heute herrschenden Mobilität nicht mehr die Rolle, welche ihr in einer sesshafteren Gesellschaft zukam, deren Glieder einander kannten; es wird deshalb erwogen, sie durch ein "Vorbereitungsverfahren" zu ersetzen[303]. Die Verkündung soll gewährleisten, dass die Heirat weder gegen die öffentliche Ordnung verstösst noch einem Ehehindernis zugrunde liegenden privaten Interessen zuwiderläuft. Der Zivilstandsbeamte, welcher das Eheversprechen einträgt und öffentlich anschlägt, wird als der "leitende" Zivilstandsbeamte bezeichnet. Die Zivilstandsbeamten der Kreise, in welchen die Verkündung zu erfolgen hat, und auf deren Hilfe der leitende Zivilstandsbeamte angewiesen ist, sind sogenannte "mitwirkende" Zivilstandsbeamte. Die Trauung kann vorgenommen werden, wenn die Verkündung nicht verweigert und weder Einspruch noch eine begründete Klage auf Untersagung des Eheabschlusses erhoben wurde[304]. Für die Vornahme der Trauung und der quasi gleichzeitig erfolgenden,

---

300   JEAN-PAUL BOURDIN, La procédure de publication de mariage et l'enfant commun, ZZW 1991, S.95 f.; DERSELBE, La procédure d'opposition lors des publications de mariage, ZZW 190, S. 308 f.; WILLI HEUSSLER, Das neue Internationale Privatrecht; erste Erfahrungen, ZZW 1989, S. 201 ff., F/226 ff.; RENATO ROSETTI, Sensibilità dell'ufficiale dello stato civile nella procedura matrimoniale, ZZW 1983, S. 188 ff.; TONI SIEGENTHALER, Tücken mit Trauungen im Ausland, ZZW 1983, S. 276 ff.; DERSELBE, Wohnsitzwechsel zwischen Verkündung und Trauung, ZZW 1982, S. 37 f., F/177–178; ARNALDO ALBERTI, La célébration du mariage, ZZW 1981, S. 214 f., I/94 ff., I/1980/152 ff.; ERNST GÖTZ, Autorisation de célébration de mariage pour un étranger domicilié hors de Suisse, ZZW 1981, S. 12 f.; HULDRICH HOHL, Wie gestalte ich die Ziviltrauung?, ZZW 1980, S. 307 f.; HILAIRE DESCHENEAUX, La demande de publication, les actes de publication, ZZW 1977, S. 295; ERNST GÖTZ, Ansetzung des Zeitpunkts der Trauung, ZZW 1977, S. 77 f.; WERNER STUBER, Der Familienschein als Ausweis für die Verkündigung des Eheversprechens einer ledigen Person mit Kind, ZZW 1977, S. 360 ff.; DERSELBE, Formalités de mariage de fiancés ayant un enfant commun terminées avant l'entrée en vigueur du nouveau droit de la filiation, ZZW 1977, S. 387 f.; ERNST GÖTZ, La publicazione del matrimonio, ZZW 1975, S. 28 ff.; DERSELBE, Die Nottrauung (Art. 115 ZGB), ZZW 1973, S. 36 ff., F/245 ff.

301   Art. 164 ZStV.

302   Art. 152, 153 ff. ZStV.

303   Bericht mit Vorentwurf (Anhang) für eine Revision des Zivilgesetzbuches, 1992, S. 1, 16 ff., 20; JACQUES-MICHEL GROSSEN, Note sur trois questions d'actualité, ZZW 1975, S. 411 ff., insbes. S. 413: "Les publications de mariages".

304   Art. 107, 108 ff., 111 ZGB. – ZZW 1989, S. 48 ff. (RR VD): Verweigerung der Trauungsbewilligung, weil die Ehefähigkeit des Verlobten nicht erwiesen war; ZZW 1988, S. 160 ff. (RR LU): keine Trauungsbewilligung ohne Zivilstandsnachweis; BGE 109 II 273 ff., ZZW 1984, S. 255 (BG): Der Fall Paula S. betreffend die Ehefähigkeit wirft unter anderm auch die Frage nach der Prüfungs-

aber feststellenden Eintragung ist der leitende oder jeder andere schweizerische Zivilstandsbeamte zuständig[305]. Gemäss geltendem Recht ist der leitende Zivilstandsbeamte trotz dieser Bezeichnung nicht unbedingt der ausführende Beamte[306]; hingegen wird der Verkündschein von ihm ausgestellt[307]. Wenn somit zwar nicht sämtliche Trauungen in den Registern des leitenden Zivilstandsbeamten aufgeführt sind, hinterlassen sie doch alle ihre Spuren in Form von Belegen, welche in den Eheakten aufbewahrt werden. Die Ehe wird am von den Verlobten für die Trauung ausgewählten Ort eingetragen; der Zivilstandsbeamte trägt grundsätzlich nur alle von ihm vorgenommenen Trauungen ein[308]. Von dieser Eintragung der Trauung sind alle weiteren, sich aus ihr ergebenden Eintragungen in anderen Registern des gleichen Kreises oder anderer Kreise, in der Schweiz oder im Ausland, zu unterscheiden. Die Eintragung im Ausland erfolgter Trauungen gemäss Art. 95 ZStV ist nicht sosehr der ersten, sondern vielmehr den letzteren Eintragungen gleichzusetzen, da sie nicht gleichzeitig erfolgt und keine im Zivilstandskreis vollzogene Trauung festhält; dennoch wird sie nicht im Familienregister, sondern im Eheregister eingetragen. Dass die genaue Zeit der Trauung nicht festgehalten wird, kann dann zu Schwierigkeiten führen, wenn mehrere Trauungen der Verlobten an verschiedenen Orten am gleichen Tag[309] oder an aufeinanderfolgenden Tagen stattfinden, was praktisch möglich ist.

Das bruchstückhafte *Anerkennungsregister*[310] enthält vorerst und grundsätzlich nur Vaterschaftsanerkennungen. Diese setzen ein Kindesverhältnis zur Mutter voraus; gemäss dem Wortlaut von ZGB und ZStV kann ein Kind ohne Kindesverhältnis zur Mutter – allerdings ein Ausnahmefall – nicht Gegenstand einer Vaterschafts-

---

befugnis des Zivilstandsbeamten auf; GRER 1964, S. 55, Nr. 18 (RR), 1951, S. 35, Nr.15 (JD): Verweigerung der Verkündung wegen Urteilsunfähigkeit.

305   Art. 113 ff. ZGB, Art. 92 ff. und 163 ff. ZStV.

306   Bericht mit Vorentwurf (Anhang) für eine Revision des Zivilgesetzbuches, 1992, S.19: "Nach Artikel 99 Absatz 1 des Vorentwurfes wenden sich die Verlobten mit ihrem Ehevorhaben direkt an den Zivilstandsbeamten, den sie für den Vollzug der Trauung ausgewählt haben. ...In diesem Sinne muss die Trauung nach Artikel 104 des Vorentwurfes im Zivilstandskreis stattfinden, in dem das Vorbereitungsverfahren durchgeführt worden ist".

307   Art. 113 ff. ZGB, Art. 161–162* ZStV.

308   Art. 93 ZStV.

309   Toni Siegenthaler, Validité des mariages célébrés à l'étranger, ZZW 1984, S. 17 f., "Doublements mariés".

310   ZZW 1982, S. 285 (BG): Die nicht in der vorgeschriebenen Form (Art. 102 ZStV) eingetragene Anerkennung vor dem Zivilstandsbeamten kann nicht über den Umweg einer von der Aufsichtsbehörde angeordneten Eintragung korrigiert werden (Art. 45 Abs. 2 ZGB, Art. 50 Abs. 2 ZStV); BGE 107 II 403 ff.: Unzulässigkeit einer Vaterschaftsanerkennung, welche an eine Bedingung geknüpft ist; BGE 106 II 236 ff.: Wenn die Anerkennung nach dem Recht, aufgrund dessen sie erteilt wurde, ohne Standesfolge bleibt, muss ihre Eintragung verweigert werden; eine Anerkennung ohne Standesfolge ist der Bestimmung des Registers fremd und demzufolge gemäss Art. 39 ZStV unzulässig. – ZZW 1977, S. 83 ff. (PJD VD): Gesuch um Löschung der Anerkennung eines schweizerischen Kindes durch einen Ausländer. – ZZW 1974, S. 382 ff. (RR LU): Anerkennung mit Standesfolge, nach Auflösung der Ehe der Eltern, eines ausserhalb der noch bestehenden Ehe gezeugten Kindes . – ZZW 1971, S. 3 ff., F/194 ff.(DI ZH): Anerkennungsregister (Beschwerde).

anerkennung sein[311]. Viel seltener werden in diesem Register auch Anerkennungen durch die Mutter beurkundet (Art. 108 ZStV). Das ausgesetzte Kind mit unbekannter Mutter kann Gegenstand einer Anerkennung der Mutterschaft sein; in der Folge kann der Geburtseintrag vervollständigt und allenfalls eine neue Eintragung im Kreis vorgenommen werden, in welchem die Geburt stattgefunden hat; je nach dem Status der Mutter wird zudem ein individuelles Blatt im Familienregister eröffnet. Der Zivilstandsbeamte muss die Beurkundung einer offensichtlich unwahren Anerkennung verweigern[312]. Das Register enthält lediglich die vor dem Zivilstandsbeamten des betreffenden Kreises erfolgten Anerkennungen, nicht aber die gerichtlichen Anerkennungen im Vaterschaftsverfahren, Vaterschaftsurteile und Anerkennungen durch letztwillige Verfügung (Art. 260 Abs. 3 ZGB). Als einseitiger Akt kann die Anerkennung nur als einseitige "Klausel" in einen Erbvertrag aufgenommen werden; der Erblasser kann anerkennen oder nicht anerkennen, nicht aber sich zwingend verpflichten. Die Anerkennung eines Kindes vor seiner Geburt wird später bezüglich Geburt, Geburtszeit und Vornamen ergänzt, in Form einer auf Gesuch des Zivilstandsbeamten von der Aufsichtsbehörde angeordneten Randanmerkung[313].

Feststellende oder gestaltende *Entscheide* der streitigen oder freiwilligen Gerichtsbarkeit, von Gerichts- oder Verwaltungsbehörden, werden je nachdem zuerst in den Einzelregistern als Eintragung oder Anmerkung oder direkt im Familienregister eingetragen. Die gerichtliche Auflösung der Ehe infolge Nichtigkeit, Aufhebung, Scheidung oder Verschollenheit wird nicht im Eheregister, sondern im Familienregister eingetragen. Anerkennung, Vaterschaftserklärung und Anfechtung der Vaterschaft werden am Rande der Geburtseintragung und der Eheeintragung der betroffenen Personen angemerkt. Die eingetragene Aufhebung der Vaterschaftsanerkennung führt zur Löschungsanmerkung im Anerkennungsregister, im Geburtsregister (Anmerkung der Aufhebung der Anerkennung nach der Anmerkung der Anerkennung) und im Eheregister der betroffenen Eheleute. Die Verschollenerklärung wird im Todesregister eingetragen und ihr allfälliger Widerruf dort angemerkt[314]. Desgleichen sind *feststellende Statusentscheide* Tatsachen, bzw. nach der Beurkundung eingetretene Tatsachen, welche als Eintragung und/oder Anmerkung erfasst werden müssen.

Die *Eintragung* bedarf nicht nur eines vollziehbaren Entscheides oder eines anderen Rechtstitels, sondern zudem der *Verfügung der Aufsichtsbehörde* (Art.

---

311   Art. 260 ZGB, Art. 104 ZStV.
312   AGVE 1981, S. 432: Verweigerung der Eintragung einer offensichtlich falschen Anerkennungserklärung.
313   Handbuch Zivilstandswesen, 5.2734.
314   Art. 50 ZGB, Art. 91 ZStV.

197 ZStV) bei Geburt und Tod von Schweizern im Ausland, für welche keine zivilstandsamtliche Urkunden vorliegen, welche aber sonst "in ausreichender Weise"
dargetan werden können (im entsprechenden Register des Heimatortes einzutragen[315]), beim sicheren Tod von in der Schweiz verschwundenen Personen oder von
im Ausland verschwundenen Schweizern[316], bei mehr als sechs Monate verspätet
erstatteter Todesanzeige (Art. 65 ZStV) und bei Adoption und Aufhebung der
Adoption[317]. Die Adoption ist Gegenstand einer besonderen Eintragung im
Geburtsregister und wird im Eheregister des oder der betroffenen Ehegatten angemerkt. Sie kann nicht uneingeschränkt zu den klassischen Eintragungen und
Anmerkungen gezählt werden; die Eintragung wird von der Aufsichtsbehörde
angeordnet und wird vorerst auf dem Blatt des Geburtsregisters des Adoptierten
angemerkt. Dieses wird anschliessend durch ein neues Blatt mit der neuen Eintragung "überklebt", welche die unveränderten und die neuen Zivilstandselemente
des Adoptierten umfasst. Das neue Blatt enthält die "Randanmerkung" der Verfügung der Aufsichtsbehörde, wobei dieser Ausdruck allerdings unangebracht ist, da
es sich nicht um eine "Anmerkung" im technischen Sinne handelt; sie wird nicht
nach Schliessung des Blattes angefügt, sondern ist Bestandteil der Eintragung[318].
Die Aufhebung der Adoption führt zum umgekehrten Verfahren; sie wird auf Verfügung der Aufsichtsbehörde auf dem Zusatzblatt angemerkt; dieses wird abgelöst
und als Beleg aufbewahrt. Schliesslich wird, ebenfalls auf Verfügung der Aufsichtsbehörde, die Aufhebung auf dem "wiederbelebten" ursprünglichen Blatt angemerkt.

III. Beispiele

Die ZStV schreibt die Rubriken der Blätter der vier Einzelregister genau vor[319].

Ihre vom Bundesrat festgelegte Form wurde im Laufe der Jahre mehrmals geändert.

Mit den erforderlichen Bewilligungen versehen geben wir im folgenden je das
konkrete Blatt eines Geburtsregisters, Eheregisters und Todesregisters wieder.

---

315   Art. 71, 87 ZStV.
316   Art. 34, 49 ZGB, Art. 88–90 ZStV.
317   Art. 59 Abs. 3, 73a–73d ZStV.
318   Handbuch Zivilstandswesen, 1.7014, 1.7214, 1.7314.
319   Art. 67 ZStV für die Geburt, Art. 83–84 für den Tod, Art. 94 für die Ehe und Art. 105 für die Aner-
      kennung.

Geburt von Frédéric Louis Sauser, Blaise Cendrars

Duplicata

Folio **291**

Registre des naissances A.

N° 580

Sauser Frédéric Louis

Le ——— Premier ——— Septembre mil huit cent quatre-vingt-sept ——— à Sept — heures quarante-cinq minutes du Soir — est ——— né a la Chaux de Fonds, Rue de la Paix N° 27. ——— Sauser Frédéric Louis ——————— fils légitime de Sauser Georges Frédéric ——— Profession : Négociant fils de Frédéric & de Françoise Elisabeth née Gauthey de Sigriswyl (Berne) ——— domicilié a la Chaux d. Fonds ——— et de Marie Louise née Dorner ——————— fille de Jean & de Marie née Breiting ——————— de Russnacht (Zurich) ——————————

Inscrit au présent registre le Deux ——————— Septembre mil huit cent quatre-vingt-sept ——————— sur la déclaration du père : Georges Sauser. ——————————

Confirmé après lecture faite :

Georges Sauser

Communiqué à Sigriswyl

le 5 Septembre 1887

L'officier de l'état civil :

M. Dufommun

Eheschliessung von Numa Droz, Neuenburg, den 15. April 1872

N° 223
Mariage de
Droz Numa
& Colomb Sophie Louise

L'an mil huit cent septante deux, le quinze Avril, à dix heures du matin, par devant nous Verdan Gustave Substitut de l'Officier de l'Etat Civil à Neuchatel, sont comparus:

Droz Numa, Conseiller d'Etat, originaire du Locle & de la Chaux de fonds, demeurant à Neuchatel, né le vingt sept Janvier mil huit cent quarante quatre à la Chaux de fonds, majeur; fils de feu Droz Eugène & de née Benguerel dit Perroud Louise Elise son épouse, domiciliée à la Chaux de fonds, d'une part;

Et Colomb Sophie Louise sans profession, originaire de Sauges, demeurant à Neuchatel; née le vingt cinq Août mil huit cent quarante neuf à Neuchatel, majeure; fille de Colomb François Louis architecte de l'Etat & notaire, originaire de Sauges & de née Petitpierre Françoise son épouse, d'autre part.

Lesquels nous ont requis de procéder à la célébration de leur mariage. En conséquence, lecture a été faite: 1°. Des publications ordonnées par la Loi, publications qui ont eu lieu sans opposition: 2°. Du chapitre de la Loi sur les droits & devoirs respectifs des époux; nous avons ensuite demandé au futur époux & à la future épouse, s'ils veulent se prendre pour mari & femme, & chacun d'eux ayant répondu séparément & affirmativement, nous avons déclaré, au nom de la Loi, que Droz Numa & Colomb Sophie Louise sont unis par le mariage.

Les pièces relatives à cet acte & déposées aux archives sont au nombre de deux & cotées sous N° 223 (deux cent vingt trois) sixième registre & paraphées.

Fait en séance publique, à l'Hotel de Ville de Neuchatel, en présence de Colomb François Louis, notaire, âgé de cinquante ans, père de l'Epouse & de Colomb Louis Alfred commis âgé de vingt un ans, frère de l'Epouse, tous deux demeurant à Neuchatel, & ont les époux & les témoins signé avec nous après lecture faite.

Numa Droz
L: Colomb
Sophie Louise Colomb
A: Colomb

p. L'Officier de l'Etat civil empêché:
Le Substitut
Gustave Verdan

Tod von Charles L'Eplattenier

Arrondissement de l'état civil d   **LES BRENETS**   **Registre des décès**   Page 5   Form. 2.

№ 5
L'Eplattenier Charles

Le *sept Juin* _____ mil neuf cent
quarante six _____ à *quatorze* _____ heures
environ _____ minutes est décédé — *aux Brenets, au lieu dit*
Joube de la Joffière selon certificat médical, _____
L'Eplattenier Charles _____
profession : *peintre - statuaire* _____
originaire des *Geneveys sur Coffrane* _____
domicilié *à La Chaux-de-Fonds, chemin de Pouillerel 2* ____
né — le *9 Octobre* _____ 18*74* _____
fils de *L'Eplattenier Firmin* _____
et de *Amélie née Junod* _____
état civil *époux de Adrienne née Tripet* _____

Inscrit au présent registre le *8 Juin* _____ 19*46* sur la déclaration
du Directeur de la Police Locale _____

Confirmé après lecture   L'officier de l'état civil :
E. Rosselet   *Aubert*

Communiqué : *le 11 Juin 1946 aux Offices de Coffrane et de La Chaux-de-Fonds*

§ 20. Erfassung im Familienregister[320]

I. Abgeleitete, sekundäre Eintragungen

Die Eintragungen im Familienregister bestehen grundsätzlich ebenfalls aus Eintragungen und Anmerkungen. Dennoch unterscheiden sie sich insofern von den Eintragungen in den Einzelregistern, als sie Übertragungen von Eintragungen und Anmerkungen und als solche nicht ursprüngliche, primäre, sondern abgeleitete, sekundäre Eintragungen sind. Es gibt auch Ereignisse, welche vor ihrer Eintragung im Familienregister nicht in ein Einzelregister aufgenommen worden sind; es handelt sich dabei um Ereignisse, welche im Ausland eingetreten, dort beurkundet, von den ausländischen Behörden mitgeteilt und auf Verfügung der Aufsichtsbehörde im Familienregister eingetragen wurden. Solche Eintragungen haben somit ebenfalls sekundären Charakter, obwohl sie nicht erst nach einer primären Eintragung in einem schweizerischen Einzelregister erfolgen. Im Ausland eingetretene Zivilstandstatsachen, für welche weder ein Zivilstandsdokument noch eine ausländische Entscheidung in einer angemessenen Ausführung oder Kopie vorliegt und deren Eintragung die schweizerische Aufsichtsbehörde verfügt, wenn sie in ausreichender Weise dargetan sind, werden nicht direkt im Familienregister eingetragen. Solche Fälle werden vorerst in den Einzelregistern beurkundet, so dass ihre Eintragung im Familienregister ebenfalls erst sekundär erfolgt. Der durch den Erwerb eines neuen Bürgerrechts erhaltene neue Heimatort wird ebenfalls nicht direkt im Familienregister eingetragen, da er sich, insoweit er nicht auf Kindesverhältnis oder Ehe beruht, auf den vorherigen Erwerb des Bürgerrechtes stützt, welchem ein entsprechender Verwaltungsakt zugrunde liegt.

Die Unterscheidung von Eintragungen und Anmerkungen in den Einzelregistern verwischt sich jedoch mehr oder weniger im Familienregister, da in diesem Register alle Eintragungen gewissermassen besonders geartete Anmerkungen sind. Als Übertragungen werden sie nicht unterzeichnet[321], sondern enthalten den

---

320 WILLI HEUSSLER, Ehetrennung im Familienregister, ZZW 1990, S. 71 ff.; HERMANN RIETMANN, Familienregisterblatt für die verheiratete Frau?, ZZW 1984, S. 203, F/1985/50–51; ARNALDO ALBERTI, Wird man der Ehefrau im Familienregister ein Blatt eröffnen müssen?, ZZW 1984, S. 104 ff., F/80 ff., I/51 ff.; ERIKA DREHER, Zur Behandlung der Nicht-Bürger im Familienregister, ZZW 1984, S. 41 ff., F/186–187; WERNER STUBER, Ein Sonderfall der Familienregisterführung, ZZW 1983, S.68 ff., F/144–145; JEAN-PAUL BOURDIN, Le registre des familles, ZZW 1981, S. 384 ff.; MICHEL PERRET, La mention "adopté" dans le registre des familles, ZZW 1981, S. 225 f.; ANDREAS NABHOLZ, Die aktuelle Problematik der Familienregisterführung, ZZW 1981, S. 137 ff.; FRITZ SCHEURER, L'actuelle problématique de la tenue du registre des familles, ZZW 1981, S. 258 ff.; GUSTAV CALUORI, Registre des familles et droits de cité, ZZW 1975, S. 84 ff.; PAUL MARTIGNONI, Les problèmes du nom dans le registre des familles, ZZW 1975, S. 86 f.; ANDRÉ CALAME, De la désignation de l'épouse au registre des familles et dans le livret de famille, ZZW 1974, S. 52 f.

321 Mit Ausnahme der Löschung eines Blattes durch den Zivilstandsbeamten auf Verfügung der Aufsichtsbehörde, Handbuch Zivilstandswesen, 6.0254, 6.1711, 6.6601, 6.6901.

Hinweis auf die Eintragungen oder Fundstellen in den anderen Registern des Zivil-standsamtes, was das Auffinden der primären Eintragungen und der ihnen zugrunde liegenden Belege ermöglicht.

Das Festhalten an dieser Unterscheidung auch im Familienregister wäre im Hinblick auf dessen Aufgabe ungeeignet. Da das aufgrund von Art. 115 ZStV einmal eröffnete Blatt den Zivil- und Familienstand der Personen zu "verfolgen" hat, muss es die Eintragungen späterer Änderungen aufnehmen, was grundsätzlich für die Einzelregister nicht zutrifft, welche "sogleich" abgeschlossen werden (Art. 49 Abs. 2, 177h ZStV). Das Blatt des Familienregisters wird nicht abgeschlossen. Wird – beispielsweise anlässlich der Heirat eines Kindes – ein Nachfolgeblatt eröff-net, so wird das Vorgangsblatt in bezug auf dieses Kind nicht weitergeführt (Art. 117a ZStV). Ein Blatt kann nur als abgeschlossen betrachtet werden, wenn für alle darin vorkommenden Personen ein Nachfolgeblatt eröffnet worden ist oder wenn alle diese Personen gestorben sind. Eine Mehrzahl von Heimatorten zieht die gleichzeitige Führung eines Blattes in der entsprechenden Mehrzahl von Registern nach sich.

II. Eröffnung und Eintragung

Es ist zwischen der *Eröffnung* eines Blattes und den darin vorgenommenen *Eintragungen* zu unterscheiden. Es sind dies zwei verschiedene Vorgänge, welche die ZStV unterscheidet und welche nicht immer gleichzeitig erfolgen. Die Eröffnung eines Blattes setzt mindestens eine Eintragung, eine Eintragung aber nicht unbedingt eine Eröffnung voraus. Zivilstandstatsachen können auch ohne vorgängige Eröffnung eines Blattes eingetragen werden, beispielsweise beim Tod einer Person, welche keine Familie gegründet hat und kein individuelles Blatt besitzt. Andere Zivilstandstatsachen führen zur Eröffnung eines Blattes und zur unverzüglichen Eintragung, wieder andere führen zur Eintragung in einem schon früher eröffneten Blatt, je nachdem, ob es sich beispielsweise um die Geburt des Kindes einer unverheirateten Mutter oder verheirateter Eltern handelt.

Die *Fälle,* in welchen ein Blatt *eröffnet* wird, werden in Art. 114 und 115* ZStV beschrieben; in der sich über drei Seiten erstreckenden Aufzählung der Rubriken (Art. 117 ZStV) wird nach Tatsachen, Handlungen und Entscheiden unterschieden. Der gemeinsame Nenner solcher Blatteröffnungen ist die Gründung einer Familie im weiten Sinne, d. h. der Erwerb einer Unabhängigkeit von derjenigen Familie, aus welcher die Person stammt oder zu welcher sie vorher gehört hat. Diese Unabhängigkeit ist offensichtlich bei der Heirat, für die Frau bei der Scheidung, beim ausserehelichen Kindesverhältnis; sie ist weniger offensichtlich beim Erwerb eines neuen Bürgerrechtes, ist sehr verhalten bei der Namensänderung oder wenn das Kind einen andern Namen führt als die übrige Familie, und ist quasi nicht erkennbar beim Kind einer Witwe ohne eigenes Blatt (Art. 115 Abs. 1 Ziff. 4 lit. b* ZStV), beim aufgehobenen Kindesverhältnis zum Ehemann einer Mutter ohne eigenes Blatt (Art. 115 Abs. 1 Ziff. 7* ZStV) und beim Findelkind. Die Eröffnung eines Blattes ist ein ausschliesslich beurkundungstechnischer Vorgang. Sie hat keine eigenständige Bedeutung in bezug auf das kollektive Blatt, welchem die Person vorher angehört hat. Die Bedeutung liegt in der Eintragung, welche der Eröffnung des Blattes zugrunde liegt. Das einmal eröffnete Blatt bleibt offen, solange es Personen enthält, welche Eintragungen erhalten können, d. h. bis zur allfälligen Eröffnung eines Nachfolgeblattes oder bis zu seiner Löschung. Die Löschung erfolgt beim Verschwinden der "unabhängigen Familie", bei Heirat der ledigen Mutter oder bei Aufhebung der Anerkennung des Vaters (Art. 119a Abs. 1 ZStV). Sie kann auch die Folge einer klassischen Löschung in Verbindung mit einer Berichtigung sein (Art. 119a Abs. 4 ZStV). Die Aufsichtsbehörde kann Löschungen und Eröffnungen aus Gründen der Zweckmässigkeit anordnen[322]. Eine Person kann auf mehreren Blättern des gleichen Familienregisters eingetragen sein; sie alle müssen nachgeführt werden[323].

Tatsachen, welche bei Schweizern in der Schweiz eingetreten sind, werden nach ihrer Eintragung in einem Einzelregister im Familienregister eingetragen. Tatsachen, welche bei Schweizern im Ausland eingetreten sind und in ausländischen Registern beurkundet wurden, werden mitgeteilt und direkt im Familienregister eingetragen. Gehen solche Tatsachen nicht aus den ausländischen Zivilstandsakten hervor, werden sie auf Verfügung der Aufsichtsbehörde im schweizerischen Einzelregister und anschliessend im Familienregister eingetragen. Tatsachen, welche bei Ausländern in der Schweiz eingetreten sind, werden im entsprechenden Einzelregister eingetragen. Sie können nicht im Familienregister eingetragen, jedoch den ausländischen Behörden mitgeteilt werden (Art. 122 ZStV). Erscheint der Ausländer ausnahmsweise im Familienregister, muss die Eintragung erfolgen; die Schweizerin beispielsweise, deren Ehemann die ausländische Staatsangehörigkeit beibehalten hat, muss in der Schweiz über ein Dokument verfügen, mittels welchem sie den Nachweis ihres Zivilstandes und allenfalls ihres Witwenstandes erbringen kann.

In der Schweiz vorgenommene eintragbare *Handlungen* werden in den diesbezüglichen Einzelregistern beurkundet. Betreffen sie einen Schweizer, werden sie im oder in den Familienregister(n) eingetragen. Betreffen sie Ausländer, können sie nicht eingetragen werden, es sei denn, sie erscheinen ausnahmsweise im Familienregister. Einen Schweizer betreffende, im Ausland vorgenommene eintragbare Handlungen werden direkt im Familienregister eingetragen.

---

322   Handbuch Zivilstandswesen, 6.6601, 6.6901.
323   Handbuch Zivilstandswesen, 6.0222, Anm. 7.

Entscheide von Schweizer Behörden werden, mit oder ohne Erwähnung im Einzelregister, im Familienregister eingetragen, wenn sie einen Schweizer betreffen. Dies gilt für Entscheide über Namensänderung, Geschlechtsänderung, die Vaterschaft und ihre Anfechtung. Betreffen sie einen Ausländer, können sie nicht im Familienregister eingetragen werden, es sei denn, dieser erscheine ausnahmsweise im Familienregister. Ausländische Entscheide werden aufgrund der Anerkennungsverfügung der Aufsichtsbehörde eingetragen, wenn sie einen Schweizer betreffen.

Art. 119 Abs. 1 ZStV zählt auf, welche Dokumente als Belege zum Familienregister behandelt werden. Art. 119 Abs. 2 ZStV stellt fest, dass die Übertragung von Zivilstandselementen aus dem eigenen Einzelregister keiner Belege bedarf.

III. Beispiel

Art. 117 ZStV legt den Inhalt des Blattes des Familienregisters fest, dessen Form der Bundesrat bestimmt.

Unter den gleichen Vorsichtsmassnahmen wie vorn reproduzieren wir nachfolgend das Originalblatt von Charles Edouard Jeanneret-Gris, Le Corbusier, heimatberechtigt in Le Locle und Ehrenbürger von La Chaux-de-Fonds, wo ein identisches Blatt eröffnet ist.

Blatt des Familienregisters der Heimatgemeinde von Charles Edouard Jeanneret-Gris, Le Corbusier

Commune de Le LOCLE   10408   Form. 6.

Jeanneret-Gris, Incorporé *par filiation* — en outre ressortissant d –

Numéro du feuillet: **208**

Lieu et date de la naissance:	Feuillet des parents:		Changements d'état civil, de nom et de bourgeoisie:	Lieu et date du décès:
La Chaux-de-Fonds 6 octobre 1887		Charles-Edouard, fils de Georges-Edouard et de Marie-Charlotte-Amélie née Perret	Incorporé dans le droit de cité d'honneur de La Chaux de Fonds le 8 octobre 1917.	Roquebrune Cap Martin 27 août 1965

		Epouse:	Lieu et date du mariage:		
Monaco 1. janvier 1892		Jeanne-Victorine Gallis, fille de Jean Baptiste et de Marie Perpina née Crovetto	Paris 8ᵐᵉ 18 décembre 1930		Boulogne-Billancourt 5 octobre 1957

Enfants: Feuillets subséquents:

Blatt des Familienregisters der Gemeinde, in welcher Charles Edouard Jeanneret-Gris, Le Corbusier, Ehrenbürger war

| | | | Commune de LA CHAUX-DE-FONDS | | No 17 | Form. 6. |

| Jeanneret-Gris | Incorporé dans le droit de cité d'honneur, le 8 Octobre en outre ressortissant du Locle. 1957 | Numéro du feuillet 517 |

Lieu et date de la naissance :	Feuillet des parents :	(dit Le Corbusier)	Changements d'état civil, de nom et de bourgeoisie :	Lieu et date du décès :
La Chaux-de-Fonds, le Octobre 1887.		Charles Edouard, fils de Jeanneret Gris, Georges Edouard, et de Marie Charlotte Amélie née Perret.		Roquebrune Cap Martin 27 août 1965.
		Epouse : Lieu et date du mariage :		
Monaco 1er Janvier 1892.		Jeanne Victorine née Gallis, fille de Gallis, Jean Baptiste et de Marie Joséphine née Crovetto	Paris 6e 18 décembre 1930.	Boulogne-Billancourt Seine, France 5 octobre 1957.
		Enfants : Feuillets subséquents :		

§ 21. Erfassung späterer Tatsachen

Im Gegensatz zum dynamischen Zivilstand ist dessen Erfassung, wie jede andere
noch so biegsame Form, statisch. Es stellt sich deshalb die Frage, wie diese Form
sich immer wieder verändernde Gegebenheiten getreu zum Ausdruck bringen
kann. Die Gegebenheiten, welche zeigen, dass die Erfassung nicht mehr den Tatsachen entspricht, und welche eingetragen werden müssen, gliedern sich in drei Gruppen, nämlich in *Änderungen, Ergänzungen*[324] und *Beurkundungsfehler*, insbesondere ungültige oder überflüssige Eintragungen.

Statusänderungen, Ergänzungen und Berichtigungen führen zu neuen Erfassungen und zu Löschungen. Letztere erfolgen auf Verfügung des Richters, der Aufsichtsbehörde oder durch den Zivilstandsbeamten von sich aus (Art. 51, 55 ZStV).
Gewissermassen als Dokumentarfilm über den Status natürlicher Personen behalten die Register ihre Bedeutung auch nach deren Tod und werden weder geschnitten
noch verbessert. Die Löschung ist ein Zusatz, welcher das Lesen der gelöschten Eintragung weiterhin erlaubt. Sie wird am Rande angemerkt (Art. 50 Abs. 5 ZStV) und
ist in ihrer Art ebenfalls eine Eintragung. Die Löschung des Blattes eines Einzelregisters oder des Familienregisters erfolgt auf Verfügung der Aufsichtsbehörde[325].

Art. 123 ZStV sieht allgemein vor, dass spätere Eintragungen auf die gleiche
Weise, den gleichen Behörden und den gleichen Personen mitgeteilt werden wie
die seinerzeitigen ursprünglichen Eintragungen, auf welche sie sich beziehen.

I. Änderung des Zivilstandes

Die Eintragung gibt einen Zivilstand getreu wieder, welcher sich infolge Todes,
Geburt, Ehe, Auflösung der Ehe, Verschollenerklärung, deren Widerruf, Änderung
des Geschlechts usw. verändert hat.

Das Familienregister bildet das letzte Aufnahmegefäss solcher Änderungen.
Heikel ist nicht die Frage, ob sie im Familienregister eingetragen werden müssen;
sie sind dort einzutragen und gegebenenfalls den ausländischen Behörden mitzuteilen (Art. 122 ZStV). Heikel ist vielmehr die Frage, ob sie im Blatt eines Einzelregisters zu vermerken sind. In zahlreichen Fällen ist dies zu bejahen, indem Ereignisse
wie Geburt, Tod, Ehe und Anerkennung in erster Linie einzeln zu erfassen sind.
Andere Ereignisse wie die Adoption und ihre Aufhebung, die Anerkennung und
ihre Aufhebung, die Vaterschaftserklärung und ihre Aufhebung (nach Revision)
werden im Geburtsregister als Anmerkung festgehalten. Wieder andere Ereignisse
werden nicht in Einzelregistern erfasst: die Auflösung der Ehe wird nicht im Eheregister, der Tod, obgleich er die Persönlichkeit auslöscht, nicht im Geburtsregister
vermerkt.

---

324   Handbuch Zivilstandswesen, 2.5544.
325   Handbuch Zivilstandswesen, 5.1724, Anm. 10.

Gewisse Fragen lassen sich aber nicht so eindeutig beantworten. Die Beantwortung der Frage, ob die Geschlechtsänderung im Geburtsregister eingetragen werden muss, ist abhängig von der Beweiskraft dieses Registers, bzw. der Auszüge aus diesem Register, nicht nur rechtlich, sondern auch sachlich und im Alltagsleben. Beweist das Geburtsregister lediglich die Geburt und den Zivilstand bei der Geburt, besteht kein Anlass, spätere nicht rückwirkende Änderungen einzutragen. Geht man hingegen davon aus, dass das Geburtsregister insbesondere auch das Geschlecht zu verfolgen hat, muss dessen Änderung erfasst werden. Da der Auszug aus dem schweizerischen Geburtsregister die letztgenannte Aufgabe zweifellos weder rechtlich noch sachlich zu erfüllen hat, muss eine solche Änderung nicht eingetragen werden. Die Sachlage kompliziert sich aber dadurch, dass unter Umständen ausländische Geburtsregister diesen Auftrag oder überhaupt Aufgaben, welche unser Familienregister erfüllt, zu gewährleisten haben; in einem solchen Fall müsste eine im schweizerischen Geburtsregister nicht eingetragene Geschlechtsänderung dennoch im entsprechenden ausländischen Register beurkundet und zu diesem Zweck den ausländischen Behörden mitgeteilt werden. Diese Sachlage könnte die systematische Erfassung von Geschlechtsänderungen erfordern, auch wenn es nicht Aufgabe des Einzelregisters ist, diesen Status nachzuweisen oder seine Änderungen zu verfolgen. Ähnliche Überlegungen können für die Namensänderung angestellt werden.

II. Ergänzung lückenhafter Erfassungen

Erfassungen sind lückenhaft mangels genügender Kenntnis des Zivilstandes einer Person. Solche Fälle sind selten, da die Aufgabe der Beurkundung ebengerade darin besteht, in den Besitz dieser Kenntnisse zu gelangen.

Die Aussetzung und der Fund einer nicht sogleich identifizierbaren Leiche führen zu lückenhaften Erfassungen. Das Findelkind wird unter einem ihm von der Behörde "geliehenen" Zivilstand eingetragen. Bleibt der tatsächliche Zivilstand unauffindbar, behält das Findelkind den ihm von der Behörde gegebenen Zivilstand endgültig (Art. 72 ZStV). Die Eintragung ist zwar lückenlos, doch dauert der geliehene Zivilstand unter Umständen nur kurze Zeit. Die nicht identifizierte Leiche wird im Todesregister nicht unter einem geliehenen Zivilstand, sondern aufgrund dessen eingetragen, was bekannt ist und aus den Umständen des Fundes hervorgeht (Art. 84 ZStV). Beide Eintragungen werden ordentlich geschlossen und bleiben mangels neuer Tatsachen in diesem Zustand. Lüftet sich später das Geheimnis, wird die Veränderung als Randbemerkung eingetragen (Art. 51 ZGB). Die Beurkundung der Geburt wird ergänzt, indem das Kind so – oder fast so – eingetragen wird, wie wenn es regelmässig angezeigt worden wäre. Die Ergänzungen werden auf dem lückenhaften Blatt auf Verfügung der kantonalen Behörde angemerkt;

wurde das Kind im Kreis seiner Auffindung geboren, ist damit die Sache erledigt; wurde es anderswo geboren, erfolgen die Eintragung der Geburt und die Löschung der ersten Eintragung (Löschungsanmerkung) auf Verfügung der Aufsichtsbehörde. Somit weist die Eintragung der Geburt des Findelkindes die Spuren der Umstände seiner ersten Lebenstage auf (Art. 47 ZGB). Die Eintragung des Todes einer unbekannten Person geht auf die gleiche Weise vor sich; das lückenhafte Blatt wird ergänzt oder berichtigt, allenfalls gelöscht nach Eintragung im Register des Kreises des Todesortes. Art. 85 ZStV unterstellt die Eintragung der Ergänzungen und die allfällige neue Eintragung der Verfügung der kantonalen Aufsichtsbehörde oder des Richters. Der Artikel erwähnt den Richter, weil er hier nicht nur, wie in Art. 73 ZStV, das Ergänzungsverfahren, sondern auch das Berichtigungsverfahren veranlasst. Dieser Unterschied ist jedoch nicht von Bedeutung und hätte nicht besonders erwähnt werden müssen, da die Zuständigkeit des Richters auf allgemeinen Bestimmungen, diejenige der Aufsichtsbehörde entweder auf Art. 45 Abs. 2 ZGB und Art. 50 Abs. 2 ZStV oder auf Art. 50 Abs. 4 ZStV beruht. Die Ergänzung lückenhafter Eintragungen stützt sich auf Belege über neue Tatsachen, Aussagen, Polizeiberichte und behördliche Verfügungen.

Es gibt kaum andere Fälle von lückenhaften Eintragungen. Denkbar ist, dass sich der "Punkt" der Geburt oder des Todes zeitlich oder räumlich nicht sogleich eindeutig festsetzen lässt. Eine solche Ungewissheit müsste eingetragen und die vorn erwähnten Bestimmungen müssten analog angewandt werden, falls spätere Informationen diese Ungewissheit beseitigen (Art. 90 ZStV). Eine Zunahme der tödlichen Unfälle könnte dazu führen, dass die Zahl der Todesfälle nicht oder erst später identifizierbarer Personen wächst. Der Formalismus des geltenden Rechtes bezüglich der lückenhaften Eintragungen und der ergänzenden Anmerkungen wäre dafür schlecht geeignet.

III. Berichtigung[326]

Vor der Schliessung der Eintragung im Einzelregister entdeckte Unrichtigkeiten werden vom Zivilstandsbeamten berichtigt. Solche Berichtigungen sind selbstverständlich Teil des Eintragungsverfahrens und der Eintragung und gehören zur umfassenderen Befugnis des Zivilstandsbeamten (Art. 50 Abs. 1 ZStV). *Die Eintragungen im Familienregister* werden weder unterzeichnet noch abgeschlossen;

---

326   JEAN-PAUL BOURDIN, Rectification ou radiation au registre des familles, ZZW 1987, S. 51 f.; DER-
      SELBE, Les mentions marginales aux registres spéciaux, ZZW 1987, S. 114; ANDREAS NABHOLZ,
      Annullamento della presunzione di legitimà – Rettifica, ZZW 1987, S. 59 f.; DERSELBE, Ein abge-
      lehntes Berichtigungsgesuch, ZZW 1986, S. 254 ff., F/1987/80–81; GIORGIO BATTAGLIONI, La
      rectification des actes de l'état civil, ZZW 1984, S. 292 ff.; URS PETER CAVELTI, Berichtigung und
      Statusklage, deren Abgrenzung und Anwendung, ZZW 1980, S. 65 ff.; GÉRARD BERTHOLET, Les
      mentions marginales selon l'ancien et le nouveau droit, ZZW 1977, S. 293 f.; ANDREAS NABHOLZ,
      Die Berichtigung fehlerhafter Registereintragungen, ZZW 1975, S. 232 ff., F/1976/126–127; RO-
      LANDO FORNI, Berichtigung und Zivilstandseintragungen. Abgrenzung der Zuständigkeit des

übernommene frühere Unrichtigkeiten werden nicht selbständig berichtigt; Berichtigungen an der Quelle, d. h. im Einzelregister, führen sekundär auch zu ihrer Änderung im Familienregister (Art. 55 Abs. 1 und 3 ZStV). *Unrichtigkeiten einzig im Familienregister* werden administrativ berichtigt (Art. 55 Abs. 3 lit. b ZStV). Somit gibt es keine autonome richterliche Berichtigung des Familienregisters; Art. 55 Abs. 2 ZStV ist eine Wiederholung ohne eigenständige Bedeutung.

Nach Schliessung der Eintragung entdeckte Unrichtigkeiten dürfen vom Zivilstandsbeamten nicht "proprio motu" berichtigt werden. Beruhen sie auf einem *offenbaren Versehen* ("lapsus calami"), werden sie durch die Aufsichtsbehörde von sich aus oder auf Antrag berichtigt[327]. *Andere Unrichtigkeiten* werden beseitigt auf Verfügung des Richters[328], auf Antrag des ermächtigten Zivilstandsbeamten, der vom Kanton bezeichneten Behörde oder eines Betroffenen[329]. Die aufgrund des kantonalen Rechtes legitimierte Behörde[330] deckt sich nicht mit der richterlichen Behörde, welche über Berichtigungsklagen zu befinden hat. Die Klage fällt unter die freiwillige Gerichtsbarkeit am Gerichtsstand des Registers[331]. Betrifft die Unrichtigkeit mehrere Register, ist die erste ausgeführte oder auszuführende Eintragung massgebend. Die Berichtigung der späteren Eintragungen erfolgt gemäss Art. 55 ZStV administrativ durch Mitteilung.

Richters und der Verwaltungsbehörden im Lichte der bundesgerichtlichen Rechtsprechung, ZZW 1973, S. 186 ff., 191 ff., 194 ff.; ERNST GÖTZ/ANDREAS NABHOLZ, Séminaire sur "Les mentions marginales", ZZW 1972, S. 194 ff.; H. FISCH, Ausführungen zu den Art. 50 bis 55 ZVO, ZZW 1955, S. 193 ff.; PIERRE B. JACQUES, La rectification des actes de l'état civil, Diss. Lausanne 1949; Der Zivilstandsbeamte, 1932, S. 1034, Rectification d'une inscription dans les registers de l'état civil; Der Zivilstandsbeamte, 1932, S. 1035, Plus d'exactitude pour les prénoms; J. KAUFMANN, Die gerichtliche Berichtigung des Zivilstandsregisters nach Art. 45 ZGB, SJZ 1915 (XI), S. 325 ff.

327   Art. 45 Abs. 2 ZGB, Art. 50 Abs. 2 ZStV. – GVP (ZG), 1989–1990, S. 202 (I): administrative Berichtigung des Ehescheins, in welchem der Familienname "Y" einer in Frankreich wohnhaften Französin, welche mit einem Schweizer namens "X" verheiratet ist, als "X geb. Y" angegeben war; aufgrund von Art. 37 IPRG heisst die Frau "Y".- ZZW 1982, S. 285 (BG): Die nicht in der vorgeschriebenen Form vom Zivilstandsbeamten eingetragene Anerkennung kann nicht auf dem Umweg einer von der Aufsichtsbehörde verfügten Eintragung korrigiert werden. – ZZW 1973, S. 62 (BG): Voraussetzungen der administrativen Berichtigung einer abgeschlossenen Registereintragung.

328   BGE 86 II 437 ff., SJ 1962, S. 33 ff.: Kind einer unverheirateten Mutter, welche "A" als Vater bezeichnete; Vaterschaftsklage; Heirat der Mutter mit einem Italiener und Anerkennung des Kindes; Strafklage der Staatsanwaltschaft; Freispruch der Ehegatten, da diese mit ihrem Vorgehen lediglich dem Kind den Namen des Ehemannes geben wollten; Klage des Beistandes des Kindes auf Berichtigung des Zivilstandes, gemäss Art. 45 ZGB; das Kantonsgericht Neuenburg erklärte sich unzuständig, da die Frage Sache der staatlichen italienischen Gerichtsbarkeit sei; Berufung gutgeheissen, da die Berichtigungsklage keine staatliche Klage ist.

329   Art. 45 Abs. 1 ZGB, Art. 50 Abs. 3 ZStV.

330   Staatsanwaltschaft (FR, VD, NE, TI), JD (GR, GE, BL), Kantonale Zivilstandsbehörde (VS).

331   RB (UR), 1978–1979, S. 42, Nr. 2: Der Richter anerkennt nicht lediglich den Anspruch auf Berichtigung und überlässt das Gesuch um Eintragung den Beschwerdeführern, sondern er erteilt die Weisung zur Berichtigung, welche ausschliesslich bezüglich der die Beschwerdeführer betreffenden Eintragungen vorgenommen wird; das Verfahren gehört zur nichtstreitigen Gerichtsbarkeit; der Staat übernimmt keine Kosten, wenn die Schreibweise nicht auf einem Fehler der Behörden beruht, sondern den Trägern des Familiennamens anzulasten ist.

Die Ausführung der von der zuständigen Behörde erlassenen Berichtigungsverfügung obliegt dem Zivilstandsbeamten und ist mit keinen Besonderheiten oder Schwierigkeiten verbunden. Sie erfolgt, wie eine Ergänzung oder gewisse Änderungen des Zivilstandes, als Randanmerkung[332].

---

332   Handbuch Zivilstandswesen, 1.0003, 1.0252, 1.1724, 1.4314, 2.0010, 2.5544, 2.6442.1.

Zweites Kapitel

Dokumente

§ 22. Beigebrachte Dokumente

I. Belege

Die Eintragungen erfolgen im allgemeinen nicht auf Antrag der Privatperson, sondern von Amtes wegen aufgrund von Erklärung, amtlicher Mitteilung oder Behördenverfügung. Mündliche Erklärungen sind Bestandteil der vom Erklärenden unterzeichneten Eintragung. Schriftliche Erklärungen und ihre Anhänge werden in den Eintragungen schriftlich niedergelegt und in Ordnern als Belege aufbewahrt. Die zur Belegung einer Eintragung im Einzelregister beigebrachten Dokumente, insbesondere Geburts- oder Todesbescheinigungen, werden im Ordner der Belege des entsprechenden Registers aufbewahrt[333]. Dokumente, welche zu einer Eintragung im Familienregister führen, werden als Beleg im Ordner dieses Registers aufbewahrt, mit Ausnahme der Übertragung von Eintragungen aus den eigenen Einzelregistern, für welche keine Belege anzufertigen sind[334]. Unter Umständen kann die Bedeutung einer Eintragung nur anhand der Belege ermittelt werden[335].

Die Eheakten umfassen die Belege für die Verkündung der Eheversprechen[336]. Sie führen nicht unbedingt zu einer Eintragung im Register des betreffenden Kreises, da der Zivilstandsbeamte Verlobten, welche sich in einem anderen Kreis trauen lassen wollen, eine für sechs Monate gültige Trauungsermächtigung (Verkündschein) ausstellt[337]. Unterlagen dieses Verfahrens werden nicht in die Eheakten eingeordnet, sondern entweder der kantonalen Aufbewahrungsstelle abgeliefert oder der Person zurückgegeben[338].

II. Einordnung

Die Dokumente werden numeriert, eingeordnet und in Ordnern als Belege aufbewahrt. Die Ordner werden gemäss Art. 56 ZStV für jedes Register nach Jahrgängen

---

333 Art. 6, 66, 82, 73d ZStV.
334 Art. 119, 186, insbes. Abs. 2 ZStV.
335 Handbuch Zivilstandswesen, 6.7562, Anm. 3.
336 WILLI HEUSSLER, Das neue Internationale Privatrecht; erste Erfahrungen, ZZW 1989, S. 201 ff., F/226 ff.: Mit der grundsätzlichen Unterstellung der Ehefähigkeit unter das schweizerische Recht müssen, mit zwei Ausnahmen, keine ausländischen Ehefähigkeitszeugnisse mehr verlangt werden.
337 Art. 167 Abs. 2, 161–162* ZStV.
338 Art. 57, 167 Abs. 3, 173 ZStV.

angelegt. Anhand der für jedes Register nach Jahrgängen geführten Personenverzeichnisse können die Belege ohne weiteres gefunden werden.

III. Aufbewahrung

Die Belegordner bleiben im Zivilstandsamt, mit Ausnahme derjenigen Dokumente, welche gemäss Art. 57 ZStV der kantonalen Aufbewahrungsstelle abzuliefern sind. Die Register und alle dazugehörigen Dokumente müssen in geeigneten Räumen sicher aufbewahrt werden (Art. 5 ZStV).

Die Belege werden je nach Gegenstand 50 oder 80 Jahre aufbewahrt. Die Kantone können eine längere Aufbewahrungsdauer vorschreiben. Die Originale von auf Mikrofilm aufgenommenen Belegen dürfen mit Bewilligung der kantonalen Aufsichtsbehörde nach 20 Jahren beseitigt werden (Art. 58 ZStV).

§ 23. Besondere Willenserklärungen

I. Staatsangehörigkeit

Gemäss Art. 9 des BG vom 29. September 1952 über Erwerb und Verlust des Schweizer Bürgerrechts verlor die Frau "de jure" ihr Schweizerbürgerrecht, wenn sie durch Heirat eine ausländische Staatsangehörigkeit erwarb[339]. Sie konnte allerdings vor dem Zivilstandsbeamten oder einem schweizerischen diplomatischen oder konsularischen Vertreter im Ausland erklären, sie wolle ihr Bürgerrecht behalten. Mit der Aufhebung von Art. 9 BüG am 1. Januar 1992 hat der Gesetzgeber den direkten Einfluss der Heirat auf die Staatsangehörigkeit abgeschafft[340]; demzufolge hob der Bundesrat Art. 169 ZStV über die Beurkundung der Willenserklärung der Frau auf[341], und das Formular "Erklärung über die Beibehaltung des Schweizerbürgerrechts" gehört der Vergangenheit an. Frühere Beurkundungen behalten ihre Gültigkeit, und Frauen, welche ihre schweizerische Staatsangehörigkeit verloren haben, können sich gemäss Art. 58 BüG wiedereinbürgern lassen. Die Ehe übt weiterhin einen indirekten Einfluss auf das Bürgerrecht aus, indem sie einen Grund für die erleichterte Einbürgerung gemäss Art. 27 BüG bildet.

Im Ausland geborene Kinder mit schweizerischem oder schweizerischen Vorfahren verlieren ihr Schweizer Bürgerrecht, wenn sie eine andere Staatsangehörigkeit angenommen und nicht ihren anderslautenden Willen vor Vollendung des zweiundzwanzigsten Lebensjahres vor einer Schweizer Behörde geäussert haben. Alle Mitteilungen von Eltern, Verwandten oder Bekannten zur Eintragung eines solchen

---

339 AS 1952 1087 ff.
340 AS 1991 1035; BBl 1987 III, S. 293 ff., insbes. S. 303–304.
341 AS 1991 1594 ff., insbes. 1597.

Kindes in die Register seiner Heimatgemeinde werden laut Art. 10 BüG als "Meldung" eines solchen Willens ausgelegt[342].

II. Name

Seit dem 1. Januar 1988 erlaubt Art. 160 ZGB der Braut, unter den Voraussetzungen von Abs. II und III *ihren vorehelichen Namen beizubehalten.* Der am gleichen Tag mit dem gesamten 12. Abschnitt der Verordnung in Kraft getretene Art. 177a* ZStV sieht die für eine solche Erklärung geltenden Zuständigkeiten, die Form und die erforderlichen Mitteilungen vor. Es wird das Formular "Namenserklärung" verwendet (Art. 160 Abs. 2 und 3 ZGB)[343]. Die Unterschrift der Braut wird beglaubigt. Die Willenserklärung erscheint im Eheregister in der Rubrik "Name der Ehegatten nach der Eheschliessung" und in der Unterschrift.

Gemäss Art. 134 Abs. 2 und 149 Abs. 2 ZGB behalten die Eheleute, deren Ehe gerichtlich aufgelöst wurde, den bei der Heirat erworbenen Familiennamen. Sie können jedoch den *angestammten oder vor der Ehe getragenen Namen* wieder führen. Die diesbezügliche Erklärung muss innert 6 Monaten, nachdem das Urteil rechtskräftig geworden ist, gegenüber dem Zivilstandsbeamten abgegeben werden. Art. 177b und 177c ZStV sehen die entsprechenden Zuständigkeiten, die Form und die Mitteilungen vor. Es wird das Formular "Namenserklärung" verwendet (Art. 134 und 149 ZGB)[344]. Die Wiederannahme des früheren Namens wird im Familienregister der wiederannehmenden Person gemäss Art. 117 Abs. 2 Ziff. 2 und Abs. 3 ZStV eingetragen. Art. 8a SchlT ZGB erlaubte der Frau, welche ihren vorehelichen Familiennamen durch Heirat vor dem 1. Januar 1988 verloren hatte, durch eine während des Jahres 1988 vor jedem beliebigen Zivilstandsbeamten in der Schweiz oder einer schweizerischen Vertretung im Ausland abgegebene Erklärung, den Namen, den sie vor der Heirat trug, dem Familiennamen voranzustellen. Gemäss Art. 188f ZStV gilt für diese Erklärung das in Art. 177c ZStV für die Wiederannahme des vorehelichen Namens nach gerichtlicher Auflösung der Ehe vorgeschriebene Verfahren[345].

Art. 37 IPRG unterstellt den Namen von Personen mit Wohnsitz in der Schweiz dem schweizerischen Recht, den Namen von Personen mit Wohnsitz im Ausland dem Recht, auf welches das Kollisionsrecht des Wohnsitzstaates verweist. Beide Personen können jedoch die Unterstellung des Namens unter das Heimatrecht ver-

---

342 ZZW 1989, S. 132 ff. (RR SG): Meldung oder Erklärung gemäss Art. 10 bzw. Art. 57 Abs. 9 BüG; ZZW 1982, S. 174 ff. (RR VD): extensive Anwendung von Art. 10 BüG; GRER 1966, S. 36 f., Nr. 8: Verlust des Schweizer Bürgerrechts durch Erwerb der amerikanischen Staatsangehörigkeit; Beibehaltungserklärung innert nützlicher Frist verpasst; Feststellung und Eintragung der Verwirkung des Bürgerrechts im Familienregister.
343 Handbuch Zivilstandswesen, 41.4032.
344 Handbuch Zivilstandswesen, 42.1522.
345 Handbuch Zivilstandswesen, 44.1603.

langen. Es fragt sich, ob diese Wahl frei erfolgen kann oder ob objektiv ein genügender Zusammenhang mit dem Heimatrecht bestehen muss. Das IPRG sieht diesbezüglich nichts vor, und die Behörden sind – trotz der Unannehmlichkeiten, welche eine "professio iuris" mit sich bringt – für eine solche Entscheidung ungeeignet[346]. Art. 177d ZStV regelt die Möglichkeit der Abgabe einer solchen Erklärung beim schweizerischen Zivilstandsbeamten für im Ausland wohnhafte Schweizer und für Ausländer, welche persönlich in einem schweizerischen Einzelregister eingetragen sind. Im Zusammenhang mit einem ausländischen Zivilstandsfall können solche Personen ihre Erklärung der kantonalen Aufsichtsbehörde direkt oder einer schweizerischen Vertretung abgeben; beide haben die Erklärung weiterzuvermitteln. Die von einem Schweizer abgegebene Erklärung zur Beibehaltung oder Wiederannahme des vorehelichen Namens kommt einer "Unterstellung des Namens unter das Heimatrecht" gleich. Die "professio iuris" erfordert die Schriftform, bedarf aber gemäss geltendem Recht keines besonderen Formulars und wird nicht im Register eingetragen. Einzelne Ämter haben ein Formular erstellt[347], welches ausgefüllt und als Beleg eingeordnet wird.

III. Auflösung der Ehe

Gemäss ZGB ist die gerichtlich festgestellte Verschollenheit ein Grund nur für die *gerichtliche* Auflösung der Ehe. Die Tatsache, dass der Ehepartner ohne gerichtliche Auflösung trotz Todesvermutung und Nachlasseröffnung des Verschollenen mit diesem verheiratet bleibt, mag erstaunen; es ist jedoch zu bedenken, dass gemäss Art. 36 ZGB das Gesuch um Verschollenerklärung auch von anderen Personen als dem Ehepartner gestellt werden kann und dass die Möglichkeit einer Auflösung der Ehe auf Antrag Dritter stossend wäre. Der mit einem Gesuch um Auflösung der Ehe wegen Verschollenheit befasste Richter bestätigt lediglich den Willen des gesuchstellenden Ehepartners. Es handelt sich um eine reine Formalität. Zu Recht wird im Rahmen der laufenden Vorbereitung einer Revision des ZGB erwogen, die Verschollenheit als Grund für die Auflösung der Ehe durch Erklärung vorzusehen[348]. Art. 102 ZGB würde aufgehoben und durch folgenden Art. 97 Abs. 2 ZGB ersetzt:

"Ist ein Ehegatte für verschollen erklärt, so genügt für die Eheauflösung die entsprechende Erklärung des andern Ehegatten gegenüber dem Zivilstandsbeamten."

Art. 38 ZGB würde durch folgenden dritten Absatz ergänzt:

---

346   Gegenteiliger Ansicht: MARTIN JÄGER, Das IPR-Gesetz. Seine Bedeutung für das schweizerische Zivilstandswesen am Beispiel der Eintragung des Namens, ZZW 1990, S. 8 ff., F/80 ff., insbes. 82.
347   Handbuch Zivilstandswesen, 1.9102, Anm.4, 43.9201, 3.6641.
348   Bericht mit Vorentwurf (Anhang) für eine Revision des Zivilgesetzbuches, 1992, Anhang, S. 3, 16.

"Wird ein Ehegatte für verschollen erklärt, so ist die Ehe nur aufgelöst, wenn der andere Ehegatte eine entsprechende Erklärung gegenüber dem Zivilstandsbeamten abgibt."

Die Form der Erklärung müsste noch bestimmt werden. Es erscheint wünschenswert, dass sie ihre Wirkung gleichzeitig mit derjenigen der Verschollenerklärung entfaltet. Sie sollte gleichzeitig mit dem Gesuch oder im Gesuch des Ehepartners erfolgen können. Allenfalls könnte man auch davon ausgehen, dass das Gesuch eine solche Willenserklärung vermuten lässt und den unter Umständen bedeutungsvollen Zeitpunkt der Auflösung der Ehe bestimmt.

§ 24. Ausgestellte Dokumente[349]

Der 10. Abschnitt der ZStV, welcher die Überschrift "Auszüge und Abschriften" trägt, befasst sich nur mit einem Teil der Dokumente, welche von den Zivilstandsbeamten aufgrund der Register und der Eheverkündungen erstellt werden[350]. Nicht zur Sprache kommen hier die im 9. Abschnitt geregelten Mitteilungen über Geburten usw. Hingegen wird im 10. Abschnitt das Familienbüchlein erwähnt, welches weder Auszug noch Abschrift ist.

I. Familienbüchlein

Das Familienbüchlein wird aufgrund des Eheregisters erstellt[351]; es ist nicht so sehr ein Beleg (wie die französische Fassung von Art. 146 ZStV vermuten lässt), sondern vielmehr ein Ausweis gegenüber Verwaltungs-, insbesondere Zivilstandsbe-

---

349　Toni Siegenthaler, Rund um das Familienbüchlein, ZZW 1991, S. 7 ff., F/96–97, I/328; Jean-Paul Bourdin, Le livret de famille, ZZW 1987, S. 23; R. Hübscher, Personenstandsausweis oder Familienschein, ZZW 1986, S. 253 f., F/1987/52–53; Jean-Paul Bourdin, Die Gültigkeitsdauer der Trauungsermächtigung, ZZW 1986, S. 74 ff., F/87; Andreas Nabholz, Zur Bezugsberechtigung von Registerauszügen, ZZW 1986, S. 74 f.; Michel Perret, Auszüge aus dem Familienregister, ZZW 1982, S. 67 ff.; Toni Siegenthaler, Familienbüchlein für wiedervereinigte Ehegatten, ZZW 1982, S. 39 f., F/119–120; Ernst Götz, Autorisation de célébration de mariage pour un étranger domicilié hors de Suisse, ZZW 1981, S. 12 f., F/119–120; Michel Perret, Auszüge aus dem Familienregister, ZZW 1982, S. 67 ff., F/1981/388 ff.; Roland Duboux, Extraits, communications et livret de famille, ZZW 1979, S. 145 ff.; Werner Stuber, L'établissement du certificat individuel d'état civil, ZZW 1979, S. 18 ff.; Bernard Antonin, Le certificat individuel d'état civil, ZZW 1977, S. 292 f.; Ernst Götz, Der Personenstandsausweis für Schweizer Bürger, ZZW 1977, S. 131 ff., F/264 ff.; André Calame, Le livret de famille selon les art. 146ss OEC, ZZW 1974, S. 50 ff.; Ernst Götz, Die Bürgerrechtsbestätigung, ZZW 1972, S. 147 ff., F/1973/22 ff.; André Calame, La question des actes d'origine, ZZW 1971, S. 15 ff. und 33 ff.; Ernst Ruegg, Reform des Heimatscheins, ZZW 1971, S. 68 ff., 98 ff., F/311 ff.; Kurt Ehrmann, Vorschlag für einen neuen Heimatschein, ZZW 1970, S. 70 f., F/188 ff.; Redaktion ZZW, Le problème des actes d'origine, ZZW 1970, S. 305 ff., 354 ff.; Hans Walther, Heimatschein oder Familienschein für die Einwohnerkontrolle?, ZZW 1970, S. 74 ff., F/186 ff.; derselbe, Il problema degli atti d'origine, ZZW 1970, S. 266 ff.

350　Inhaltsverzeichnis der Zivilstandsformulare, Anhang zur V vom 29. April 1987, SR 211.112.6.

351　Handbuch Zivilstandswesen, 91.0111.

hörden. Das Büchlein ist eine Art Pass für die Ämter, obgleich es nicht mittels Foto, Beschreibung oder anderer Vergleichstechniken belegt, dass derjenige, welcher es vorweist, auch sein Inhaber ist. Grundsätzlich werden Eintragungen nur auf Vorweisung vorgenommen.

Die ZStV spricht von *einem* Familienbüchlein, obgleich es mehrere Arten gibt, nämlich ein Büchlein für Ehegatten und eines für den alleinstehenden Elternteil mit Kind (Art. 147b und 147c ZStV), ein Büchlein für Schweizer und eines für Ausländer (Art. 147a ZStV), ein sofort nach der Trauung und ein später ausgestelltes Büchlein, ein aufgrund des Familienregisters und ein mittels ausländischer Zivilstandsakten erstelltes Büchlein (Art. 147d ZStV), das Büchlein, welches Ehegatten zu beziehen verpflichtet sind, und das auf Verlangen ausgestellte Büchlein (Art. 147 ZStV). Auf Wunsch wird ein mehrsprachiges Familienbüchlein abgegeben[352].

Diese Vielfalt erschwert das Verständnis von Aufgabe, Bedeutung und Stellung des Familienbüchleins. Das Büchlein verfügt bezüglich der wiedergegebenen Tatsachen, Handlungen und Entscheide nicht über die Aussagekraft von Registern, Auszügen und Abschriften (Art. 145 ZStV a contrario), worüber sich die Behörden bisweilen nicht im klaren sind.

Das Familienbüchlein wird sofort nach der Trauung vom Zivilstandsbeamten erstellt und ausgehändigt, wenn ein Ehegatte in der Schweiz Wohnsitz hat oder das Schweizer Bürgerrecht besitzt (Art. 147a ZStV). Auf Verlangen wird es, ebenfalls aufgrund des Familienregisters, vom Zivilstandsbeamten des Heimatortes dem schweizerischen nicht verheirateten (einschliesslich dem allein adoptierenden) Elternteil und verheiratet gewesen Personen ausgestellt (Art. 147 Abs. 2, 147a Abs. 2 ZStV). Ausländern wird es, auf Vorlage ausländischer zivilstandsamtlicher Ausweise oder behördlicher Entscheide, mit Ermächtigung der kantonalen Aufsichtsbehörde vom Zivilstandsbeamten des Wohnsitzes ausgestellt (Art. 147a Abs. 2 ZStV, am Schluss).

Der Inhalt des Familienbüchleins unterscheidet sich danach, ob es Ehegatten oder anderen vorn aufgezählten Personen ausgestellt wird (Art. 147b und 147c ZStV).

Der Zivilstandsbeamte, welcher eine Registereintragung vornimmt, ist auch zu deren Eintragung im Familienbüchlein befugt. Wurde dies unterlassen, ist der Zivilstandsbeamte des Heimatortes zuständig (Art. 147d Abs. 1 ZStV). Spätere Eintragungen sind Nachtragungen (Art. 147d, 179 Abs. 1 Ziff. 3 ZStV). Das Büchlein wird vom Zivilstandsbeamten des Heimatortes nachgeführt, welcher auch Überprüfungen und allfällige Ergänzungen vornehmen kann (Art. 147e ZStV). Für Ausländer im Besitz eines Familienbüchleins liegt diese Zuständigkeit, mit Ermächtigung der Aufsichtsbehörde, beim Zivilstandsbeamten des Wohnsitzes (Art. 142d Abs. 2 ZStV). Die Kantone erlassen die für die Sicherstellung der Nachführung erforder-

---

352   Handbuch Zivilstandswesen, 31b9005, Anm. 2

lichen Weisungen (Art. 147d Abs. 3 ZStV). Entscheide betreffend Eintragungen im Familienbüchlein können angefochten werden[353].

Ehegatten sind verpflichtet, ein Familienbüchlein zu beziehen (Art. 147 Abs. 1 ZStV). Diese Pflicht, welche ihnen dadurch leicht gemacht wird, dass ihnen das Büchlein anlässlich der in der Schweiz vorgenommenen Trauung spontan ausgehändigt wird, schliesst logischerweise die Pflicht zu dessen Nachführung ein; diese wird jedoch in der ZStV nicht erwähnt (Art. 147c Abs. 1 ZStV).

Verheiratet gewesene Personen und nicht verheiratete Elternteile können um die Ausstellung eines Familienbüchleins ersuchen, sind aber nicht dazu verpflichtet. Deshalb müssen sie dieses weder aufbewahren noch nachführen.

Die ZStV regelt die Ausstellung eines neuen Büchleins bei Verlust oder Vernichtung nicht; es gibt jedoch m. E. keinen Grund, sie zu verweigern. Ein als "Duplikat" bezeichnetes neues Familienbüchlein wird denn auch ohne weitere Formalitäten aufgrund von Art. 147a Abs. 2 ZStV ausgestellt. Das Handbuch für das Zivilstandswesen empfiehlt die Ausstellung eines neuen Familienbüchleins, falls dies zweckmässig erscheint, weil es beispielsweise die Betroffenen vorziehen, dass eine aufgegebene frühere Staatsangehörigkeit nicht erwähnt wird[354].

II. Auszüge (Scheine) und abgekürzte Auszüge

Die Registerauszüge werden auch als "Scheine" bezeichnet (Art. 138 ZStV), was praktisch das selbe bedeutet. Der Zivilstandsbeamte erstellt auch "abgekürzte Auszüge" über Geburt, Tod und Ehe (Art. 138 Abs. 1 ZStV). Diese erwähnen die Vorfahren nicht und ermöglichen deshalb, bei noch dem alten Recht unterstellten Adoptionen die ursprüngliche Abstammung zu verschleiern. Abgekürzte Auszüge sind unvollständige Auszüge. Jeder unvollständige Auszug muss den Vermerk "abgekürzt" enthalten[355]. Auszüge und abgekürzte Auszüge tragen im allgemeinen die Bezeichnung des Registers, aufgrund dessen sie erstellt wurden. Einzelne Auszüge tragen einen anderen Namen, wie beispielsweise der Personenstandsausweis für Schweizer Bürger (Art. 138 Abs. 1 ZStV). Sie sind öffentliche Urkunden (Art. 145 Abs. 2 ZStV), welche der Zivilstandsbeamte über Zivilstandselemente erstellt, die in den von ihm aufbewahrten Registern erfasst oder nicht erfasst sind.

Der "Auszug" ist – wie sein Name sagt – keine Abschrift eines Registerblattes, sondern er gibt den wesentlichen Inhalt einer Eintragung wieder (Art. 140 Abs. 1 ZStV). In der Eintragung enthaltene Randanmerkungen oder Löschungen werden

---

353 BGE 85 I 289: Der Ehemann ist legitimiert zur Beschwerde gegen einen seine Ehefrau betreffenden Vermerk im Familienbüchlein; die Tatsache, dass im Eheregister und im Familienbüchlein der Vorname eines früheren Ehepartners angegeben ist, verstösst nicht gegen Bundesrecht; das Familienbüchlein hat nicht eine gleiche Beweiskraft wie die ihm zugrunde liegenden Register.

354 Handbuch Zivilstandswesen, 91.5342, Anm. 8.

355 Handbuch Zivilstandswesen, 22.7011, 62.3822.

im Auszug nicht als solche wiedergegeben, sondern in den Text aufgenommen (Art. 142 ZStV). Der Auszug lässt weder gelöschte Rubriken noch Löschungen als solche erkennen (Art. 140 ZStV. Auszüge und abgekürzte Auszüge geben nicht unbedingt den Zivilstand einer Person zur Zeit der Ausstellung wieder; der Personenstandsausweis einer geschiedenen Person beispielsweise enthält Angaben über die Identität des früheren Ehegatten vor der Scheidung und den Zivilstand der Eltern bei der Geburt, auch wenn diese Angaben nicht mehr den Tatsachen am Tag der Ausstellung entsprechen[356].

Auszüge und abgekürzte Auszüge werden von Amtes wegen oder auf Verlangen (Art. 167 Abs. 1, 138 Abs. 2 ZStV) auf amtlichen Formularen (Art. 141 Abs. 1 ZStV) und nach den entsprechenden Vorschriften und Weisungen ausgestellt (Art. 139, 141 Abs. 2 und 3, 187 ZStV). Auszüge aus zentral geführten Familienregistern werden von deren Registerführern ausgestellt (Art. 138 Abs. 1bis ZStV). Auszüge aus alten Standesregistern und aus ausserhalb des Amtes aufbewahrten Registern werden von den entsprechenden Aufbewahrungsstellen abgegeben (Art. 188 ZStV).

Der Heimatschein ist ein Auszug aus dem oder den Familienregister(n); er ist ein öffentlich-rechtliches Dokument und untersteht der BRV vom 22. Dezember 1980[357]. Er ist ein Ausweis über das Bürgerrecht oder die Bürgerrechte des Schweizers und über seine schweizerische Staatsangehörigkeit[358]. Er wird den Schweizern "im Inland" ausgestellt; sein Gebrauch beschränkt sich somit auf die Schweiz, einschliesslich Fürstentum Liechtenstein, und er muss bei Aufgabe der Niederlassung in der Schweiz wieder abgegeben werden.

Der Heimatschein wird durch die vom Kanton bezeichnete Behörde "aufgrund des Familienregisters" in einem einzigen Exemplar und nach einem vorgeschriebenen Muster ausgestellt. Die Kantone beaufsichtigen die Ausstellung des Heimatscheins und können dessen Hinterlegung bei der Gemeindebehörde des Wohnsitzes anordnen. Bei Änderungen sorgt die den Heimatschein aufbewahrende Behörde für dessen Nachführung.

Auf Verlangen schweizerischer diplomatischer oder konsularischer Vertretungen im Ausland stellt der Zivilstandsbeamte oder allenfalls der Familienregister-

---

356 Handbuch Zivilstandswesen, 62.8501, Anm.3, 62.0111, Anm.5, 62.0425, Anm.4.

357 SR 143.12. – Er wird jedem Ehegatten einzeln ausgestellt, kann aber auch als gemeinsamer Heimatschein abgegeben werden. MARIO TAMINELLI, Questions pratiques relatives à la nouvelle loi fédérale sur le droit international privé et au droit matrimonial, ZZW 1990, S. 53 f., I/1989/190 ff.; ARNALDO ALBERTI, Projet d'ordonnance fédérale sur l'acte d'origine, ZZW 1979, S.15 f.

358 Art. 45 Abs.1 BV unterstellte in seiner ursprünglichen Fassung die Niederlassungsfreiheit jedes Schweizers an jedem Orte des Landes der Voraussetzung, dass "er einen Heimatschein oder eine andere gleichlautende Ausweisschrift besitzt". Diese Formalität wurde mit der in der Volksabstimmung vom 7. Dezember 1975 angenommenen Revision aufgehoben, AS 1976 711 ff. Im Bericht über die Revision, BBl 1974 I, S. 228, stellte die Nationalratskommission fest: "Der Heimatschein ist und bleibt Beweis für das Schweizerbürgerrecht und damit Voraussetzung der Niederlassungsfreiheit".

führer aufgrund des Familienregisters auch Bürgerrechtsbestätigungen aus (Art. 145a ZStV).

Andere von den Zivilstandsbeamten erstellte Auszüge stützen sich nicht auf die Register, nämlich die Verkündakte, die Weiterleitung des Eheeinspruchs, die Anfechtung des Eheeinspruchs, die Trauungsermächtigung (Verkündschein) und das schweizerische Ehefähigkeitszeugnis[359].

Zivilstandstatsachen, welche sich aus den vom leitenden Zivilstandsbeamten geführten Familienregistern ergeben, brauchen nicht belegt zu werden (Art. 150 Abs. 2 ZStV). Diese eng formulierte und auf den leitenden Zivilstandsbeamten und die sich aus dem Familienregister ergebenden Tatsachen beschränkte Bestimmung ist m. E. Ausdruck eines allgemeinen Grundsatzes.

Die Aufsichtsbehörde kann von der Vorlegung von Ausweisen befreien, wenn diese von einem ausländischen Staat nicht oder sehr schwer erhältlich sind[360].

III. Abschriften, Bescheinigungen und weitere Dokumente

Auf Verlangen schweizerischer Gerichts- oder Verwaltungsbehörden erstellt der Zivilstandsbeamte "vollständige Abschriften" (Art. 143* ZStV), welche, unter Vorbehalt von Art. 187 ZStV, den gesamten Text einer Registereintragung mit allfälligen Randanmerkungen und Löschungen genau wiedergeben. Die Kantone können bestimmen, dass den Zivilstandsbeamten des Kreises Abschriften der Blätter zentral geführter Familienregister abgegeben werden (Art. 113 Abs. 5 ZStV). Gesuchen ausländischer Behörden wird unter den Voraussetzungen der Rechtshilfe stattgegeben (siehe vorn, Erster Titel, § 9, II).

Der Zivilstandsbeamte oder allenfalls die kantonale Aufbewahrungsstelle erstellt schliesslich Bescheinigungen, insbesondere über das Nichtvorhandensein einer Eintragung (Art. 29 Abs. 3 ZStV), Abschriften von Belegen (Art. 144 ZStV) und Altersausweise für die Sozialversicherungen; letzteren erteilen sie die notwendigen Auskünfte (Art. 179 Abs. 1 Ziff. 4 ZStV).

Abschriften und Bescheinigungen haben die gleiche Beweiskraft wie die ihnen zugrunde liegenden Register und Urkunden (Art. 145 Abs. 2 ZStV). Auf elektronisch gespeicherte Daten gestützte Dokumente dürfen erst unterzeichnet und ausgestellt werden, nachdem ihre Übereinstimmung mit den ohne technische Hilfsmittel lesbaren Dokumenten geprüft worden ist, welche aufgrund der gleichen Tatsachen erstellt wurden (Art. 177i Abs. 1 ZStV).

---

359 Art. 153, 158, 162* 171, 172 und 176 ZStV.
360 Art. 150 Abs. 3 ZStV. – BGE 113 II 1 ff.: Abweisung der Beschwerde gegen die Verweigerung der Aufsichtsbehörde, von der Pflicht zur Beibringung eines Ehefähigkeitszeugnisses zu befreien. – BGE 102 Ib 1 ff.: in Neuenburg geschiedene Italiener; Scheidungsurteil ohne Anerkennung in Italien, da sich die Parteien nicht darum bemüht hatten; die geschiedene Ehefrau will sich in der Schweiz wieder verheiraten; Gesuch um Befreiung von der Vorlage des Ehefähigkeitszeugnisses von der Aufsichtsbehörde abgewiesen; Beschwerde vom BG gutgeheissen, da das Interesse der inneren Harmonie der schweizerischen Rechtsordnung das entscheidende Kriterium bildet.

Drittes Kapitel

Rechtswirkungen der Erfassung[361]

§ 25. Kennzeichen der Erfassung

Jede Analyse verlangt, dass naturgemäss miteinander verbundene Elemente voneinander unterscheidbar sind und unterschieden werden. In diesem Sinn müssen hier die "*Tatsache* der Erfassung", d. h. das Vorliegen, das mangelhafte Vorliegen oder das Nichtvorliegen einer Beurkundung einerseits und der als solcher, unabhängig von der formellen Tatsache seiner Erfassung betrachtete, beurkundete Zustand anderseits auseinandergehalten werden. Man kann allenfalls zwischen "Beurkundung" und "beurkundet" unterscheiden, was jedoch zur Verwechslung mit dem anderen Vorgang der Beurkundung führen könnte. Wir betrachten somit das "Beurkundete" als solches, unabhängig von der Beurkundung, und meinen damit den "Zivilstand" im engen Sinn; wir ziehen diesen bildhafteren Ausdruck vor und unterscheiden somit im folgenden zwischen dem Zivilstand[362], dem Vorgang der Beurkundung und der tatsächlichen Beurkundung als deren Ergebnis.

Der Zivilstand und die tatsächliche Beurkundung sind gleichzeitig voneinander abhängig und unabhängig. Die mangelhafte oder fehlende Beurkundung führt nicht zu einem mangelhaften oder fehlenden Zivilstand; eine nicht vorgenommene Erfassung kann einem durchaus vorhandenen Zivilstand entsprechen[363]. Die vollkommene Erfassung lässt nicht unbedingt auf einen vollkommenen Zivilstand

---

361 IVO EUSEBIO, La forza probatoria dei documenti pubblici, ZZW 1979, S. 240 ff.; JACQUES ROY, L'entrée en force de chose jugée des jugements de divorce prononcés par les tribunaux français, ZZW 1977, S. 388 ff.; ERNST GÖTZ, Force probante d'une photocopie, ZZW 1976, S. 161 ff.; Der Zivilstandsbeamte, 1932, S. 992, 1016 ff., Les registres de l'état civil comme registres "publics"; WALTER GAUTSCHI, Die Rechtswirkungen der Eintragung in die Zivilstandsregister unter Berücksichtigung des schweizerischen Zivlgesetzbuches, Basel 1911.

362 BGE 91 I 364 ff.: Die auf Art. 137 ZStV beruhenden Verfügungen der Aufsichtsbehörden können mit der Verwaltungsgerichtsbeschwerde angefochten werden, auch, nachdem sie vollzogen sind und insbesondere auch, nachdem die angeordnete Eintragung vorgenommen worden ist (im Widerspruch zu BGE 87 I 464 ff., insbes. 470, 471); die Erteilung der Bewilligung der Eintragung steht einer Eheungültigkeitsklage nicht entgegen.

363 RBOG 1972, S. 53, Nr.4: Heirat eines Schweizers mit einer Spanierin; Scheidung in der Schweiz; Geburt eines Kindes in Spanien vor der Scheidung, im spanischen Register eingetragen; Anfechtung der Ehelichkeit vor dem schweizerischen Gericht am Heimatort des Ehemannes; Scheitern in der ersten Instanz, weil das Kind in der Schweiz nicht eingetragen war; die zweite Instanz stützt sich zu Recht auf den deklaratorischen und beweisenden Charakter der Eintragung und tritt auf die Beschwerde ein; die Anfechtungsklage betrifft nicht nur die Eintragung des Zivilstandes, sondern den Zivilstand als solchen.

schliessen; eine vollkommene Erfassung kann mit einem unvollkommenen oder nichtvorhandenen Zivilstand einhergehen, beispielsweise im Falle der Eintragung einer nicht vorgenommenen Adoption. Bei einer vollständigen gegenseitigen Abhängigkeit von Zivilstand und tatsächlicher Beurkundung gäbe es ohne Beurkundung keinen konkreten Zivilstand und würde eine fiktive Beurkundung eine rechtliche Existenz erzeugen. Eine Person A würde nicht existieren mangels Beurkundung, und eine Beurkundung könnte dem Trugbild B rechtliche Existenz verleihen. Dies käme einer absoluten konstitutiven Rechtswirkung der Beurkundung gleich. Eine derartige absolute Wirkung hat aber die Form in diesem Bereich zumindest heute nicht; wir sollten uns jedoch bewusst sein, dass sie rechtlich theoretisch denkbar ist. Bei einer vollständigen gegenseitigen Unabhängigkeit zwischen Zivilstand und tatsächlicher Beurkundung könnten beide im konkreten Fall und letztlich ganz ohne einander auskommen. Dies ist Ausdruck der Beweiskraft und der deklarativen Wirkung der Beurkundung, womit dieses Schema der Wirklichkeit näher kommt als die zuerst erwähnte Möglichkeit. Der Zivilstand existiert zwar grundsätzlich unabhängig von der tatsächlichen Erfassung, bedarf ihrer aber trotzdem (Art. 39 Abs. 1 ZGB). Die Schwierigkeit liegt in der Gewichtung von Unabhängigkeit und Abhängigkeit.

Mit der Schlussfolgerung, die Unabhängigkeit wiege schwerer als die Abhängigkeit, spricht man der Beurkundung, welche keine materiellen Rechtswirkungen hat, andere Rechtswirkungen zu, da sie sonst nutzlos wäre. Mangels materieller Rechtswirkungen hat die Beurkundung somit weder konstitutive noch heilende Wirkung noch den öffentlichen Glauben. Ihre Rechtswirkungen können als deklarativ bezeichnet werden und ergeben sich aus der Beweiskraft der Eintragung. Wir unterscheiden somit drei besondere Kennzeichen der Beurkundung des Zivilstandes: sie hat *keine materiellen Rechtswirkungen*, sie hat *Beweiskraft* und sie untersteht, wie jede Rechtsfigur, gewissen Voraussetzungen für ihre *Gültigkeit*.

I. Keine materiellen Rechtswirkungen

Die beschreibende Wirkung ist offensichtlich für die biologischen Tatsachen, d. h. die Geburt, das Geschlecht und den Tod. Dennoch ist es denkbar und auch schon vorgekommen, dass die Persönlichkeit ohne eine quasi wegbereitende Beurkundung nicht anerkannt wird. Dies ist weniger offensichtlich für die Trauung[364] oder die Auflösung der Ehe[365], gilt aber trotzdem, da das schweizerische Recht dies so

---

[364]   Art. 117 ZGB; ERNST GÖTZ, Das Eherecht, ad Art. 117, Nrn. 11 und 12; Art. 92 ZStV: "Im Eheregister werden die Trauungen eingetragen"; Art. 165 Abs. 2, 166 ZStV.
[365]   HENRI-ROBERT SCHÜPBACH, Du moment de la dissolution du mariage, in: Festschrift Jacques-Michel Grossen, Basel/Frankfurt a. M. 1992, S. 217 ff.

vorsieht, obgleich auch andere Möglichkeiten denkbar gewesen wären[366]. Das gleiche galt für die nicht konstitutive Legitimation durch Ehe[367]; die diesbezügliche Rechtsprechung gilt noch für das Kindesverhältnis "durch Ehe mit der Mutter" gemäss Art. 252 Abs. 2 ZGB. Die Eintragung, die Verweigerung und die Unterlassung der Eintragung eines Bürgerrechts haben ebensowenig konstitutiven Charakter[368]. Die übrigen vom Zivilstandsbeamten beurkundeten Willenserklärungen betreffen "de lege lata" den Namen, de "lege ferenda" den Willen zur Auflösung der Ehe mit dem Verschollenen (vorn, § 23, II und III). Sie müssen zwar belegt sein, aber ihre Rechtswirkung beruht nicht auf der Beurkundung, sondern auf der Erklärung.

Die Anerkennung des Kindes kann, je nach Fall und anwendbarem Recht, als Handlung der freiwilligen Gerichtsbarkeit, als formeller Rechtsakt oder als von der Behörde zu beurteilende Erklärung betrachtet werden. Die Anerkennung durch letztwillige Verfügung oder durch den Richter führt zu einer deklarativen Eintragung (Art. 260 Abs. 3 ZGB). Wird die Anerkennung vom Zivilstandsbeamten eingetragen, handelt es sich annähernd um eine konstitutive Eintragung, welche aber eigentlich nur insoweit konstitutiv ist, als sie nicht von der Erklärung vor dem Zivilstandsbeamten, sondern von der Unterzeichung des Registers abhängt. Es stellt sich somit noch die Frage nach der Einstufung einer häufig in Erwartung der Belege erfolgenden ersten Erklärung vor dem Zivilstandsbeamten, auf welche aber keine endgültige Beurkundung folgt, weil der Erklärende sich anders besonnen hat, zur Erklärung nicht mehr fähig oder verstorben ist. Die Möglichkeit der Vaterschaftsklage gegen die Erben erlaubt eine Klärung der Verhältnisse. Dennoch muss man die Wirkung der ersten Erklärung kennen. Ist sie nicht konstitutiv, so ist sie widerrufbar und kann vom Erklärenden "zurückgenommen" werden; das Kindesverhältnis wird richterlich festgestellt. Ist sie konstitutiv, kann sie nur durch die Anfechtungsklage aufgehoben werden (Art. 260a ZGB); bis dahin besteht das Kindesverhältnis und muss nicht geschaffen werden. Im Interesse der Rechtssicherheit ist davon auszugehen, dass der Gesetzgeber, trotz einer fehlenden ausdrücklichen Ausnahme vom deklarativen Charakter der Eintragungen, nicht so sehr die *Eintra-*

---

366   Früher befand die französische Gerichtsbarkeit nur über das Recht auf Scheidung. Die Scheidung selber wurde wirksam durch Eintragung in den Registern; Jacques Roy, L'entrée en force de chose jugée des jugements prononcés par les tribunaux français, ZZW 1977, S. 388 ff.

367   BGE 86 II 437, insbes. Erw.2: "Ein ausserehliches Kind wird durch die Heirat von Vater und Mutter von Gesetzes wegen legitimiert (Art. 54 Abs. 5 BV, Art. 258 ZGB). Daraus folgt, dass die vom Gesetz erstrebte Rechtswirkung – die Ehelichkeit des Kindes – mit dem Eheschluss von selbst eintritt, ob die Eltern die ihnen durch Art. 259 Abs. 1 ZGB auferlegte Pflicht erfüllen oder nicht: ihre Erklärung gegenüber dem Zivilstandsbeamten und die nachfolgenden Eintragungen sind für das Recht nicht konstitutiv. . . Für den Fall der Unmöglichkeit oder der Verweigerung der Anmeldung eines vorehelichen Kindes regeln Art. 98 Abs. 5 und 6 ZStV das Eintragungverfahren. Kommt es auch auf diesem Wege nicht zur Eintragung, so bildet die Feststellungsklage das einzige Mittel, die Ehelichkeit nachzuweisen" (Pra 50, Nr. 87).

368   BGE 114 II 404 ff., ZZW 1991, S. 55, 1989, S. 65.

gung als vielmehr die *Beurkundung* der Anerkennungserklärung durch den Zivilstandsbeamten als unerlässliche Voraussetzung der Anerkennung verstand[369]. Leider macht insbesondere der Tod des Erklärenden einen Prozess erforderlich; er
kann aber durch eine nicht nur schriftliche, sondern testamentarische eigenhändige
Anerkennung vermieden werden. Die Anerkennung der Mutterschaft, nach Ver-
heimlichung, begründet eine Tatsache, welche die Eintragung oder Ergänzung im
Geburtsblatt ermöglicht. Die Eintragung ist deklarativ. Handelt es sich um eine
durch ein ausländisches Recht verlangte Anerkennung, so hat dieses Recht die formellen Voraussetzungen der konstitutiven Handlung zu bestimmen. Dies kann eine
formlose oder geschriebene und unterzeichnete Erklärung oder eine vom Zivilstandsbeamten beurkundete Erklärung sein; im letzten Fall ist die Eintragung konstitutiv.

Die heilende Wirkung gewisser Eintragungen in anderen Registern (Art. 643
Abs. 2 OR) "deckt" oder "reinigt" die Ungültigkeit des der Eintragung zugrunde
liegenden Aktes. Diese materielle Wirkung geht der Eintragung des Zivilstandes
ab. Hier verlangt die öffentliche Ordnung, dass der tatsächliche Status der Form
vorgeht, wohingegen sie in gewissen Handelsbereichen das Gegenteil, d. h. den
Vorrang des verlässlichen Anscheins gegenüber der Legitimität, fordert.

Da die Zivilstandsregister nicht öffentlich sind, wird die Kenntnis Dritter der Eintragungen oder der ihnen zugrunde liegenden Dokumente nicht vermutet. Deshalb
fehlt ihnen auch der öffentliche Glaube gewisser Eintragungen, beispielsweise im
Grundbuch. Zwar kann der Zivilstand "erga omnes" entgegengehalten werden,
wobei dies aber bei Abweichungen zwischen dem beurkundeten und dem tatsächlichen Zivilstand nur auf den letzteren zutrifft. Der aufgrund eines falschen, eine
altersbedingte Handlungsunfähigkeit verdeckenden Zivilstandes abgeschlossene
Vertrag muss anhand nicht des eingetragenen, sondern des tatsächlichen Alters
beurteilt werden. Für ein solches Vorgehen kann der Vertragschliessende zivil-
oder strafrechtlich haftbar gemacht werden.

Ein Vorbehalt ist allerdings zu erwähnen, welcher ebenfalls die heilende Wirkung und den Vertrauensschutz, d. h. den guten Glauben und das Verbot des Rechtsmissbrauches betrifft, aber zudem einer weiteren Voraussetzung bezüglich Zeit
oder Vorrang der Fakten untersteht.

---

369 BGE 108 II 88 ff., ZZW 1982, S. 285: Erstellung eines "provisorischen" Formulars zur Dokumen-
     tierung einer Anerkennung, welches vom ausländischen Vater unterzeichnet wurde, in Erwartung
     der Bewilligung der Aufsichtsbehörde und der Beibringung neuerer Zivilstandsunterlagen; Tod
     des Vaters, bevor das Verfahren zu Ende geführt war; Anmerkung der provisorischen Anerken-
     nung auf Anordnung der kantonalen Direktion des Zivilstandswesens am Rande des Geburtsregi-
     sters und Verweigerung deren Löschung durch die Aufsichtsbehörde; Beschwerde vom BG gutge-
     heissen, welches sich nicht zur Gültigkeit der Anerkennung äussert, sondern zum Schluss kommt,
     es sei, unter Vorbehalt offensichtlicher, unzweifelhafter und unbezweifelter Fehler, nicht Sache
     der Verwaltungsbehörde, über die Gültigkeit der provisorischen Anerkennung zu befinden; das
     Kind kann auf Feststellung der Gültigkeit der Anerkennung klagen oder sie in einem Vaterschafts-
     prozess verwenden.

Solche *zivilstandsrechtliche Wirkungen von Fakten* sind schwierig zu erklären. Es handelt sich um Ausnahmefälle, welche aber durchaus vorkommen und bei welchen der beurkundete und besessene offensichtliche Zivilstand dem faktischen rechtlich ermittelten Zivilstand vorgeht. Die Rechtsprechung erwähnt solche Fälle gelegentlich[370]; das schweizerische Recht enthält jedoch weder Vorschriften noch Grundsätze, welche deren systematische und eindeutige Lösung erlauben, wie dies im französischen Recht aufgrund der Bestimmung über den Erwerb des besessenen Zivilstandes durch Ersitzung nach dreissig Jahren möglich ist. Diese Gruppe, in welcher man die beachtliche Zahl von Namensänderungen unterbringen kann, die das Recht nach den Tatsachen "ausrichten"[371], muss, wie die Technik der Lückenfüllung und diejenige des Verbotes des offensichtlichen Rechtsmissbrauches, als "offen" bezeichnet werden.

II. Beweiskraft

Jedes aussagekräftige Objekt ist ein Beweisstück und jede auf materielle Weise festgehaltene Aussage ein Urkundenbeweis. Dies gilt auch für Zivilstandsurkun-

---

370   BGE 89 I 361 ff., Rep 1963, S. 245: Kind verheirateter italienischer Eltern; Unehelichkeitserklärung durch das Turiner Gericht; Anerkennung des Kindes 1955 durch einen Schweizer, beurkundet vom Zivilstandsbeamten; Einspruchverfahren eröffnet, aber nicht benutzt; die Aufsichtsbehörde erlangt erst sieben Jahre später Kenntnis von der Anerkennung; Anordnung zur Löschung wegen Unmöglichkeit der Anerkennung (gemäss dem damals geltenden Art. 304 aZGB) eines im Ehebruch gezeugten Kindes; Beschwerde auf Wiederherstellung der Eintragung gutgeheissen mit der Begründung, nicht die Verwaltungsbehörde, sondern einzig der Richter könne die Anerkennung aufheben; die Beschwerdefrist wird durch die Mitteilung der Verfügung der Aufsichtsbehörde ausgelöst, auch wenn der Beschwerdeführer schon vorher davon Kenntnis hatte; die Anerkennung, welche dem schweizerischen Heimatrecht des Anerkennenden unterstand, hätte vom Zivilstandsbeamten abgewiesen werden müssen; nachdem sie aber stattgefunden hat, hat die Eintragung Beweiskraft erhalten (Art. 9 ZGB und Art. 28 ZStV); das Kind hat den sich aus der Eintragung ergebenden Zivilstand während mehrerer Jahre besessen; die Aufsichtsbehörde kann dessen Änderung nicht anordnen; die Frage fällt unter die Zivilgerichtsbarkeit, auf Berichtigungs- oder Feststellungsklage (Frage der Wahl vom BG offen gelassen). – BGE 87 I 464ff.: "Nachdem die Eintragung erfolgt ist und die Ehefrau weder gegen das Scheidungsurteil selbst noch bis zum Tode des Mannes gegen die Eintragung etwas vorgekehrt hat, erheben sich verschiedene Zweifelsfragen in bezug auf die Möglichkeit, die Scheidung noch in Frage zu stellen (JEAN-FRANÇOIS AUBERT, La transcription des divorces étrangers dans les registres de l'état civil suisse, ZZW 1959, S. 336 ff. . . .)". – BGE 86 II 446 ff.: Legitimation eines vorehelichen Kindes aufgrund bewusst unwahrer Angaben der Eheleute; Scheidung und Verurteilung des Ehemannes zu Unterhaltszahlungen an das Kind; Berufung abgewiesen.

371   GRER 1967, S. 66, Nr. 13: fehlerhafte Eintragung von Grolimund als Grolimond; Irrtum nicht bemerkt; Führung des Namens Grolimond; Namensänderung bewilligt, wegen kumulativen Besitzes des Personenstandes und Anpassung an die französische Sprechweise; jede einzelne Begründung für sich allein hätte nicht ausgereicht. – GRER 1967, S. 65, Nr.12: Namensänderung unter folgenden Umständen bewilligt: Verschollenheit von L. im Jahre 1930 mit Wirkung ab 31. Dezember 1905 erklärt; L. war aber in die USA ausgewandert, hatte die amerikanische Staatsbürgerschaft erworben, sich dort mit einer Schweizerin verheiratet und den Namen H. angenommen; die Ehefrau konnte mangels Nachweis ihres Heimatortes keinen Schweizer Pass erhalten, bis die Abklärungen ergaben, dass H. und L. identisch waren; Aufhebung der Verschollenerklärung und Eintragung der Ehe im Familienregister; Gesuch um Namensänderung von L. in H. bewilligt.

den, welche zudem eigens zu diesem Zweck angefertigt werden. Nicht alle aussage-
kräftigen Urkunden haben jedoch die gleiche Beweiskraft. Die Beweiskraft der Eintragung ist insofern privilegiert, als diese eine öffentliche Urkunde ist. Was bezeugt
ist, wird für wahr gehalten (Art. 9 ZGB, Art. 28 ZStV), ohne dass der Gegenbeweis
erschwert oder formbedürftig ist. Die gewöhnlichen Beweismittel werden theoretisch nicht hierarchisch eingestuft. Zeugenaussage, Gutachten und Dokument können schwerer wiegen als ein anderes oder andere widersprüchliche Beweismittel;
eine Behörde kann befinden, dass nach ihrem Ermessen ein Gutachten durch eine
Zeugenaussage, einen Augenschein oder eine Urkunde widerlegt wird. Dennoch
besteht eine tatsächliche Hierarchie, indem letzteres nur selten der Fall ist und ein
Gutachten fast immer stärker wiegt als eine Zeugenaussage. Die Vermutung der
Wahrhaftigkeit öffentlichen Urkunden bewirkt, dass ihre Beibringung als vollum-
fänglicher Beweis für die von ihnen bezeugten Tatsachen gilt und dass sie bei feh-
lendem Versuch zur Erbringung des Gegenbeweises von der Behörde nicht beur-
teilt werden. Der gewöhnliche Beweis muss die Behörde welche die Fakten eines
Falles ermittelt, überzeugen. Der öffentliche Beweis bewirkt dies definitionsgemäss und entbindet die Behörde von seiner Würdigung; wird aber versucht, den
Gegenbeweis zu erbringen, muss die Behörde von ihrer Ermessensbefugnis
Gebrauch machen und ihren Entscheid treffen. Der Beweis durch die öffentliche
Urkunde wird gewissermassen durch ihre Erbringung geleistet, ohne dass sie aber
der Kritik und demzufolge der Beurteilung entzogen ist. Der Unterschied erscheint
rechtlich klein, ist aber tatsächlich beträchtlich. Privatpersonen in ihren gegenseitigen Beziehungen und die Behörden in ihren Beziehungen zu Privatpersonen
wagen nur selten den Versuch einer Widerlegung solcher Urkunden; in den privaten Beziehungen geschieht dies im allgemeinen aufgrund eines vermögensrechtli-
chen, beispielsweise erbrechtlichen Interesses.

Die qualifizierte Beweiskraft verlangt nach einer genauen Umschreibung ihres
Gegenstandes. Sie erstreckt sich nicht auf alle in der Urkunde enthaltenen Tatsachen. Beruf und Wohnsitz als identifizierende Elemente einer Zivilstandsurkunde
gehören nicht dazu. Die gegenteilige These würde zur absurden Situation führen,
dass die unrichtigen Angaben einer falschen öffentlichen Urkunde bis zur Erbringung des Gegenbeweises vermutet werden müssten! Der Geltungsbereich der
Urkunde ist durch diejenigen Elemente gegeben, welche die Erfassung festhalten
muss[372]. Jedes Register besitzt Beweiskraft nur für die Tatsachen, welche durch dieses Register bezeugt werden müssen[373]. Der Beweis bezieht sich auf Tatsachen, in
unserem Zusammenhang auf Zivilstandtatsachen. Geburt, Tod, ihr Zeitpunkt und
die betroffene(n) Person(en) werden als Tatsachen betrachtet. Es stellt sich aber die
Frage, ob auch die Vorfahren und Nachkommen, die Adoption und ihre Aufhe-

---

372   BGE 110 II 1 ff.
373   Der Zivilstandsbeamte, 1932, 1016 f..

bung, die Ehe und ihre Auflösung, die Verschollenheit und ihr Widerruf, die Anerkennung und ihre Aufhebung usw. als Tatsachen bezeichnet werden können. Die
Register bezeugen hier nicht so sehr Tatsachen, als vielmehr Beziehungen, Handlungen und Verfügungen. Es ist dies eine Frage des "Gesichtspunktes", indem
jedes faktische Element einem oder mehreren rechtlichen Konzepten entspricht;
das faktische Element wird im allgemeinen durch das entsprechende rechtliche
Konzept ausgedrückt, wobei unter Umständen auch das Umgekehrte zutrifft. Demzufolge bezeugen die Register oder allgemeiner die öffentlichen Urkunden stets
Tatsachen, welche den rechtlichen Beziehungen und Situationen zugrunde liegen;
sie bezeugen aber nicht die Rechtsfolgen, welche nicht in den Genuss einer besonderen Vermutung kommen, sondern der Beurteilung durch die Behörden unterlie-
gen. Dies belegt für die Zivilstandsverfügungen, dass die Register das "Faktum"
bezeugen, so dass sich eine (ebenfalls öffentliche) Ausfertigung zur Erbringung seines Beweises erübrigt. Diese Technik hat den Vorteil, dass die Einzelheiten der
Begründung der Verfügung der Vergessenheit anheimfallen können.

Auszüge, Abschriften und Ausweise haben die gleiche Beweiskraft wie die Register und Urkunden, welche ihnen zugrunde liegen (Art. 145 ZStV). Belege haben
eine besondere Stellung, indem Erklärungen, beglaubigte Erklärungen, Polizeirap-
porte, ärztliche Zeugnisse usw. gewöhnliche Urkunden sind; bescheinigte Auszüge und Abschriften der Zivilstandsverfügungen und der Beurkundungsbehörden
beglaubigen ihren besonderen Inhalt und sind öffentliche Urkunden, nicht aufgrund von Bestimmungen über die Zivilstandserfassung, sondern aufgrund der geltenden Verfahrensbestimmungen. Mitteilungen haben keine eigentliche "Beweis-
aufgabe", wenn man darunter die besondere Beweisführung in privat- und verwaltungsrechtlichen Beziehungen versteht. Sie gehören zur Informationstechnik der
Verwaltung und der Erfassung. Dennoch dient die Mitteilung dem sie empfangen-
den Amt als Beweis; sie kann aber nicht vom Einzelnen als Beweis im technischen
Sinn verwendet werden. Zivilstandsurkunden haben, wie alle öffentlichen Urkunden, ihren begrenzten subjektiven Geltungsbereich. Dies gilt auch für die elektronische Datenübermittlung. Gemäss dem geltenden Beurkundungsrecht haben die
elektronischen Datenträger als solche, wegen ihrer Absicherung durch die herkömmlichen Urkunden, keine erhöhte Beweiskraft[374]. Die Informatik trägt zur Herstellung der Dokumente bei und umgekehrt unterstützen die Dokumente die Datenträger. Das Familienbüchlein ist vielleicht faktisch, aber nicht rechtlich eine
beweiskräftige Zivilstandsurkunde[375]. Die in ihm enthaltenen zivilstandsrechtlichen Aussagen stützen sich auf die Register, und ihr Nachweis muss durch die
dafür vorgesehenen Auszüge, Abschriften und Ausweise erbracht werden. Das
Büchlein dient, allerdings recht empirisch, als übliches Mittel zur Identifikation

---

374   Art. 177i Abs. 3, 177k Abs. 1 lit. c ZStV.
375   BGE 85 I 289 ff.

der Personen in ihren Beziehungen zu den Zivilstandsorganen. Ohne Unterstützung durch andere Identifikationsmittel vermag es nicht zu genügen. Zur erfolgreichen Irreführung eines Zivilstandsorgans muss beispielsweise vorgängig ein Arzt oder Spital irregeführt oder ihre Komplizenschaft erlangt werden. Dies ist zwar möglich, aber so unwahrscheinlich, dass davon abgesehen werden kann.

III. Gültigkeit der Erfassung

Jede Begründung einer Rechtswirkung muss gewisse Gültigkeitsvoraussetzungen erfüllen. Die Gültigkeit von Zivilstandsurkunden, einschliesslich Abschriften und Auszügen, ist im allgemeinen problemlos. Dies liegt am deklarativen Charakter der Erfassung, welche keiner besonderen Form bedarf. Das Trägerdokument ist Beweismittel und erlaubt Schlussfolgerungen; sein Inhalt ist weder Tatsache noch Handlung noch Verfügung, sondern Zeichen. Es wird häufig gesagt, zwischen einer nicht bewiesenen und einer nicht eingetretenen Tatsache bestehe kein Unterschied. Genau betrachtet kann beides gleichbedeutend, aber niemals identisch sein. Eine nie eingetretene Tatsache kann nur durch Mogelei bewiesen werden; eine nicht bewiesene Tatsache bleibt dagegen Tatsache und ihr Beweis mit anderen legitimen Mitteln ist erbringbar. Somit können mit einem Zivilstand behaftete Personen diesen durch Veränderung oder Zerstörung des Trägers nicht endgültig beseitigen. Desgleichen führt die Ungültigkeit der Beurkundung zur Wirkungslosigkeit des Beweises, nicht aber zum Nichtvorhandensein der Tatsache. Wird ein Beweis zunichte gemacht, rechtlich durch die Feststellung seiner Ungültigkeit, tatsächlich durch seine Zerstörung, wird seine Erbringung wohl erschwert, aber nicht verunmöglicht. Hingegen ist ein formbedürftiges Rechtsgeschäft, welches die erforderlichen Formvorschriften nicht erfüllt, grundsätzlich kein gültiger Vertrag[376].

Solche Überlegungen liegen Art. 131 ZGB zugrunde; die durch die persönliche beidseitige Zustimmung vor dem Zivilstandsbeamten geschlossene Ehe ist gültig, auch wenn sie nicht eingetragen wurde oder die Eintragung mangelhaft ist[377]. Umgekehrt ist die formell eingetragene, aber nicht durch die persönliche beidseitige Zustimmung vor dem Zivilstandsbeamten geschlossene Ehe nicht existent[378]. Die Existenz oder allenfalls die Gültigkeit des Zivilstandsereignisses ist ungleich bedeutungsvoller als die Existenz oder die Gültigkeit der Eintragung. Dennoch muss die Gültigkeit der Eintragung abgeklärt werden.

Die Erfassung kann mit ungezählten Mängeln behaftet sein: Der *Zivilstandsbeamte* hat keine Befugnis oder nicht die erforderliche Befugnis, ist nicht im Amt, ist

---

376 Vorbehalten bleibt das offensichtlich missbräuchliche Geltendmachen der Nichtigkeit.
377 ANDRÉ MARTIN, Faut-il transcrire les mariages célébrés à Novel (Haute-Savoie France)?, ZZW 1972, S. 139 ff.
378 ZZW 1988, S. 158 (BG): Die Anerkennung der im Ausland geschlossenen Ehe, trotz eventueller Formfehler, durch die die tatsächliche Regierungsgewalt ausübende Behörde am Ort der Eheschliessung hat zur Folge, dass die Ehe auch in der Schweiz Gültigkeit hat.

abberufen, handelt ausserhalb der Geschäftszeit, ist unbefugt, abgelehnt, unzuständig, nicht vereidigt, nicht durch die Aufsichtsbehörde oder den Richter ermächtigt;
die *Eintragung* ist unvollständig, enthält bekannte Elemente nicht, ist gesetzwid-
rig, auf nicht amtlichen oder abgelaufenen Formularen vorgenommen, nicht
datiert, nicht unterzeichnet, nicht gesiegelt; die Mängel betreffen die in den Einzelregistern oder im Familienregister wiedergegebenen *Tatsachen* oder die *Urkunden,*
welche nicht mit den Eintragungen übereinstimmen. Diese Beispiele zeigen, dass
nicht alle Unregelmässigkeiten die gleichen Folgen haben. Die schwersten Mängel
können zur Ungültigkeit der Beurkundung führen, andere wieder nicht. Die Eintragung, welche nicht hätte vorgenommen werden dürfen, wird gelöscht. Öfters wird
eine Urkunde durch eine andere, richtige ersetzt. Noch häufiger bleibt die Zuwider-
handlung ohne Folgen, weil nur eine Ordnungsvorschrift übertreten wurde. Keines-
falls ist jedoch die Ungültigkeit der Eintragung unheilbar, wie dies für die Ungültigkeit eines Rechtsgeschäftes zutrifft. Die Ungültigkeit der Eintragung führt nicht
zur Ungültigkeit des Zivilstandes. Im schlimmsten Fall existiert die Eintragung
nicht und die Betroffenen müssen neue Beweise erbringen. Vorbehalten bleiben
Mängel nicht nur der Eintragung, sondern formell der mit der Eintragung zusam-
menfallenden Handlung als solcher; dies trifft für die wenigen Handlungen zu, welche der Zivilstandsbeamte wie ein Notar vorzunehmen hat.

§ 26. Gegenbeweis

I. Beweis durch Beurkundung

Die Zivilstandsurkunden sind mit der vorn beschriebenen Beweiskraft versehen,
welche ihnen Art. 9 ZGB verleiht. Ihre Wirkungskraft geht nicht darüber hinaus;
sie besitzen nicht die Unbestreitbarkeit der in materieller Rechtskraft erwachsenen
Akte. Sie sind nicht gerichtliche Akte, sondern Verwaltungsakte.

   Die Nichteintragung hat die gleichen Rechtswirkungen, insoweit sie von Bedeutung ist. Die Eintragung zweier Kinder im Familienregister begründet die Vermutung, dass der Blattinhaber weder nur ein Kind noch drei Kinder hat. Somit ist diejenige Nichteintragung bedeutungsvoll, welche sich aus einer Eintragung ergibt,
indem beispielsweise die Eintragung einer Person als verheiratet und kinderlos zur
Schlussfolgerung berechtigt, dass sie weder verwitwet noch ledig noch Elternteil
ist. Hingegen ist aus der Nichteintragung eines Ausländers in den schweizerischen
Registern keine Vermutung abzuleiten.

   Ein Widerspruch zwischen zwei Zivilstandsurkunden, beispielsweise zwischen
Blatt und Auszug, ist lösbar, indem der Zivilstand nicht aus einer einzigen Urkunde,
sondern vielmehr aus einem Urkundennetz hervorgeht. Für den Fall, dass zwei Urkunden als solche einander widersprechen, gibt es keine allgemeine Lösung. Es gibt sie
jedoch, wenn die Dokumente aus einem System stammen, welches die Möglichkeit

beinhaltet, die Antagonismen selber zu beseitigen, indem es ermittelt, welches Dokument der Wirklichkeit entspricht; dies sollte möglich sein, da eine Urkunde aus der anderen hervorgeht und sich die ursprünglichen Urkunden auf Belege stützen. Die Herstellung von elektronischen Datenträgern für Zivilstandsdaten ist heute nur in den von Art. 177k ZStV vorgesehenen Fällen und im Rahmen von Art. 30 ZStV zulässig. Es handelt sich um die Übermittlung von Daten "ausserhalb des Netzes", d. h. von Auskünften, welche nicht Mitteilungen im Rahmen der Eintragungen sind.

II. Beweis gegen die Beurkundung

Da Zivilstandsurkunden anfechtbar sind, gebührt ihnen nicht das letzte Wort. Die Vermutung ihrer Wahrhaftigkeit kann somit gebrochen werden.

Diese Umkehrung ist an keine besondere Form gebunden. Sie kann somit mit allen Beweismitteln angehoben und erreicht werden, welche die geltenden Verfahrensbestimmungen zulassen und welche die Behörden überzeugen können. Der Beweis durch Zeugenaussage, Gutachten, Titel und Augenschein umfasst alle rationalen Verfahren der Ermittlung und Erfahrung. Irrationale Verfahren wie Hellseherei, Telepathie usw. sind selbstverständlich unzulässig.

Der Gegenbeweis zur Eintragung beinhaltet auch den Gegenbeweis zur Nichteintragung, insoweit diese von Bedeutung ist[379]. Die bedeutungslose Nichteintragung ohne Beweiskraft kann nicht angefochten werden. Der Gegenbeweis kann auch eine Änderung bezwecken. Er kann aber auch direkt erbracht werden und gegen die Eintragung sprechen, ohne dass diese geändert wird, wenn nämlich die Behörde vorfrageweise mit einer Zivilstandssache befasst wird. Dabei handelt es sich insbesondere um ehegüter- oder erbrechtliche Streitfälle[380]. Der Erfolg des Gegenbeweises ist somit nicht der vorab erfolgten Änderung der Erfassung untergeordnet.

III. Beweis über die Beurkundung hinaus

Unter Umständen muss der Beweis eines Zivilstandselementes nicht gegen die Beurkundung erbracht werden, sondern wegen mangelnder oder ungenügender Erfassung oder weil die Beibringung der Dokumente bezüglich eines existierenden oder nicht existierenden Zivilstandes unmöglich ist. Die Erfassung hat nicht stattgefunden, ist verschwunden, wurde zerstört oder existiert zwar, liefert aber keine genügenden Auskünfte, weil die Lösung eines konkreten Falles nach mehr Einzelheiten verlangt. Es handelt sich meistens um bedeutungslose Nichteintragungen.

---

379 BGE 92 Ib 65 ff.: Verweigerung des EJPD, eine Person wieder in die Schweizer Staatsbürgerschaft aufzunehmen, mangels Beweises für ein Kindesverhältnis mit schweizerischen Vorfahren; das BG lässt zu, dass das Kindesverhältnis anders als durch eine Zivilstandsurkunde bewiesen wird; im gegebenen Fall wurde jedoch ein solcher Beweis nicht erbracht, und ein Kindesverhältnis bedeutete zudem Bigamie des Vorfahren.
380 RJTC VIII, S. 193 ff.

Die erforderlichen Zivilstandselemente werden mit den üblichen Beweismitteln belegt. Da die Erfassung deklarativ ist, zeitigt ihre Unvollständigkeit keine unheilbaren Rechtsfolgen. Vorbehalten bleibt stets die Ausnahme der konstitutiven Beurkundung, insbesondere der Anerkennung der Vaterschaft. Da hier die Beurkundung einer besonderen Form bedarf, entsteht die Vaterschaft ohne diese Form nicht, wobei jedoch noch der gerichtliche Weg offen steht. Uns ist kein Fall bekannt, in welchem über eine ordnungsgemäss beurkundete Anerkennung ohne verfügbare Urkunde zu befinden war. Da die Anerkennung als konstitutive Voraussetzung in aller Form erfolgen muss, die *Aufbewahrung* der Urkunde aber keinen Formvorschriften untersteht, müsste es m. E. möglich sein, mit allen zulässigen Beweismitteln glaubhaft zu machen, dass die Form eingehalten worden ist.

Betrifft die Urkundenlücke einen in der Schweiz erfassbaren Zivilstand, kann das Verfahren zur Erfassung des Fehlenden führen. Im andern Fall dient die Beweisführung ausschliesslich der vorfrageweisen Lösung der zivilstandlichen Frage im Dienste der Lösung der Hauptfrage. Der Entscheid in der Vorfrage entwickelt nur im Rahmen der Hauptfrage seine Rechtswirkung. Darüber hinaus kann er lediglich faktische Auswirkungen haben. Unter Umständen kann eine in der Schweiz erhobene Personenstandsklage bewirken, dass das im Ausland anerkannte Urteil dort zu einer Erfassung oder zur Änderung einer bestehenden Erfassung führt.

§ 27. Zivilstandserfassung und Zeit[381]

I. Räumlich-zeitliche Zusammenhänge

Die Anwendung jeder materiellen Bestimmung umfasst die in offensichtlichen Fällen stillschweigende, andernfalls ausdrückliche Anwendung zweier weiterer Normenarten. Die erste Normenart plaziert den Fall im Ausstrahlungsbereich der materiellen Bestimmung und gehört zum internationalen Privatrecht, nationaler oder internationaler Herkunft. Die zweite Normenart plaziert den Fall im zeitlichen Geltungsbereich der materiellen Bestimmung[382]; sie gehört zum intertemporalen Recht des von der ersten Normenart bestimmten nationalen Rechtes.

---

381   WILLI HEUSSLER, Übergangsrecht zum neuen IPR, ZZW 1990, S. 69 f.; DERSELBE, Übergangsrechtliche Probleme in der Registriertechnik, ZZW 1988, S. 65 ff., F/144 ff.; DERSELBE, Auszüge aus altrechtlichen Eintragungen, ZZW 1988, S. 138 ff., F/169 ff.; MICHEL PERRET, La mention de la filiation de l'enfant reconnus depuis le 1er janvier 1978, ZZW 1985, S. 153 f.; JOSEF OCHSNER, Die Anerkennung des Kindes nach altem Recht, ZZW 1984, S. 36 ff.; DERSELBE, Die Legitimation alten Rechtes, ZZW 1984, S. 61 f.; DERSELBE, Die Adoption alten Rechtes, ZZW 1983, S. 353 ff.; ARNALDO ALBERTI, Nuove azioni e riconoscimenti nell'ambito dell'applicazione dell'articolo 13a del Codice civile – diritto transitorio, ZZW 1979, S. 124 ff.; R. VINAR, Transcription des décisions étrangères d'adoption plénière prises avant le 1er avril 1973 et la nationalité suisse, ZZW 1978, S. 155 f.; HANS KUPFER, Transcription dans les registres de l'état civil des adoptions prononcées à l'étranger avant et après le 1er avril 1973, ZZW 1974, S. 130 ff.

382   ZZW, S. 269 ff. (JPD BL): Ungültigerklärung einer übergangsrechtlichen Namenserklärung.

Damit ist der Kreis aber noch nicht geschlossen. Die beschriebenen Normenarten legen zwar den räumlichen und zeitlichen Geltungsbereich jeder materiellen Bestimmung fest; es braucht aber noch eine dritte Art von Normen, welche den zeitlichen Geltungsbereich der ersten Normenart bestimmen. Das internationale Privatrecht ist nicht unveränderlich und seine Bestimmungen wandeln sich, wie die Bestimmungen des materiellen und des intertemporalen Rechtes, im Laufe der Zeit. Deshalb sind Normen erforderlich, welche den zeitlichen Geltungsbereich der nacheinander geltenden internationalen Privatrechte regeln[383]. Somit setzt die Lösung auch eines streng nationalen Falles eine Kette aus den Gliedern dieser drei Normenarten voraus. Selbstverständlich kommt dieses Schema nur ausnahmsweise vollumfänglich zur Anwendung. Im allgemeinen stellt sich nur ein Teil dieser Fragen, oder die Lösung einzelner Fragen ist so offensichtlich, dass sie stillschweigend erfolgt. Anderseits kann jedes Kettenglied eine Mehrzahl von Bestimmungen ins Spiel bringen. Die Fragen stellen sich somit in dieser Reihenfolge: Welche der nacheinander geltenden Bestimmungen des internationalen Rechtes des Gerichtsstandes ist anwendbar? Welches nationale Recht wird von der Kollisionsnorm bestimmt? Welches der nacheinander geltenden nationalen Rechte kommt zur Anwendung? Die letzte Frage wird vom klassischen Übergangsrecht beantwortet[384].

Schliesslich gilt es noch, den Fall anhand des durch das Spiel der drei Normenarten ermittelten materiellen Rechtes zu lösen.

II. Intertemporales Zivilstandsrecht

Zu den vorn beschriebenen Schwierigkeiten kommen noch Probleme, welche sich daraus ergeben, dass nicht alle Bereiche durch gleichartige Bestimmungen geregelt sind. Der Zivilstand ist nicht ''normiert'' wie das Handels- oder das Strassenverkehrsrecht.

Deshalb müssen noch weitere Unterteilungen vorgenommen werden. Der Zivilstand ist Privatrecht oder materielles Recht ''par excellence'', auch wenn er bisweilen die öffentliche Ordnung berührt. Die Erfassung des Zivilstandes fällt dagegen unter das formelle Verwaltungsrecht, d. h. das öffentliche Recht. Die wesentlich verschiedenen Aufgaben dieser beiden Rechtsgebiete erfordern eine entsprechende räumliche und zeitliche Handhabung. Das Zivilstandsrecht ''verfertigt'' den Sta-

---

383   Art. 196–199 IPRG.

384   ZZW 1986, S. 254 ff., F/1987/80–81 (BezG BS): deutsche Adoption 1956, ohne Erbfolge; Niederlassung in der Schweiz 1966; das neue deutsche Recht, in Kraft seit dem 1. Januar 1977, erlaubte die Beibehaltung der einfachen Adoption durch Erklärung während des Jahres 1977; keine Erklärung abgegeben; Einbürgerung in der Schweiz 1981; Adoption als Volladoption behandelt; Gesuch um gerichtliche Berichtigung im Sinne einer einfachen Adoption abgewiesen, da die Adoption mit der Einbürgerung zur Volladoption wurde. ''Die Gesuchsteller verkennen, dass sowohl das deutsche als auch das schweizerische Übergangsrecht jeweils nur auf Adoptionen des eigenen Heimatrechtes anwendbar sind''.

tus des Einzelnen; das Beurkundungsrecht erstellt nur dessen Nachweis, ohne den Zivilstand zu schaffen, aufzulösen oder zu verändern. Somit muss der Grundsatz des Rückwirkungsverbotes im ersten Bereich dauernd beachtet werden; im zweiten Bereich ist er fast ganz gegenstandslos.

Das intertemporale Zivilstandsrecht findet sich hauptsächlich im Schlusstitel des ZGB; dasjenige des Beurkundungsrechtes muss sich zwar den Änderungen des materiellen Rechtes anpassen, hat aber dennoch seinen Sitz im besonderen Beurkundungsrecht, d. h. in der Vollziehungsverordnung. Die in den vergangenen Jahrzehnten vorgenommenen Änderungen des Privatrechtes haben zur Anpassung beider intertemporaler Rechte geführt; wir beschränken uns im folgenden auf des intertemporale Beurkundungsrecht.

III. Intertemporales Beurkundungsrecht

Änderungen der Beurkundung sind funktionell. Sie ändern nicht den Zivilstand, sondern verbessern dessen Erfassung. Deshalb geht es nur selten um "wohlerworbene Rechte"; die unmittelbare Anwendung des neuen Rechtes ist die Regel und seine Rückwirkung schadet den beurkundeten Personen nicht, da dieses eine Verbesserung mit sich bringt.

Art. 188a* ZStV behält die Geltung des früheren Beurkundungsrechtes für altrechtliche einfache Adoptionen bei, welche nicht gemäss Art. 12b SchlT ZGB in Volladoptionen umgewandelt worden sind[385]. Es handelt sich eigentlich um eine materielle Bestimmung, welche im zeitlichen Bereich die gleiche Bedeutung hat wie Art. 78 Abs. 2 IPRG im räumlichen Bereich.

Seit dem 1. Januar 1988 werden im Geburtsschein des Kindes nicht miteinander verheirateter Eltern der Zivilstand der Mutter und des Vaters, der Name ihres gegenwärtigen oder früheren Ehegatten und das Datum der Auflösung der Ehe nicht mehr eingetragen (Art. 188d ZStV); die Bezeichnungen "ehelich", "ausserehelich" und "legitimiert" in den früheren Eintragungen werden in Auszügen weggelassen (Art. 188b Abs. 3 ZStV). Das Familienregister wird in Übereinstimmung mit dem neuen, am 1. Januar 1988 inkraft getretenen Recht weitergeführt und nach diesen Vorschriften ergänzt, wenn "im Textteil links" eine Änderung einzutragen ist (Art. 188c ZStV)[386]. Im Familienschein, welcher auf einem vor dem 1. Januar 1988 eröffneten Blatt beruht, muss auf diese Tatsache hingewiesen werden (Art. 188e ZStV)[387].

---

385   BGE 106 II 272 f.: die vor dem 1. Januar 1973 im Ausland vorgenommene und vor diesem Datum in der Schweiz anerkannte einfache Adoption wird nicht de jure zur Volladoption; der Adoptierte bleibt in seiner Ursprungsfamilie erbberechtigt.
386   Handbuch Zivilstandswesen, 6.0101, Anm. 1 und 2.
387   Handbuch Zivilstandswesen, 61.1601.

Schlussbemerkungen

Zivilstandsprobleme und Beurkundungsprobleme sind zweierlei. Die Anerkennung eines gemeinsamen Kindesverhältnisses von biologischer Mutter und Leihmutter – entsprechend dem heterosexuellen gemeinsamen Kindesverhältnis – oder die Anerkennung der Persönlichkeit des gezeugten Kindes wirft Fragen des Zivilstandes auf. Nach deren Lösung folgt die entsprechende Beurkundung. Wir wollen uns zum Schluss einigen selbständigen oder mit dem Zivilstand verbundenen Beurkundungsproblemen zuwenden und dies zum Anlass nehmen, etwas Kritik zu üben und einige Reformvorschläge zu skizzieren.

Unsere erste Bemerkung betrifft den Schutz der Person und der Zivilstandsbeurkundung. Das Beurkundungsrecht sollte auf Gesetzesebene besser verankert werden. Geschichtliche Gründe, in Verbindung mit der Vereinheitlichung des Privatrechtes, erklären die Dürftigkeit der Gesetzesbestimmungen und den Umfang der Delegation an den Bundesrat. Dieses damals zweckmässige Vorgehen ermöglichte die Realisierung und Entwicklung der Beurkundung, welche in den Augen der Öffentlichkeit nicht von erstrangiger Bedeutung ist. Ein Vergleich der Zahl der Gesetzes- und Verordnungsbestimmungen über die Zivilstandsregister mit der Zahl der Bestimmungen über das Grundbuch macht betroffen. Ein Land, welches sich der besonderen Beachtung demokratischer Regeln rühmt, sollte darauf achten, dass die Grundlagen von Organisation und System gesetzlich verankert sind. Ausdrückliche Bestimmungen gehören in das Gesetzbuch. Es ist angebracht, darauf zu achten, dass die Gesetze die von ihnen vorgesehenen Abläufe verständlich darstellen. Erfreulicherweise skizziert der Vorentwurf von 1992 für eine Revision des Zivilgesetzbuches einige anlässlich der neuen Strukturierung geplante Ergänzungen. Die Beurkundung des Zivilstandes funktioniert zwar zufriedenstellend, kann aber verbessert werden, was nach menschlichem Ermessen auch geschehen wird. Sind diese Kartotheken, ist diese in ihrer Gesamtheit riesige Kartothek, welche m. E. noch reichhaltigere und sicherere Informationen liefern sollte, aufgrund der geltenden privat-, straf- und verwaltungsrechtlichen Bestimmungen ausreichend geschützt? Diese Frage ist im Zeitalter der Einführung der elektronischen Datenverarbeitung und angesichts der Tatsache bedenkenswert, dass Art. 2 Abs. 2 des Datenschutzgesetzes vom 19. Juni 1992 bestimmt, dass das Gesetz auf die öffentlichen Register des Privatrechtsverkehrs nicht anwendbar ist[388].

---

388   SR 235.1, AS 1993 1945 ff., BBl 1988 II, S. 413 ff., insbes. S. 444.

Unsere zweite Bemerkung betrifft die Erfassung selber, die Zentralisierung der Zivilstandsdaten einerseits[389] und die Verankerung des Zivilstandes in der Person anderseits. Die Zentralisierung im Familienregister stützt sich nicht auf den Geburtsort oder eine andere willkürliche oder zufällige Gegebenheit, sondern auf den Heimatort. Der Heimatort ist gewissermassen die in der Zeit "stabilisierte Geburt", beruht auf dem Kindesverhältnis und ist zu einer Art Mythos geworden. Der Heimatort steht für Beständigkeit und ist in unseren Lebensgewohnheiten fest verankert[390]. Die Mehrzahl von Bürgerrechten führt jedoch zu einer Mehrzahl von Heimatorten und zu völlig nutzlosen Eintragungen. Mit der elektronischen Datenverarbeitung fällt zwar die umständliche handschriftliche Eintragung weg; dennoch stellt sich die Frage nach der Reformbedürftigkeit dieses Systems. Unsere Praxis bindet uns zwar, aber wir sind nicht für alle Zeiten an sie gebunden. Durch die Einführung der Einheit des Heimatortes – wie derjenigen des Wohnsitzes – würde dieser, mit einer einzigen Ausnahme, von den Bürgerrechten teilweise gelöst. Er würde seine "heimatliche" Bedeutung und seine Beständigkeit zurückerlangen, da er von den Änderungen des Bürgerrechts nicht mehr betroffen wäre. Man müsste sich für ein bestimmtes Bürgerrecht, beispielsweise das zuerst erworbene, entscheiden, falls an seiner entscheidenden Bedeutung festgehalten werden soll. Vorstellbar wäre auch die Zentralisation an einem anderen Ort, ohne Zusammenhang mit dem Bürgerrecht; man könnte den Heimatort wieder zu dem Ort der Zuständigkeit machen, welcher er eigentlich ist, ohne am Bürgerrecht oder den Bürgerrechten etwas zu verändern. Durch die Informatik wird jedenfalls der Ort der Eintragung und der Aufbewahrung der Zivilstandserfassungen an Bedeutung verlieren oder sogar bedeutungslos werden. Allerdings kann das geltende System, trotz seiner Fragwürdigkeit, ebengerade mit der Informatik durchaus auf der Grundlage der Übereinstimmung von Heimatort und Bürgerrecht weitergeführt werden. Die elektronischen Möglichkeiten sollten aber nicht als Ruhekissen dienen und dazu führen, dass Arbeitsmethoden beibehalten werden, welche – ohne Informatik – anachronistisch sind! Wichtiger ist aber die Frage der Verankerung des Zivilstandes in der Person; es ist erstaunlich, dass dieses Problem bisher nicht aufgegriffen wurde, denn hierbei ist eine beachtliche Lücke festzustellen. Die Beurkundung gewährlei-

---

389   MARTIN JÄGER, Entspricht die Struktur des schweizerischen Zivilstandswesens heutigen Anforderungen?, ZZW 1991, S. 33 ff., F/13 ff., I/1990/309 ff.; Redaktion ZZW, Die Zürcher Beispiele, Teil 1: Geburtsregister, ZZW 1990, S. 252, Teil 2: Verkündung und Trauung, ZZW 1990, S. 291 ff.; DAMIANO FERRARI, Parere del Comitato dell'Associazione ticinese degli ufficiali dello stato civile sulla proposta delle Direzione cantonale per l'affidamento della tenuta del registro delle famiglie, ZZW 1987, S. 236 ff.; FRITZ LEUENBERGER, Das Zivilstandswesen gestern – heute – morgen. Einige Gedanken zum 60jährigen Verbandsjubiläum, ZZW 1987, S.249 ff., F/222 ff., I/244 ff.; HANS KUPFER, Evolution et situation actuelle de l'état civil en Suisse, ZZW 1977, S. 141 ff., I/268 ff.; ERNST GÖTZ, L'organisation de notre état civil est-elle encore valable?, ZZW 1973, S. 82 f.

390   Es erstaunt, dass beispielsweise unsere französischen Nachbarn, wegen ihrer anderen Beurkundungstechnik, im allgemeinen dessen Bedeutung nur mühsam verstehen.

stet die Kontinuität zwischen Person und Zivilstand nicht lückenlos, da die Beurkundung nicht im erforderlichen Umfang sicherstellt, dass der Besitzer auch der
Träger ist. Diese nur empirisch hergestellte Sicherheit könnte aber wissenschaftlich gewährleistet werden. Man könnte einwenden, dies sei eine polizeiliche Über-
legung; dem ist entgegenzuhalten, dass der ihr zugrunde liegende Satz des Widerspruchs einen wissenschaftlichen Grundsatz zum Ausdruck bringt. Die vollständig
fehlende Garantie der Identität zwischen Zivilstand und Träger ist überraschend
aber wahr[391]. Sie ist der Grund dafür, dass der Staat "dem Wort" des Bürgers bezüglich seiner Identität immer weniger traut[392]. Die moderne Technik – ob sie nun gute
oder schlechte Dienste leistet – und die Bekämpfung illegaler Tätigkeiten werden
die Beurkundung von besonderen Merkmalen erforderlich machen, welche auf
genetisch bedingten Eigenschaften beruhen. Bis anhin konnte von einer solchen
Verankerung abgesehen werden, weil die Gesellschaftsstrukturen und die herrschenden Sitten noch einigermassen überblickbar waren, so dass eine geliehene
Identität leicht entdeckt und der "Räuber" bald gestellt werden konnte. Dies gilt
aber nicht mehr für Kriegsverbrecher, Drogenbarone und andere Mitläufer der
Mafia, deren äussere Aufmachung stets äusserst ehrbar ist. Man hat zwingend mit
einer zunehmenden Internationalisierung der Gesellschaft und einer abnehmenden
Bedeutung ihrer Glieder zu rechnen. Wir haben festgestellt, dass das Eheverkünd-
verfahren, angesichts der zunehmenden Mobilität und der Tatsache, dass sich die
Beteiligten nicht mehr persönlich kennen, seiner Aufgabe nicht mehr gewachsen
ist – und wie steht es mit der Wirksamkeit einer Identitätskontrolle, welche auf der
persönlichen Bekanntheit beruht?!

Unsere abschliessenden Bemerkungen gelten der Informatik und der Einführung der EDV[393]. Die ersten vorsichtigen Schritte in dieser Richtung wurden von
den Technikern der herkömmlichen Beurkundungsweise unternommen. Solange
die Register für die Aufnahme von Schriftzügen bestimmt waren, mussten die
"Datenträger" nicht näher definiert werden. Unter Vorbehalt von Fehlleistungen
bedeutete Existenz immer auch Gültigkeit der Eintragung. Dies änderte sich mit
der Einführung der Elektronik, welche an und für sich immateriell, aber auf mate-

---

391 MARTIN JÄGER, Quelques problèmes pratiques dans le traitement de cas internationaux d'état ci-
     vil, ZZW 1991, S. 194 ff.
392 ARNALDO ALBERTI, Liberté et bureaucratie, ZZW 1985, S. 20 ff., I/1984/233 ff.
393 WILLI HEUSSLER, Das Bewilligungsverfahren nach Art. 177e ZStV zur Einführung der EDV-ge-
     stützten Registerführung im Zivilstandsdienst, ZZW 1991, S. 297 ff., F/418 ff.; MARTIN SUTER,
     Aspetti giuridici relativi alla vigilanza nei casi di autorizzazione in materia di elaborazione elettro-
     nica dei dati, ZZW 1990, S. 86 ff.; ARNALDO ALBERTI, Dal segno all'informatica nello stato civile,
     ZZW 1986, S. 274 ff.; KLAUDIA METZNER, Autista, ZZW 1986, S. 205 f., I/272 ff.; ALBERTO PAS-
     SARELLI, L'informatica nei servici di stato civile e d'anagrafe, ZZW 1986, S. 160 f.; HANS VOLL-
     MAR/HANSJÖRG LUTZI, EDV und Zivilstandswesen, ZZW 1986, S. 201 ff., F/299 f., I/243 ff.; MA-
     RIO GERVASONI/IVANO REZZONICO, Zivilstandsregister und EDV, ZZW 1985, S. 65 ff., F/46 ff.;
     JEAN-PHILIPPE WALTER, La protection des données personnelles et les registres de l'état civil,
     ZZW 1985, S. 33 ff., 1984, S. 344 ff.; WALTER FRITSCHE/JOACHIM SCHWEINOCH, Automation im
     Standesamt, Frankfurt a. M. 1983.

riellen Trägern enthalten ist, welche nicht mehr durch die Sinne, sondern nur über
Bildschirme und Drucker lesbar sind. Diese Mehrzahl von Trägern rief nach einer
rechtlichen Definition ihrer Stellung. Die heute geltenden Definitionen und Priori-
täten sind sicher provisorisch. Art. 177h ZStV hält an der vorrangigen oder ausschliesslichen Bedeutung der vom Menschen ohne technische Hilfsmittel direkt
lesbaren Dokumente fest. Die elektronische Speicherung bleibt trotz ihrer Verläss-
lichkeit ein Hilfsmittel. Als Beweismittel sind nur die mit dem Siegel des Menschen versehenen Produkte der Elektronik, nicht aber die Elektronik selber zugelas-
sen. Das elektronisch hergestellte Schriftstück macht eine Definition der Schliessung des Aktes erforderlich. Die herkömmliche Definition wurde beibehalten. Die
Eintragung im Einzelregister wird mit der Unterzeichnung durch den Zivilstandsbeamten abgeschlossen, diejenige im Familienregister wird nicht unterzeichnet
und ist mit der Wiedergabe auf dem Blatt geschlossen. Art. 177l ZStV, auf welchen
Art. 40 Abs. 3 ZStV verweist, regelt insbesondere die Darstellung der elektronisch
hergestellten Dokumente. Art. 177g ZStV gewährleistet den Zugang zu den Daten
und ihre Eingabe. Art. 177e, 177f, 177i und 177k ZStV sichern die Beherrschung
der elektronischen Daten, indem sie diese der Verantwortung und ständigen Aufsicht der Zivilstandsbehörden von Bund und Kantonen unterstellen. Der herkömmliche Verwaltungsapparat zeichnet die Zivilstandsdaten der natürlichen Personen
auf. Diese riesige Datenbank bietet der Informatik ein ausgesprochen geeignetes
Betätigungsfeld; umgekehrt wird die Informatik den Verwaltungsapparat, welcher
diese Datenfülle verwaltet, vollständig umgestalten. Es steht fest, dass sich die
Informatik zunehmend anpassen und schliesslich diesen Bereich ganz überneh-
men wird; noch ist es aber nicht so weit. Es ist jedoch vorauszusehen, dass an die
Stelle der verschiedenen Register, unter Beibehaltung von deren Eigenart, eine einzige Datenbank treten wird, deren Daten über in den Kreisen stationierte Computer
eingegeben und abgerufen werden. Dabei muss die Informatik lediglich die Genau-
igkeit und Vollständigkeit der Erfassung, die Zugänglichkeit der bekanntzugeben-
den und die Unzugänglichkeit der geheimzuhaltenden Daten, die relative Wahrung
der Privatsphäre und die Übereinstimmung der Schriftstücke mit den Originalen
gewährleisten. Die handschriftliche Eintragung vermochte diesen Anforderungen
im allgemeinen zufriedenstellend zu genügen. Die Informatik wird unvergleich-
lich bessere Leistungen anbieten können. Damit wird auch der Schritt zu einer euro-
paweiten Erfassung des Zivilstandes möglich, ohne dass dies unbedingt eine Vereinheitlichung des Zivilstandswesens selber voraussetzt.

Verzeichnis der wichtigsten zitierten Gesetze und Abkommen[1]

(In der Reihenfolge der Systematischen Sammlung des Bundesrechts; die Verweise beziehen sich auf die Seiten und die Anmerkungen)

BV, Bundesverfassung der Schweizerischen Eidgenossenschaft vom 29. Mai 1874 (SR 101)

Art. 4	22, 118 N.278
Art. 24novies	22
	Abs. 2, lit.g: 22, 111
Art. 44	*Abs. 1:* 17
Art. 45	*Abs. 1:* 146 N.358
Art. 53	76 N.163
	Abs. 1: 11 f., 22
	Abs. 2: 115 N.275
Art. 54	11, 16 N.52, 22
	Abs. 4 (aufgehoben): 17
	Abs. 5: 150, N.367
Art. 58	*Abs. 2:* 101
Art. 61	47
Art. 64	11
Art. 89	12

BüG, BG vom 29. September 1952 über Erwerb und Verlust des Schweizerbürgerrechts (SR 141.0)

Art. 6	1 N.5
Art. 9	140
Art. 10	141
Art. 16	91 N.221
Art. 27	140
Art. 49	106 N.260
Art. 57	*Abs. 8, lit.a:* 106 N.260
Art. 58	140

VwOG, BG vom 19. September 1978 über die Organisation und die Geschäftsführung des Bundesrates und der Bundesverwaltung (SR 172.010)

Art. 7a	76 N.164, 168

---

1   Das Verzeichnis der wichtigsten zitierten Gesetze und Abkommen wurde von Olivia Robert, Assistentin, erstellt.

OG, BG vom 16. Dezember 1943 über die Organisation der Bundesrechtspflege
(SR 173.110)

Art. 21	*Abs. 2:* 24 N.85
Art. 41-42	106
Art. 97 ff.	85
Art. 116 ff.	106

ZGB, Schweizerisches Zivilgesetzbuch vom 10. Dezember 1907 (SR 210)

Art. 1	*Abs. 3:* 24
Art. 4	41
Art. 9	103, 114, 152 N.370, 153, 156
	Abs. 1: 100
Art. 11	*Abs. 1:* 3
Art. 15	18
Art. 22	1 N.3
	Abs. 3: 1 N.4, 15, 80
Art. 28	115 N.275
Art. 29	*Abs. 1:* 98 N.238
	Abs. 2: 88 N.213
Art. 30	24 N.85, 63, 90 f.
	Abs. 2: 17
	Abs. 3: 88 N.213
Art. 34	94 N.232, 124 N.316
Art. 35	45
Art. 35 ff.	95 N.234
Art. 36	142
Art. 38	142
Art. 39	*Abs. 1:* 6, 149
	Abs. 2: 76 N.163
Art. 39-51	23
Art. 40	25
	Abs. 1: 78 N.180
	Abs. 2: 76 N.164, 168
Art. 41	69
	Abs. 1: 68
	Abs. 2: 18, 69
	Abs. 3: 73, 76 N.166
Art. 42	71
Art. 43	34, 70, 79 N.184
Art. 44	*Abs. 1:* 70
	Abs. 1: 14, 72
Art. 45	137 N.328
	Abs. 1: 93 N.228, 137 N.329
	Abs. 2: 105 N.257, 122 N.310, 136, 137 N.327

DSG, BG vom 19. Juni 1992 über den Datenschutz (SR 235.1)

Art. 2   *Abs. 2, lit.d:* 161

IPRG, BG vom 18. Dezember 1987 über das Internationale Privatrecht (SR 291)

Art. 14	*Abs. 2:* 44
Art. 15	44
Art. 16	25
Art. 17	44
Art. 23	46
Art. 24	46 N.117
	Abs. 2: 46 N.120
Art. 25 ff.	47
Art. 31	47
Art. 32	48, 60, 64, 79 N.186, 99
Art. 33	44
Art. 34	44
Art. 37	137 N.327, 141
	Abs. 1: 45
	Abs. 2: 45
Art. 38	*Abs. 1:* 45
	Abs. 2: 45
	Abs. 3: 45
Art. 39	47
Art. 40	39
Art. 41	45
Art. 42	47
Art. 43-44	41 N.105
Art. 45	47
Art. 65	47
Art. 66-68	44 ff.
Art. 70	47
Art. 71 ff.	45
Art. 73	47
Art. 74	47
Art. 75 ff.	45
Art. 77	45
Art. 78	47
	Abs. 2: 47 N.122, 160
Art. 196 ff.	44 N.111
Art. 196-199	159

StGB, Schweizerisches Strafgesetzbuch vom 21. Dezember 1937 (SR 311.0)

Art. 110	*Ziff. 4:* 72
	Ziff. 5: 72

Art. 140	*Ziff. 1:* 72
Art. 216 (aufgehoben)	72
Art. 251	*Ziff. 2:* 72
Art. 253	105 N.255
Art. 312 ff.	72
Art. 317	72
Art. 335	73
Art. 340	*Ziff. 1, Abs. 6:* 72
	Ziff. 1, Abs. 7: 72
Art. 366	*Abs. 2, lit.b:* 72

SSG, BG vom 23. September 1953 über die Seeschiffahrt unter der Schweizer Flagge (SR 747.30)

Art. 56	74
Art. 58	74 N.157
Art. 148	74 N.157

Seeschiffahrtsverordnung vom 20. November 1956 (SR 747.301)

| Art. 7 | 74 |

V vom 22. Januar 1960 über die Rechte und Pflichten des Kommandanten eines Luftfahrzeuges (SR 748.225.1)

| Art. 18-20 | 75 |

Übereinkommen über die Rechte des Kindes vom 20. November 1989

| Art. 7 | 20 |
| Art. 8 | 20 |

Pakt vom 16. Dezember 1966 über die bürgerlichen und politischen Rechte (SR 0.103.2)

| Art. 24 | 19 |

Abkommen vom 28. Juli 1951 über die Rechtsstellung der Flüchtlinge (SR 0.142.30)

| Art. 12 | 46 N.117 |
| Art. 25 | 46 N.117 |

Übereinkommen vom 28. September 1954 über die Rechtsstellung der Staatenlosen (SR 0.142.40)

| Art. 12 | 46 N.117 |
| Art. 25 | 46 N.117 |

Sachregister

Die Verweise beziehen sich auf die Seiten und die Anmerkungen.

Inhalt des Gesamtwerkes
"Schweizerisches Privatrecht"

FRANK VISCHER

Band VII/1, III
Der Arbeitsvertrag

Band VII/1, IV
Werkvertrag, Hinterlegung
in Vorbereitung

Neuer Teilband
Band VII/3
Herausgegeben von
WOLFGANG WIEGAND

Bankvertragsrecht
in Vorbereitung

Band VIII **Handelsrecht**
Herausgegeben von
WERNER VON STEIGER

Band VIII/1
ROBERT PATRY
WERNER VON STEIGER   Grundlagen des Handelsrechts
Gesellschaftsrecht – Allgemeiner Teil
Besonderer Teil – Die Personengesellschaften

Band VIII/2
CHRISTOPH VON GREYERZ   Die Aktiengesellschaft
HERBERT WOHLMANN   Die Gesellschaft mit beschränkter Haftung

Neue Teilbände
JACQUES-ANDRÉ REYMOND   Genossenschaftsrecht
in Vorbereitung

Wertpapierrecht
in Vorbereitung